붉은 혈맹

평양, 하노이 그리고
베트남전쟁

서울대학교 아시아연구소총서
모노그래프시리즈 11

붉은 혈맹

평양, 하노이 그리고 베트남전쟁

초판 1쇄 발행 2022년 4월 25일
초판 2쇄 발행 2023년 10월 5일

지은이 도미엔

펴낸곳 서울대학교출판문화원
주소 08826 서울 관악구 관악로 1
도서주문 02-889-4424, 02-880-7995
홈페이지 www.snupress.com
페이스북 @snupress1947
인스타그램 @snupress
이메일 snubook@snu.ac.kr
출판등록 제15-3호

ISBN 978-89-521-3048-8 94910
978-89-521-1413-6 (세트)

이 연구는 2019년도 서울대학교 아시아연구소 박사학위논문상의 지원을 받아 수행되었음.

서울대학교 아시아연구소총서
모노그래프시리즈 11

붉은 혈맹

평양, 하노이 그리고 베트남전쟁

도미엔 지음

서울대학교출판문화원

Between Blood Ally and Self-Interest: Pyongyang, Hanoi and the War in Vietnam

Do Thanh Thao Mien

Seoul National University Press

머리말

이 책은 필자의 박사학위논문 「베트남전쟁기 한반도와 베트남 관계 연구」를 수정·보완한 것이다. 제2차 세계대전 이후 베트남과 한반도는 분단되었고, 조선민주주의인민공화국(북한)과 베트남민주공화국(북베트남), 대한민국(남한)과 베트남공화국(남베트남)은 각각 수교를 하였으며, 베트남전쟁기 북한과 북베트남, 남한과 남베트남은 각각 긴밀한 관계를 유지하였다. 이에 필자는 박사학위논문에서 베트남전쟁기 북한·북베트남, 남한·남베트남의 관계를 살피고 한반도와 베트남을 연결하는 총체적인 실정을 확인하고자 하였다.

베트남전쟁기 북한은 북베트남을 경제적으로 지원했을 뿐만 아니라 지원군도 파견할 정도로 긴밀한 관계였다. 따라서 베트남전쟁기 북한·북베트남 관계는 주목할 만한 중요한 주제다. 그러나 북한·북베트남과 관련된 자료에 접근하기가 쉽지 않기에 양국 관계의 많은 부분이 아직도 베일에 가려 있으며, 이에 대한 충분한 해석과 연구가 부족하다.

한편 남한·남베트남 관계의 경우에는 1965년부터 남한이 남베트남에 전투부대를 파병한 것에 대한 많은 연구가 행해졌다. 그러나 기존 연구들은 주로 한·미 관계에 치중되었기에 베트남전쟁기 남한·남베트남 관계 측면은 다루지 못하였다. 따라서 기존 연구에서 찾아보기 어려운 '진실'에 좀 더 가까이 다가갈 수 있는 새로운 연구가 필요했다.

필자의 박사학위논문은 이러한 고민에서 출발하여 약 십 년에 걸쳐 연구한 산물이다. 분량 제한으로 인해 논문 중 베트남전쟁기 북한·북베트남 관계사에 대한 연구 결과를 먼저 출판하기로 하였다. 현재까지 북한·북베트남 관계에 대한 연구가 많지 않으므로 이를 총괄하는 것도 연구사적으로 의미가 있을 것이라 생각한다. 특히 한국에서는 분단이라는 특성으로 인해 베트남전쟁과 북한·북베트남의 관계를 아직도 냉전의 틀에서 완전히 벗어나지 못한 채 바라보고 있다. 고정관념을 넘어 좀 더 객관적인 시각으로 역사적 사실을 이해하기 위하여 필자는 이 책을 통해 베트남전쟁의 전개 과정, 북한·북베트남 관계, 그리고 북한의 베트남전 참여 현황을 다각적인 방향에서 보여 주고자 하였다. 이로써 현재 북한·베트남 관계를 구체적으로 인식하는 데 도움이 되었으면 한다.

이 책이 나오기까지 많은 분의 도움을 받았다. 무엇보다도 필자의 박사학위논문을 지도해 주시며 앞에서 이끌어 주시고 뒤에서 밀어 주신 이화여자대학교 정병준 교수님이 아니었으면 이 책은 나오기 힘들었을 것이다. 진심으로 감사드린다. 또한 베트남전쟁과 한반도에 대한 연구 주제를 다루게 해 주시고 석사논문을 지도해 주신 서울대학교 국제대학원의 박태균 교수님께 깊은 감사의 말씀을 드리고 싶다. 박사논문 심사를 맡아 주셨던 이화여대 김영미 교수님, 백옥경 교수님, 동덕여자대학교 홍석률 교수님, 그리고 박태균 교수님의 소중한 의견은 논문을 가다듬고 발전시키는 데 많은 도움이 되었다. 이 자리를 빌려 정병준 교수님을 비롯한 심사위원분들의 세심한 지도에 감사 인사를 드린다.

이 책의 출판을 지원해 주신 서울대학교 아시아연구소에도 감사의 말씀을 드리고 싶다. 또한 필자의 박사학위논문을 아시아연구소의 모노그래프시리즈로 출판할 수 있도록 심사를 맡아 주셨던 익명의 심사위원분들께도 감사드린다. 그분들의 날카로운 지적과 제안이 없었다면 이 책은 완성되지 못했을 것이다.

박사과정을 지내면서 주변의 도움을 많이 받았다. 이 기회를 빌려 도와주신 모든 분에게 말로 다 할 수 없는 고마움을 전한다. 경남대학교 극동문제연구소의 김광운 선생님, 하노이 국립대학교 사학과의 응우옌티마이화(Nguyễn Thị Mai Hoa) 선생님께 감사드린다. 북한 그리고 베트남과 사회주의 국가의 관계에 대한 연구를 대표하는 선생님들과 연구 결과와 자료를 공유할 수 있었던 점은 너무나 귀한 기회였다. 연구 경험을 같이 나누었던 이화여대 사학과의 오보경, 문지현, 박영은, 김서연 선생님에게도 감사드린다. 선생님들과 함께한 것은 필자에게 더할 나위 없는 행운이었다. 특히 오보경, 문지현 선생님이 아니었다면 박사학위논문을 책으로 수정·보완하는 작업은 엄두도 못 냈을 것이다. 이와 더불어 박사학위논문은 '나와 우리' 시민단체의 지원을 받았음을 밝히며 후원에 감사의 말씀을 드린다. 또한 소중한 인연이 되어 그동안 필자를 아끼고 사랑해 주신 모든 친구와 선생님들께 진심으로 고마운 마음을 전한다.

마지막으로 언제나 필자를 지원해 주시는 가족들에게도 깊은 감사의 인사를 보낸다. 곁에서 늘 힘이 되어 주는 남편과 연구 메이트인 여동생에게 무한한 고마움을 전한다. 한없는 응원을 해 주신 어머니께 감사드린다. 시부모님께도 감사의 마음을 전한다. 두 분께서 물심양면으로 지원해 주시지 않았다면 이 책은 세상에 나오지 못했을 것이다. 돌아가신 아버지께 특별한 감사의 마음을 드린다. 일생의 스승으로 편찮으실 때도 언제나 따뜻한 격려를 보내 주셨던 아버지의 끝없는 가르침은 말로 표현할 수 없다. 존경하고 사랑하는 나의 아버지 도띠엔탕(Đỗ Tiến Thắng)께 이 책을 바친다.

2022년 2월

도미엔

차례

| 제3장 | 북한·북베트남의 연대성 확보(1960~1967)

| 제4장 | 북한·북베트남의 관계 이완(1968~1974)

표 차례

그림 차례

제1장

서론

1. 문제 제기 및 연구 목적

조선민주주의인민공화국(이하 북한)과 베트남민주공화국(이하 북베트남)[1]은 1950년에 수교를 했다. 북한과 북베트남의 정치적 연계는 1950년대부터 모색되었으며, 베트남전쟁의 전개에 따라 양국 관계는 유동적이었다. 따라서 북한과 북베트남 관계의 전개를 논할 때 베트남전쟁은 결코 간과할 수 없을 정도로 중요하다. 전쟁 중이던 1965년, 남한의 박정희 정부는 전투부대 파병을 시작했고, 북한도 북베트남의 반미전선을 지원한다는 이유로 북베트남에 대한 지원을 공식화했다. 특히 베트남에서 실종된 남한군이 북한으로 이송된 사실은 북한·북베트남 관

1 앞으로의 논의에서 베트남, 한반도의 국가 명칭은 다음과 같은 원칙에 따른다. 베트남공화국(1955~1975년)은 남베트남, 베트남민주공화국(1945~1976년)은 북베트남으로 약칭하며, '베트남'이란 명칭은 베트남 전체(남·북)를 통칭한다. 베트남 분단이 확정되기 전인 1945~1954년 베트남민주공화국의 정식 국가 명칭은 그대로 사용하기도 하나 1949~1955년 존재한 베트남국과 구분하기 위해 상황에 따라 호찌민 정부로 지칭한다. 마찬가지로 대한민국은 남한, 조선민주주의인민공화국은 북한으로 약칭하며, 남·북을 포함한 전체는 한반도로 지칭한다. 또한 남한·북한을 구별하지 않을 경우 '한국'으로 칭하고, 대한민국 국군(한국군)은 남한군으로 약칭한다.

계의 긴밀한 정도를 보여 준다. 그리고 1975년 베트남전쟁의 종결과 베트남의 통일은 북한에도 시사점을 남겼다.

이처럼 베트남전쟁기(1954~1975년)[2] 북한과 북베트남의 기본적인 연관성은 ① 북한·북베트남 외교관계 수립 및 전개, ② 북한의 베트남전 지원, ③ 베트남전이 북한의 대남공세와 남북한 관계에 미친 영향에서 비롯되었다. 그런데 베트남에서는 베트남전쟁과 관련된 자료에 접근하기가 쉽지 않기 때문에 베트남전쟁에 관한 많은 부분이 아직 베일에 싸여 있다. 또한 북한은 대외적으로 공개하지 않는 부분들이 많은 나라라, 여전히 당시 국가 간의 관계에 대해서 충분한 해석이 가능하지 않다. 따라서 베트남전쟁기 북한과 북베트남의 관계에 대해 현재 우리가 알고 있는 지식은 제한적일 수밖에 없다.

구체적으로 첫째, 북한·북베트남 외교관계 수립 및 전개 측면과 관련해서 북한·북베트남 관계가 관심을 끌 만한 주제였음에도 체계적으로 탐구되지 않았기 때문에 양국 관계의 실상에 대한 이해는 부족

2 이 책에서는 베트남전쟁기를 1954년부터 1975년까지로 정의하였다. 베트남사에서 베트남전은 '항미-조국통일전쟁'이라고 불리며, '통일전쟁'이라는 말에서 알 수 있듯이 분단과 통일을 기준으로 한다. 1954년 디엔비엔푸(Điện Biên Phủ) 전투를 끝으로 프랑스가 물러난 뒤 제네바 협정에 따라 베트남은 남북으로 분단되었다. 그 직후 남베트남에서는 제네바 협정에 의거한 베트남 통일정부 수립을 요구하는 비폭력투쟁이 일어났으며, 남베트남 지엠 정부는 통일운동세력을 공산당으로 몰아세워 이들에 대한 대대적인 탄압에 들어갔다. 한편, 1954년 미국은 남베트남에 대한 경제원조 계획을 발표하였고, 1955년부터 남베트남에 군사고문단을 파견하였다. 이러한 미국의 군사보호는 남북 베트남 모두의 군사동맹 가입을 제한한 제네바 협약을 위배한 것이며, 제국주의로부터 독립을 쟁취하려는 베트남인들의 의사에도 반하는 것이었다. '항미-조국통일전쟁'은 위에 언급한 1954년 비폭력투쟁으로 시작되었다. 1973년 평화협정 이후에도 베트남은 통일되지 못했고, 1975년 4월 30일 남베트남의 항복으로 비로소 전쟁이 종결되었다.

한 편이다. 특히 잘 알려진 것처럼 양국 관계는 북한이 1979년 1월 베트남의 캄보디아 침공을 비난하고 같은 해 3월 중국의 베트남 침공을 지지하는 과정에서 악화되었다.[3] 사실 1970년대 말 동아시아 사회주의 국가들은 미국과 관계를 개선하기 위해 노력하는 모습을 보였고, 이 과정에서 경쟁이 있었으며, 북한·캄보디아를 포함한 중국 중심의 축과 베트남·라오스를 포함한 소련 중심의 축이 형성되었다.[4] 중국·베트남의 갈등은 그 경쟁 과정을 반영한 결과였으며, 이에 학계에서 중국의 베트남 침공은 사회주의적 국제주의 혹은 우애의 종말이었다고 보고 있다.[5] 따라서 북한·북베트남 관계도 이러한 역사의 소용돌이에 휘말려 가라앉았던 것으로 보인다. 그런데 이처럼 당시 사회주의 국가들의 갈등과 경쟁 추이를 살펴볼 때도 북한·북베트남 관계의 악화 과정에 대한 설명은 전반적으로 충분하지 않다.[6] 양국 관계를 다룬 기존 연

3 윤대영, 「1950년대 북한과 북베트남의 관계와 문화 교류: 1956년 조선 문화 대표단의 활동과 관련하여」, 『역사와 경계』 87, 2013, 188쪽.

4 Do Dieu Khue, "Was the "China Factor" Working? U.S. Policies Towards Vietnam, North Korea and China in the Late 1970s", Doctoral Dissertation, Graduate School of International Studies, Seoul National University, 2019, pp. 233-244; Juhyung Shim, "Haunted Borderland: The Politics on the Border War Against China in Post-Cold War Vietnam", Doctoral Dissertation, Duke University, 2014, p. 66.

5 Juhyung Shim, 위의 논문, pp. 1-27.

6 이와 관련한 연구들은 주로 1960, 1970년대 북한·캄보디아의 우호관계를 분석함으로써 북한이 베트남의 캄보디아 침공을 비난했다는 양상만 언급했다. Kin Phea, "Cambodia-North Korea Relations Since 1964: A Historical Review", 『동아연구』, vol. 35, no. 2(통권 71집), 2016, pp. 381-406. 기존 연구는 1970년대 중후반부터 중국·베트남의 갈등 심화, 그리고 베트남의 통일에 대한 북한의 질투와 같은 문제로 북한·베트남 관계가 악화하면서 북한이 중국의 베트남 침공을 반대하지 않았다고 하기도 한다. Do Dieu Khue, 앞의 논문, pp. 250-268.

구에서 북한·북베트남 상호에 대한 인식의 변화와 양국 관계의 악화에 대한 근원을 찾지 못했다. 특히 1960년대 중반에 북한은 북베트남을 적극적으로 지지하면서 베트남 지원과 관련해 중국의 부정적 태도를 비판한 바 있었는데,[7] 1970년대에는 베트남을 비판하고 중국을 지지하는 정반대 입장을 취했다. 긴밀했던 북한·북베트남 관계는 왜 그렇게 갈라졌는가? 그리고 중국은 북한·북베트남 관계의 전개에 어떠한 역할을 했는가? 이에 대한 답을 찾기 위해 베트남전쟁기 북한·북베트남 관계의 전개 과정을 체계적으로 연구할 필요성이 부각된다.

둘째, 북한의 베트남전 지원에 대한 측면이다. 베트남전쟁기 북한·북베트남 관계에서 북한이 북베트남에 공군을 파견하고 경제적 지원을 한 사실은 주목할 만한 가치가 있으나, 관련 사실은 잘 알려져 있지 않으며 여전히 의문이 남아 있다. 이는 북한·북베트남 양측의 자료 접근 제한으로 인해 관련 연구나 일반적 평가들은 주로 추정만으로 이루어졌고 사실들이 제대로 반영되어 있지 않기 때문이다. 구체적으로 기존 연구들은 주로 제3자의 자료(구 공산권 국가 및 한국의 자료)를 바탕으로 진행되어 북한이 베트남에 경제적 지원을 얼마나 했는지 정확히 파악할 수 없는 상태이다.[8] 특히 베트남전쟁을 지원한 중국과 소련조차 북베트남에 공군을 파견하지 않았던 것으로 알려졌는데 북한은 어떻게 북베트남에 공군을 파견했던 것인지 의문을 갖게 된다. 또한 당

7 이상숙, 「1960년대 중반 북한-중국의 갈등과 북한의 자주노선」, 『북한학연구』, vol. 3, 2007, 161쪽.

8 대표적으로 발라즈 살론타이(Balázs Szalontai)는 헝가리의 자료를 활용했으며, 이신재는 북한 귀순조종사들의 증언과 한국의 자료를 활용했다. Balázs Szalontai, "In the Shadow of Vietnam: A New Look at North Korea's Militant Strategy, 1962-1970", *Journal of Cold War Studies* 14: 4, Fall 2012, p. 154; 이신재, 『북한의 베트남전쟁 참전』, 국방부 군사편찬연구소, 2017, 223-238쪽 등.

시 경제적으로 여유가 있지 않은 상황에서 북한이 왜 북베트남에 군사·경제적 지원을 했는지도 풀어야 할 문제이다. 남한이 베트남전으로 경제적 이익을 받았다면 북한은 베트남전을 지원하고 무엇을 얻었는지에 대한 궁금증도 충분히 생길 만하다. 이와 같은 의문들을 해결하기 위해서는 당시 북한과 북베트남이 어느 정도 긴밀했는지에 대한 기본적인 분석이 수행되어야 함은 물론, 중국·소련이 베트남전을 지원한 과정, 그리고 북한의 내부 정치상황도 동시에 고려해야 한다.

셋째, 베트남전과 북한의 대남공세와 관한 측면인데, 이는 베트남전쟁과 남북한 관계의 연관성에 대한 문제이기도 하다. 실제로 베트남전쟁과 남북한 관계의 연관성을 살펴보려는 가설도 적지 않다. 대표적으로 1968년 초 북한의 푸에블로호 나포 사건과 1968년 1월 30일 베트남의 '베트남 뗏 공세'[9]에 대한 것이 있다. 기존 연구들은 북한이 이 시점에 푸에블로호를 나포한 이유 중 하나가 미국의 군사력을 한반도에 분산시켜 베트남을 도우려 한 것이라고 분석했다.[10] 북한의 도발 행동으로 당시 한반도 긴장이 고조되었고 남한이 베트남전에 추가 파병할 수 없는 상황이 발생하였으니 베트남에 도움이 되었다고 보는 것이다. 그런데 실제로는 북한의 도발에 북베트남의 합의가 있었다는 증거, 즉 이 두 사건이 연관되어 있다는 명확한 증거가 없다. 그러한 주장은 단지 사건이 비슷한 시기에 일어났다는 점에서 출발했을 뿐이

9 뗏 공세(舊正攻勢, 베트남어: Sự kiện Tết Mậu Thân, 영어: Tet Offensive)는 1968년 1월 30일 밤부터 전개된 북베트남 정규군과 남베트남민족해방전선(NLF)의 대공세를 말한다. 이로 인해 국제여론이 반전 여론으로 쏠리면서 북베트남이 전략적 승리를 거두었다. 뗏 공세는 베트남전쟁에서 북베트남이 승리하는 결정적 원인이 되었다.

10 홍석률, 『분단의 히스테리』, 창비, 2012, 47-88쪽; 박태균, 『박태균의 이슈 한국사』, 창비, 2015, 185쪽.

다.[11] 따라서 이에 대한 논쟁은 역시 끝나지 않았다. 또한 1975년 베트남 통일이 북한의 대남정책에 미친 영향을 살핀 몇몇의 연구들과 일반적 평가는, 모두 당시 남한의 시각에서 출발하고 있다는 공통점이 있는데, 김일성은 1975년까지 북베트남의 통일 방식에 고무되어 있었고, 남한에 혁명적 상황을 조성해야 한다는 전제조건이 있기는 했지만 무력통일 방안을 버리지는 않았다고 보고 있다.[12] 너무나 당연한 이유겠지만, 기존 연구들은 공식적으로 발표된 자료에만 의존하고 있어 모두 비슷한 논지를 보이고 있으며 내용도 유사하다. 그런데 북한의 무력통일 입장 및 방안을 보여 주는 명확한 자료는 현재 없기 때문에 베트남전쟁의 영향을 바탕으로 북한이 남한에 실제로 어떻게 위협을 가했는지에 대한 분석은 이루어지지 못했다. 베트남전쟁이 남북한 관계에 어떠한 영향을 주었는지에 대한 본격적인 분석과 연구가 필요한 지점이다.

이 책에서는 이상과 같은 문제의식에서 출발해서 베트남전쟁기 북한과 북베트남의 관계를 추적함으로써 새로운 사실을 규명하고 의문점을 재확인하고자 한다. 베트남전쟁기 북한과 북베트남의 관계를 정확하게 파악하기 위해 이러한 세 가지 측면을 모두 포괄하여 논하고자 한다. 즉 베트남전쟁 상황에 따라 그 시기를 1950년대·1960년대·1970년대로 나누어 북한·북베트남의 관계가 어떻게 변화했는지 알아보고, 베트남전쟁기 북한의 내부 정치 변화 및 대남정책과의 상관성을 규명할 것이다. 궁극적으로는 베트남전쟁이 남북한 관계에 어떠한 영향을 주었는지에 대한 해답을 찾는 것에 연구 목적을 두었다.

11 Szalontai, 앞의 논문, pp. 140-161.

12 경남대학교 북한대학원 엮음, 『북한군사문제의 재조명』, 한울, 2006, 145쪽; 정봉화, 『북한의 대남정책, 지속성과 변화, 1948-2004』, 한울, 2005, 171쪽.

북한과 베트남 자료의 부재 때문에 선행 연구들에 근본적 한계가 있었기에 앞서 언급한 세 조건 중 하나만을 분석하고 그 실정을 규명하는 것만으로도 이 책이 연구사적 의의가 있으리라 생각한다. 베트남전쟁 당시 북한과 북베트남은 수교를 맺고 긴밀한 관계를 유지했으며, 북베트남에 대한 북한의 전쟁 지원도 진행되었다. 동시에 북한 지도부는 베트남전쟁의 전개 상황이 한반도 정치에 미치는 영향을 내부 정치에 활용하고 대남정책을 수립했다. 즉 북한·북베트남 관계는 북한의 내부 정치상황 및 남북한 관계의 변화와 긴밀한 연관이 있었던 것이다. 따라서 베트남전쟁과 관련한 북한과 베트남의 제반 상황을 심도 있게 파악하려면 이러한 세 가지 측면을 통합해 연구할 필요가 있다. 이 연구에서는 베트남 측 자료를 가능한 한 충실히 수집·분석하였으므로 기존 연구들의 한계를 극복할 수 있으리라 기대한다.

이를 위해 필수적으로 병행해야 하는 작업은 바로 베트남전쟁의 상황 및 전쟁을 둘러싼 국제관계의 정리이다. 베트남전쟁은 제국주의와 식민지, 자본주의와 사회주의, 그리고 사회주의 진영 내부의 갈등이 복잡하게 뒤얽힌 '복합전쟁'이었다. 물론 베트남전쟁은 기본적으로 통일전쟁이고 민족해방전쟁이었다.[13] 이 책에서는 베트남전쟁을 자본주의 진영과 사회주의 진영 양쪽의 시각에서 보는 동시에, 당사자인 베트남이 이 전쟁을 어떻게 다루고 있는지도 살펴보며 다각적인 방향에서 접근할 것이다.[14] 즉 베트남전쟁의 성격 규명은 베트남전쟁의 역

13 김정배, 「베트남전쟁과 미소관계, 그리고 냉전체제」, 『미국사연구』 42, 2015, 250쪽; 김정배, 「베트남전쟁과 사회주의진영, 그리고 냉전체제」, 『역사와 경계』 76, 2010, 345쪽.

14 특히 한국에서 현재까지 베트남전쟁과 관련한 연구들은 주로 미국의 전쟁 개입 배경과 한국의 파병에 초점이 맞춰져 있으며, 베트남전쟁의 전체적 전개 과정을 다루는 연구는 많지 않은 상황이다. 베트남전쟁의 전개 과

사를 입체적으로 이해하고자 하는 이 책에서 소박하지만 중요한 목표이다.

2. 기존 연구 검토

1) 북한·북베트남 관계에 대한 연구

일반적으로 북한·북베트남 관련 연구에서 직면하는 가장 큰 문제인 자료적 한계 때문에 그동안 북한과 북베트남 관계에 대한 연구들은 활발히 이루어지지 못했다. 이에 북한·북베트남 관계에 대한 연구 및 일반적 평가들은 사실이 제대로 반영되지 않은 한계가 있다.

먼저, 서구 학계에서 방대한 베트남전쟁의 역사를 논의해 왔음에도 이 시기 북한·북베트남 관계에 관한 부분은 연구가 소략하다. 베트남전쟁기 북한과 북베트남의 연관성을 거론한 서구 학계의 연구는 베트남전쟁 중심으로 한 연구가 아니라 북한, 혹은 남북한 관계에 대한 연구이다. 따라서 학계에서는 주로 북한과 제3세계, 또는 동남아와의 관계라는 주제로 접근해서 베트남을 언급하고 있다. 대표적으로 배리 길스(Barry Gills)의 *Korea versus Korea*는 남북한 관계와 한반도를 대표

정을 다룬 연구들은 베트남사를 개략한 박태균의 『베트남 전쟁』(한겨레출판, 2015)과 리영희의 『베트남 전쟁, 30년 베트남전쟁의 전개와 종결』(두레, 1985)을 제외하고는 대부분 미국의 책을 번역한 것이며 주로 미국을 중심으로 한 내용을 다루고 있다. 조너선 닐, 정병선 옮김, 『미국의 베트남 전쟁, 미국은 어떻게 베트남에서 패배했는가』, 책갈피, 2004; 도날드 M. 스노우, 권영근 옮김, 『미국은 왜 전쟁을 하는가』, 안경문화사, 2003; 마이클 매클리어, 유경찬 옮김, 『베트남: 10,000일의 전쟁』, 을유문화사, 2002 등.

할 수 있는 정체성에 대한 양측의 경쟁 과정을 연구했다. 특히 이 책의 제6장에서는 1960~1975년 제3세계와의 국제외교에 대한 북한의 성공을 다뤘다. 1960~1975년은 미국과 남한의 참전으로 베트남전쟁에서 중요한 시기인데, 저자는 베트남전쟁을 중심으로 북한이 제3세계의 문제에 개입한 것을 다뤘다. 그는 북한의 북베트남에 대한 공개적 지지, 전쟁 지원, 그리고 북한·북베트남 지도부 상호 방문 등을 강조했다. 그런데 저자가 양국 관계에 대해 중요한 사실을 잘못 기술한 것으로 드러났다. 잘못된 내용은 구체적으로 다음과 같다. ① 1961년 6월 16일부터 22일까지 호찌민(Hồ Chí Minh) 주석이 북한을 방문해서 북한·북베트남 공동성명을 발표한 사실을 두고 당시 북베트남 국가 원수급(state visit)의 북한 방문이 이뤄졌다는 것, ② 1971년 10월 똔득탕(Tôn Đức Thắng) 국가주석 및 레주언(Lê Duẩn) 제1서기를 포함한 북베트남 최상급 지도부가 북한을 방문해서 1972년 북한의 북베트남 경제지원 협정을 조인했다는 것이다.[15]

실제로 호찌민이 북한을 방문했던 시점은 1957년이었으며, 1961년에는 호찌민이 아니라 북베트남의 수상 팜반동(Phạm Văn Đồng)이 북한을 방문했다.[16] 따라서 이 방문은 북베트남의 국가 원수급 방문이 아니었다. 그리고 1971년 당시 북베트남에서 북한을 방문한 것이 아니라, 반대로 북한의 제2부수상 박성철이 북베트남을 방문하여 레주언과 회담을 하였다. 또한 1972년 북한의 북베트남 경제지원협정은 하노이에서 조인되었다.[17] 이 외에도 이 책에는 1966년 7월 21일 김일성이 북

15 Barry K. Gills, *Korea versus Korea: A Case of Contested Legitimacy*, London: Routledge, 1996, pp. 107, 115.

16 「평양시 군중 대회에서 한 월남민주공화국 정부대표단 단장 범문동 수상의 연설」, 『로동신문』 1961년 6월 17일.

17 「웰남민주공화국을 방문하는 우리나라 당 및 정부 대표단 하노이 도착」,

베트남에 북한의 지원병 파견을 수용하라는 취지의 전문을 호찌민에게 보냈다는 내용이 있는데, 출처가 없다.[18] 안타깝게도 저자는 이러한 출처 불분명한 근거에 기반해 베트남전쟁기 북한의 역할을 설명했고, 학계는 이 연구의 잘못된 점을 밝히지 못한 채 북한·북베트남 관계를 분석할 때 이 연구의 결과를 계속 인용해 왔다.[19]

한국의 연구성과 중에 윤대영의 「1950년대 북한과 북베트남의 관계와 문화 교류: 1956년 조선 문화 대표단의 활동과 관련하여」가 흥미롭다.[20] 이 연구에서는 북한과 북베트남 간 교류에 밑거름이 되었을 '문화적 요인'을 추적하여 분석·접근했으며, 양국이 외교관계를 형성하는 과정과 한국전쟁이 양국 관계에 미친 영향을 검토한 후, 1955년과 1956년 북베트남으로 파견된 조선인민대표단과 여기에 동행한 예술단의 역할을 살펴봄으로써 1950년대 양국 사이에 진행된 문화교류의 초기 양상을 조명했다.

이 외에 베트남전쟁기와 1975년, 즉 베트남 통일 이후의 시기 북한·베트남 관계에 대한 연구로는 "Vietnam-North Korea Relations: Some Remarks over the Last 65 Years and Prospects"(베트남-북한 관계:

『로동신문』 1971년 10월 26일; Báo Nhân dân, 29.10.1971, "Đoàn đại biểu Triều Tiên thăm đồng chí Lê Duẩn." [「조선대표단의 레주언 동지 방문」, 『인민신문』 1971년 10월 29일.]; Báo Nhân dân, 31.10.1971, "Ký hiệp định về việc Triều Tiên viện trợ kinh tế không hoàn lại cho Việt Nam." [「조선의 베트남 무상 경제 지원 협정 체결」, 『인민신문』 1971년 10월 31일.]

18 Gills, 앞의 책, p. 110.

19 Brian Bridges, "Old Friends, New Partners, and Troubled Times: North Korea's Relations With Southeast Asia", *International Journal of Korean Unification Studies*, vol. 26, no. 2, 2017, p. 6; Szalontai, 앞의 논문, p. 123; 조진구, 「중소대립, 베트남 전쟁과 북한의 남조선혁명론, 1964-68」, 『아세아연구』, vol. 46, no. 4, 2003, 241쪽 등.

20 윤대영, 앞의 논문.

65년간 고찰과 전망)[21]가 있는데, 이 연구는 주로 2차 자료와 베트남의 온라인 신문에 의해서 북한과 베트남의 관계를 종합하여 평가하는 수준에 머물러 있다.

2) 북한의 베트남전 지원에 대한 연구

북한이 북베트남에 공군을 파견하고 경제적 지원을 한 사실 역시 충분히 주목을 받을 만하나, 관련 사실은 잘 알려져 있지 않다. 이는 자료의 제한 때문에 관련된 연구들이 활발히 이루어지지 못했기 때문이다.

베트남 정부가 그동안 북한의 전쟁 지원을 언급하지 않은 상황에서, 1996년에 한 출판사가 발간한 저서를 통하여 베트남전에 북한 공군을 파견한 것과 관련한 내용이 처음이자 공식적으로 나오게 된다. 그 제목은 *Sự thật về những lần xuất quân của quân đội Trung Quốc và quan hệ Việt Nam-Trung Quốc*(『중국군대의 출전에 대한 사실과 베트남-중국 관계』)이다.[22] 책에서 밝힌 내용 중에는 중국의 지원과 1967년 시작된

21 Trần Quang Minh, Nguyễn Thị Thắm, "Vietnam-North Korea Relations: Some Remarks over the Last 65 Years and Prospects", 『동아연구』, vol. 35, no. 2(통권 71집), 2016.

22 제목에서 알 수 있듯이 이 책의 내용은 주로 베트남전에 대한 중국의 지원과 관련된 것이다. 이처럼 베트남 정부가 중국의 베트남전 지원 현황 및 '사실'을 공개한 것은 당시의 중국·베트남 관계를 배경으로 하여 이해해야 한다. 중국·베트남 관계는 1960년대 말 악화되기 시작했으며, 1979년 이후로는 양국이 완전히 적이 되었다. 그 후 1980년대 말부터 양국은 대화로 갈등을 풀어 가기 시작했으며, 1991년 관계가 회복되면서 1990~1993년 중국에서 베트남전쟁에 대한 많은 연구성과가 출판되었다. 이 책은 이러한 연구성과들이 정확하지 않은 점이 있다고 비판하며 베트남의 입장을 밝히려는 목적으로 출판되었다.

북한 공군 파견이 있다.[23] 당시 이 책 외에는 북한의 베트남전 지원에 대한 공식적인 언급이 없었다.

2000년부터 베트남에서 북한의 베트남전 지원과 공군 파견에 대한 연구성과가 점차 나오기 시작했다.[24] 한국 언론들도 북한의 베트남전 지원 및 공군 파견에 대한 기사를 실었다.[25] 한국 언론의 이러한 보도는 주로 미국의 싱크탱크인 우드로윌슨센터(Woodrow Wilson International Center)가 발간한 '북한 국제문서 연구사업(NKIDP)' 보고에 근거하여 이루어졌다. 해당 프로젝트 보고서 중 프리브나오(Merle L. Pribbenow)라는 연구자가 작성한 "베트남 영공의 북한 조종사들(North Korean Pilots in the Skies over Vietnam)"이라는 보고서는 최근 발표된 베트남의 연구성과 및 자료를 번역해 근거 자료로 삼았다.[26] 인용한 근

23 Nguyễn Huy Toàn, Vũ Tang Bồng, Nguyễn Huy Thục, Nguyễn Viết Bình, Nguyễn Minh Đức, *Sự thật về những lần xuất quân của quân đội Trung Quốc và quan hệ Việt Nam-Trung Quốc*, Nxb Đà Nẵng, Đà Nẵng, 1996, p. 70. [응우옌후이또안, 부땅뽕, 응우옌비엣빈, 응우옌민뜩, 『중국군대의 출전에 대한 사실과 베트남-중국 관계』, 다낭: 다낭출판사, 1996, 70쪽.]

24 2000년대부터 베트남에서 북한의 베트남전 지원에 관심이 생긴 것은 당시 북한·베트남 간의 관계와 연관이 있다. 2000년 이전까지 베트남·중국의 관계 악화로 북한과 베트남 지도부는 거의 10여 년 동안 서로를 방문하지 않았다. 그러나 2000년부터 북한과 베트남은 관계를 개선했으며 서로가 적당한 거리를 유지하고 있다. 도미엔, 「베트남 학계의 남·북한 연구 동향 및 쟁점: 베트남 전쟁 시기(1954~1975년)를 중심으로」, 『이화사학연구』 제50집, 2015, 330쪽.

25 「北 공군, 베트남전 참전 공식문서 공개돼」, 『노컷뉴스』 2011. 12. 5. http://www.nocutnews.co.kr/news/896660(검색일: 2020. 8. 1.); 「北공군 '베트남전 참전' 공식문서로 확인」, 『서울경제』 2011. 12. 5. http://economy.hankooki.com/lpage/politics/201112/e2011120509474893140.htm(검색일: 2020. 8. 1.)

26 Merle L. Pribbenow, "North Korean Pilots in the Skies over Vietnam," North Korea International Documentation Project, Woodrow Wilson Inter-

거 자료는 바로 2001년에 나온 베트남 국방부 베트남군사역사연구원의 *Lịch sử kháng chiến chống Mỹ cứu nước, 1954-1975, Tập V: Tổng tiến công và nổi dậy 1968*(『항미구국항전 역사, 1954-1975, 제5부: 1968년 총진공 및 봉기』)이다. 이 연구에서는 북한이 북베트남에 공군 병력을 지원한 내용, 즉 1967년부터 북한이 북베트남에 공군을 파견한 사실을 기술하였다.[27]

한편, 응우옌티마이화(Nguyễn Thị Mai Hoa)의 *Các nước Xã Hội Chủ Nghĩa ủng hộ Việt Nam kháng chiến chống Mỹ, cứu nước (1954-1975)*(『사회주의국가들의 베트남항미구국항전 지원(1954~1975)』)이라는 연구는 미국이 북베트남에 공격을 시작한 이후 북한이 1966년 10월 20일부터 1969년까지 북베트남에 공군을 파견했음을 밝혔다.[28] 대부분의 베트남 측 연구들은 북한의 공군 파병 목적이 작전 경험을 얻기 위해서였다고 동일하게 주장하였다. 그러나 이 연구들에서는 공군 파견 시점이 일치하지 않았다.

최근 이 주제와 관련된 연구성과들 중에는 이신재의 『북한의 베트남전쟁 참전』[29]이 있다. 이는 북한의 베트남전 참전 상황을 총괄하

national Center, 2011. http://www.wilsoncenter.org/publication/north-korean-pilots-the-skies-over-vietnam.

27 Bộ Quốc phòng, Viện Lịch sử Quân sự Việt Nam (VLSQSVN), *Lịch sử kháng chiến chống Mỹ, cứu nước, 1954-1975, Tập V: Tổng tiến công và nổi dậy 1968*, Nxb Chính trị quốc gia, Hà Nội, 2001, pp. 269-271. [국방부, 베트남군사역사연구원, 『항미구국항전 역사, 1954~1975, 제5부: 1968년 총진공 및 봉기』, 하노이: 국가정치출판사, 2001, 269-271쪽.]

28 Nguyễn Thị Mai Hoa, *Các nước Xã Hội Chủ Nghĩa (XHCN) ủng hộ Việt Nam kháng chiến chống Mỹ, cứu nước (1954-1975)*, Nxb Chính trị quốc gia, Hà Nội, 2013, p. 317. [응우옌티마이화, 『사회주의국가들의 베트남항미구국항전 지원(1954~1975)』, 하노이: 국가정치출판사, 2013, 317쪽.]

29 이신재, 앞의 책.

는 연구이지만, 베트남 측 자료를 충분히 확보하지 못했기 때문에 드러나는 한계가 있어 아쉬움이 남는다.[30] 예를 들어 그는 북한이 1964년 말부터 베트남 토굴 작업을 돕기 위해 400~500명 규모의 1개 대대 공병을 파견하였다고 서술하고 있는데,[31] 이 내용은 베트남의 자료상으로 확인되지 않았다. 한편 이신재는 북한 귀순조종사들의 증언을 토대로 베트남의 주장과는 다른 주장을 펼쳤다. 그에 따르면 북한 공군이 1973년까지 베트남에 주둔했다는 것이다. 이신재는 북한 공군의 참전 목적 중 하나가 미 공군에 대한 대항이라는 측면을 강조했다. 따라서 미국이 1972년 12월에 이른바 '크리스마스 폭격'이라고 불리는 대규모 하노이 공습을 감행한 사실을 바탕으로, 북한 공군이 1969년까지 주둔했다는 베트남의 주장을 설득력이 낮다고 보고 있다. 또한 베트남 국립자료센터에 1960년대부터 1974년까지 북한 전문가들에 대한 북베트남의 훈장 및 관련 기록들이 보존되어 있다는 필자의 연구[32]를 인용하면서, 북한 공군은 1973년 1월 27일 베트남 평화협정(파리협정)[33] 조인으로 미군이 철수될 무렵까지 베트남에 주둔했다고 보는 것이 타당하다고 하였다.[34]

여기까지 종합해 보면, 북한과 북베트남의 관계에 관한 연구들, 특히 북한의 베트남전 지원, 공군 파견과 관련된 한국과 베트남의 연

30 이한우, 「북한의 베트남전쟁 참전에 대한 최초의 체계적 연구」, 『군사』 104, 2017, 334쪽.

31 이신재, 앞의 책, 215쪽.

32 도미엔, 「베트남 소재 남북한 관련 자료, 베트남전쟁 시기(1954~1975년)를 중심으로」, 『군사지』 제96집, 2015.

33 베트남에서의 정전(停戰)과 평화를 확보하기 위하여 1973년 미국, 남베트남, 북베트남, 남베트남 임시혁명정부(Provisional Revolutionary Government-PRG) 사이에 합의된 협정.

34 이신재, 앞의 책, 97쪽.

구성과는 현재까지 소략하며, 한국과 베트남, 심지어 미국의 연구성과는 서로 불일치하는 점이 많음을 알 수 있다.

3) 베트남전이 남북한 관계에 미친 영향에 대한 연구

베트남전쟁기 남한과 남베트남, 북한과 북베트남은 각각 수교를 맺고 긴밀한 관계를 유지했으며, 이로써 남북한도 역동적인 베트남전쟁 상황의 영향을 받았다. 이에 베트남전쟁이 남북한의 관계에 미친 영향에 대해 연구가 활발히 이루어졌다. 주로 ① 1960년대 중반 남한의 베트남 파병과 이에 대한 남북한 관계의 긴장에 대한 연구, ② 1969년 7월 미군의 베트남전 철수 시작, 1970년대 초반 데탕트 시기의 남북대화 과정을 살피는 연구, ③ 1975년 베트남전 종결과 베트남 통일, 그리고 김일성의 중국 방문으로 인한 남북한 관계 위기의 고조와 관련된 연구들이다. 요약하자면, 베트남전쟁과 남북한 관계의 연관성에 대한 연구는 남한의 파병, 철군, 종전의 세 국면으로 나눌 수 있다. 이에 대한 연구 현황을 살펴보겠다.

첫째, 1960년대 중반 베트남전쟁과 남북한 관계와 관련하여 대부분의 연구는 남한의 참전이 남북관계를 경색시키고 긴장상태를 조성했다는 것에 동의한다.[35] 특히 이 연구들은 이런 남북관계의 긴장은 당시 북한의 공격적인 대남정책에 기인한다고 주장한다. 기존 연구들은 북한이 한반도에서 공격적 대남정책을 실행했으며, 이는 베트남을 도와주기 위함이었다고 보았다. 남한군 전투부대가 베트남에 파병된 상

35 홍석률, 앞의 책, 47-88쪽; 홍규덕, 「베트남전 참전 결정과정과 그 영향」, 한국정신문화연구원 편, 『1960년대의 대외관계와 남북문제』, 백산서당, 1999, 95-97쪽.

황에서 어떻게든 북베트남을 도와줘야 했던 북한은 물질적으로 베트남을 지원해 주었다. 그보다 더 확실하게 도움을 주는 방법은 한반도에서 분쟁을 일으켜 남한군 전투부대가 더 이상 빠져나가지 못하게 하는 것이었다.[36]

이러한 맥락에서 1968년 초 1·21사태와 푸에블로호 사건으로 한반도에서 위기감이 한창 치솟은 직후인 1968년 1월 30일에 '베트남 뗏(Tết) 공세(구정공세)'가 일어났던 것에 대하여, 기존의 많은 연구는 북한이 이 시점에 푸에블로호를 나포한 이유 중 하나가 미국의 군사력을 한반도에 분산시켜 베트남을 도우려는 것이었고, 1·21사태의 관심을 다른 곳으로 돌리기 위해서였다는 것으로 분석했다. 푸에블로호 사건이 베트남의 전쟁 상황과 관련 있다는 주장은 주로 미국의 연구에서 나온 것이다.[37] 미국적 시각에서 벗어나 새로운 자료 및 접근으로 북한이 이 사건에서 북베트남의 합의 없이 독자적으로 진행하였다고 주장한 연구들도 있다.[38]

특히 이 주제와 관련해서는 헝가리의 자료를 활용해 북한을 살펴본 발라즈 살론타이(Balázs Szalontai)의 연구가 흥미롭다. 살론타이는 김일성이 베트남전쟁을 지원한 목적은 베트남을 도와주기보다는 미국이 베트남전에 빠져들어 한반도 문제에 신경 쓰지 못하게 하려는 것이

36 박태균, 『박태균의 이슈 한국사』, 185쪽.

37 Mitchell B. Lerner, *The Pueblo Incident: A Spy Ship and the Failure of American Foreign Policy*, Lawrence, KS: University Press of Kansas, 2002 등.

38 Sergey Radchenko, "The Soviet Union and the North Korean Seizure of the USS Pueblo: Evidence from Russian Archives", Working Paper #47, Cold War International History Project, Woodrow Wilson International Center, Jul. 2011; Bernd Schaefer, "North Korean "Adventurism" and China's Long Shadow, 1966-1972", Working Paper #44, Cold War International History Project, Woodrow Wilson International Center for Scholars, Oct. 2004 등.

었으며, 따라서 푸에블로호 사건은 북베트남을 도와주는 것이 아니라 오히려 베트남전쟁의 상황을 활용한 북한의 정치적 계산이라고 보았다.[39] 살론타이의 놀라운 주장은 학계에서 높은 평가를 받았으나, 역시 북한·북베트남 양측의 자료 접근 제한으로 주로 추정만으로 이루어졌다는 한계가 있다.[40]

1960년대 중반 베트남전쟁이 북한의 남조선혁명론 수립에 미친 영향을 다룬 연구도 있다.[41] 구체적으로 이러한 연구들은 1960년대 중반에 들어 베트남전쟁이 과거의 한국전쟁처럼 사회주의 진영과 자본주의 진영의 맞대결 성격을 띠게 되자, 북한이 사회주의 진영의 '반제공동투쟁'을 선도적으로 주장하고 전투병 파병에도 솔선수범했으며, 베트남전쟁을 이용해 1960년대 중반부터 남한에서 반전의식을 매개로 남조선 혁명의 기운이 무르익기를 기대하기도 했다는 것이다.[42]

그런데 사실상 1950년대 후반 북한·북베트남은 대미항쟁에 힘쓰기 위해 상호 연대를 강화하자는 내용의 공동성명을 발표하였다. 양국은 '공동의 적', 즉 미국을 타도하자는 동일한 목표를 갖고 유대관계를 맺기 시작하였다.[43] 따라서 1960년대 초반부터 양국의 유대관계에서는 반미제국주의 의식이 공유되었으며, 1960년대 중반 남북한 관계와 베트남전의 연관성을 살펴보기 위해서는 1960년대 초반의 북한·북베트남 공동연대의식에 더 주목할 필요가 있다. 기존 연구들은 주로 미

39 Szalontai, 앞의 논문, pp. 140-161.

40 H-Diplo Review Essay No. 413, 9 July 2013, Reviewed by Jiyul Kim, 위의 논문.

41 조진구, 앞의 논문, 240-252쪽; 정봉화, 앞의 책, 140-142쪽.

42 김진환, 「베트남전쟁 시기 북한의 대외정책」, 『사회와 역사』 제105집, 2015, 55-63쪽.

43 도미엔, 「1975년 베트남전 종전과 북한정부의 대응: 베트남자료를 중심으로」, 『이화사학연구』 제48집, 2014. 6, 98쪽.

국의 베트남전 참전 시기, 즉 1960년대 중반 이후의 관계를 분석함으로써 북한·북베트남 관계의 실정을 살펴보지 못했으며, 그렇기 때문에 북한의 1960년대 초반 남조선혁명론에 관한 연구들은 베트남이라는 요소를 간과한 측면이 있다.

둘째, 철군의 국면과 관련된 연구들은 주로 1969년 7월 베트남전에서 미군의 철수 시작과 닉슨 독트린이 발표된 이후 1970년대 초반 데탕트 시기의 한미관계가 갈등으로 치달았을 때부터 고찰하여 남북대화 과정을 살폈다.[44] 그런데 이 연구들은 당시 베트남전쟁의 영향력을 간과한 측면이 있다. 앞에서 언급한 바와 같이 1960년대 중반 북한이 북베트남과 유대관계를 유지하는 과정에서 북베트남 전쟁 방식의 영향을 받은 과정을 살피는 연구들은 있지만, 1970년대 초반 베트남전과 북한 대남정책의 연관성을 살펴본 연구는 찾기 어렵다. 특히 북한은 1973년 1월 27일 베트남 평화협정 체결을 기점으로 통일정책을 전환하기 시작하여, 1974년에 남한의 참여를 배제한 미국과의 단독 평화협정체결을 제안했다.[45] 이에 대한 연구들도 있긴 하지만, 역시 베트남 평화협정과 북한이 제기한 평화협정의 연관성을 분석하지는 않았다. 이런 한계는 또한 북한·북베트남 관계의 실정을 살펴보지 못한 것이 원인이다.

셋째, 종전 국면을 살피는 연구는 이상에서 소개한 연구성과들에

44 홍석률, 「1970년대 초 남북대화의 종합적 분석: 남북관계와 미중관계, 남북한 내부정치의 교차점에서」, 『이화사학연구』 40, 2010; 배긍찬, 「1970년대 전반기의 국제환경 변화와 남북관계」, 한국정신문화연구원 편, 『1970년대 전반기의 정치사회변동』, 백산서당, 1999; 신욱희, 「데탕트와 박정희의 전략적 대응: 박정희는 공격적 현실주의자인가」, 서울대학교 국제문제연구소 엮음, 『데탕트와 박정희』, 논형, 2011.

45 홍석률, 『분단의 히스테리』, 361-371쪽; 정규섭, 『북한외교의 어제와 오늘』, 일신사, 1997, 140-141쪽.

비해 부족한 것이 사실이다. 1975년 베트남 통일이 북한의 대남정책에 미친 영향을 살핀 몇몇의 연구는 모두 당시 남한의 시각에서 출발하였다는 공통점이 있으며, 논지 또한 비슷하다. 구체적인 예로, 김일성은 1975년까지 북베트남의 통일 방식에 고무되어 있었고, 남한에 혁명적 상황을 조성해야 한다는 전제조건이 있기는 했지만, 무력통일 방안을 버리지는 않았다고 보는 내용이 대표적이다.[46]

기존 연구는 1975년 4월 18~26일 사이에 베이징을 방문하여 중국 지도자들과 회담했던 김일성이 남북한 무력통일에 대한 의지를 표명했다고 주장한다. 그러나 사용된 자료는 우드로윌슨센터가 수행한 '냉전 국제사 프로젝트'와 '북한 국제문서 연구 프로젝트'에 의해 번역된 1페이지 정도의 양국 대사 간 짧은 대화 내용일 뿐, 김일성의 주장을 공식적으로 입증하는 문서는 아니다.[47] 또한 기존 연구에서는 당시 중국을 방문한 김일성의 첫 공개연설을 근거로 북한이 무력전쟁 계획을 품고 있었다고 주장한다. 그러나 통일에 대한 김일성의 적극적인 의지 표명을 당시 북한의 무력통일 계획에 대한 직접적 증거로 연결하기는 어렵다.

전체적으로 ① 북한·북베트남 외교관계 수립 및 전개, ② 북한의

46 경남대학교 북한대학원 엮음, 앞의 책, 145쪽; 정봉화, 앞의 책, 171쪽.

47 기존 연구에서 인용된 자료로 "Report, Embassy of Hungary in North Korea to the Hungarian Foreign Ministry July 30, 1975", Cold War International History Project, Woodrow Wilson International Center e-Dossier No. 14 (17 May 2005), p. 17(http://digitalarchive.wilsoncenter.org/document/111468)을 들 수 있다. 이 자료는 주평양 헝가리대사가 김일성의 중국 및 동구 사회주의 국가 방문에 대해 자국 외교부로 보고한 내용이다. 중국대사에 따르면 김일성은 중국에 가서 군사적 해결의 가능성을 언급하였다고 한다. 김일성에게 군사적 의도가 있다는 의견은 중국대사에게서 들은 얘기를 전한 것이고, 김일성이 공식적으로 표명한 것은 아니다.

베트남전 지원, ③ 베트남전이 남북한 관계에 미친 영향에서 비롯된 베트남전쟁기 북한과 베트남의 연관성에 대한 기존 연구의 근본적 문제는 베트남·북한 자료 부재로 이에 대한 분석이 충분하지 않은 것임을 알 수 있다. 그 사안의 중요성에도 불구하고 지금까지 이 세 가지 측면을 함께 통괄하는 연구가 전혀 없다는 사실도 역시 베트남·북한 자료 부재에 기인한 것이다.

한편, 시기적으로 기존 연구성과들은 주로 미국과 남한의 베트남전 참전 시기, 즉 1960년대 중반경의 문제를 분석함으로써 북한·북베트남 관계의 형성·출발, 특히 그 관계가 강화된 이후 이완되는 과정을 살펴보지 못했으며, 그렇기 때문에 북한·북베트남 관계를 거시적으로 조망하기 어려웠다.

3. 연구 방법과 연구 자료

역사 연구에서 사료는 기본이며, 이 책에서 사용하는 연구 방법은 다국적 사료들을 이용·분석하는 방식(multi archives research)이다. 따라서 이 책에서는 기존 연구성과들을 바탕으로 당시의 베트남 자료, 한국 자료, 미국 국무부 외교문서 자료, 북한 및 북한 외교 관련 동구권 외교문서 자료를 다각적으로 활용해서 분석할 것이다.

우선, 1차 사료의 부재로 인한 기존 연구의 한계를 타개하기 위하여, 베트남전쟁 시기(1954~1975년) 북베트남에서 발행된 북한 관련 자료를 포함, 베트남국립자료센터(National Archives Center-Trung tâm Lưu trữ Quốc gia) 소장 자료를 발굴·분석할 것이다.

구체적으로, 베트남 공식 문서는 주로 베트남 정부의 내무부 직속 국가문서보관국(State Records Management and Archives Department of

Vietnam-Cục Văn thư và Lưu trữ Nhà nước)에서 관리 및 보관을 담당하고 있으며, 여기에는 제1, 2, 3, 4 국립자료센터가 있다. 해당 자료센터들은 2001년부터 자료 열람을 허용하였는데, 국내외 학자들 특히 미국 학자들이 소장 자료들에 접근하기 시작했다.[48] 이 책에서는 네 곳의 국립자료센터 중 베트남전쟁 시기 자료를 보관하고 있는 제3 자료센터의 자료를 주로 활용할 것이다.[49] 하노이에 위치한 제3 베트남국립자료센터(Trung tâm lưu trữ Quốc gia 3)에 보관된 자료의 범위는 지리적으로 베트남 중부에 위치한 꽝빈(Quảng Bình)성부터 북쪽 구역까지이고, 시기적으로는 베트남민주공화국(1945~1975년), 그리고 현재 베트남 사회주의공화국에 이르기까지의 자료들이다. 즉 베트남민주공화국(즉 전시 북베트남 정부)의 활동에 대한 자료 수집, 정리, 편찬을 바로 이 제3 센터가 담당하기 때문에 해당 센터는 1950~1970년대 북베트남 정부와 북한 정부의 관계 및 북한의 베트남전 지원에 관한 자료를 수집

48 베트남국립자료센터의 자료를 활용한 베트남전쟁 관련 대표적 연구성과들은 다음을 참조한다. Pierre Asselin, *Hanoi's Road to the Vietnam War, 1954-1965*, Berkeley: University of California Press, 2013; Lien-Hang T. Nguyen, *Hanoi's War: An International History of the War for Peace in Vietnam*, Chapel Hill and London: University of North Carolina Press, 2012; Ku Su Jeong, "Mối Quan hệ Việt-Hàn trong và sau chiến tranh của Mỹ tại Việt Nam (1955-2005)", Luận án Tiến sỹ, Đại học Quốc gia TP Hồ Chí Minh, Đại học KHXH và NV, 2008. [구수정, 「베트남에서 일어난 미국의 전쟁과 그 이후 한·베 관계(1955~2005)」, 박사학위논문, 호찌민 국립대학교 인문사회대, 2008.]

49 베트남국립자료센터는 내국인과 외국인 모두에게 열람을 허용하고 있으며, 자료 열람을 위해서는 방문 시 신분증 혹은 여권을 제출하고 신청서를 작성해야 한다. 신청서에 대한 승인 이후 자료 열람이 가능하다. 단, 연구 목적으로 자료를 열람할 경우에는 연구계획서가 필요하며, 학교 혹은 기관의 추천서를 제출해야 한다. 베트남 국가문서보관국의 웹사이트는 https://luutru.gov.vn/home.htm이다.

할 수 있는 가장 기본적인 장소라고 할 수 있다. 이곳에 보관된 자료들은 베트남민주공화국이 창건된 시기부터 현재까지 설립된 중앙기관, 정부 기관의 부서, 분과(지부), 각 조직 단체의 활동 과정에서 형성되었다. 수십 년 동안의 베트남 국가 창건, 건설, 독립투쟁 과정에 대한 전체적·객관적·실질적 양상을 나타내고 있다고 봐도 지나친 말이 아닐 것이다. 이 자료들은 1차 사료이며, 호찌민과 여러 지도자의 자필 원고나 필적이 있는 자료들까지 포함되어 있다. 제3 베트남국립자료센터가 소장하고 있는 베트남전쟁기 북베트남 정부와 북한 정부의 합작 및 북한·북베트남 관계에 관한 대표적인 자료들은 현재까지 파악하기로는 약 500개 폴더가 있다. 폴더들은 ① '수상부(Phủ Thủ tướng)' 문서군,[50] ② '국회(Quốc hội)' 문서군, ③ '전문가 관리국(Cục Chuyên gia)' 문서군,[51] ④ '국가계획위원회(Uỷ ban kế hoạch nhà nước)' 문서군 등 네 가지 문서군에 각각 분류되어 있다.[52]

이 외에 국가문서보관국 소속 4개 국립자료센터 중 하나인 제2 자료센터의 자료를 활용할 것이다. 제2 자료센터는 호찌민시에 있으며,

50 제3 자료센터의 '수상부(Phủ Thủ tướng)' 문서군은 1945년부터 현재까지 베트남민주공화국(북베트남) 및 베트남사회주의공화국(통일된 베트남)의 총리관저에서 발행한 자료들이다.

51 베트남전쟁기 북베트남에서는 전문인력이 부족했기 때문에 외국인 전문가가 필요했으며, '전문가 관리국'은 주로 이를 위해 파견된 전문가들을 관리하는 기관이었다. 제3 자료센터의 '전문가 관리국(Cục Chuyên gia)' 문서군은 1945년부터 현재까지의 베트남민주공화국(북베트남) 및 베트남사회주의공화국(통일된 베트남)의 '전문가 관리국(Cục Chuyên gia)'이 발행한 자료들이다. 베트남전쟁기 북한 관련 자료들은 이렇듯 북한에서 파견된 전문가의 활동과 생활에 대한 자료들이 대부분이었다.

52 제3 자료센터의 행정 자료 구성은 구체적으로 다음 논문을 참고하였다. 도미엔, 「베트남 소재 남북한 관련 자료, 베트남전쟁 시기(1954~1975년)를 중심으로」.

베트남공화국(즉 전시 남베트남 정부, 1955~1975년)의 활동에 대한 자료 수집, 정리, 편찬을 하는 데이터센터로, 1950년대 후반~1970년대 남베트남 정부와 남한 정부의 합작 및 남한의 베트남전 파병과 관련한 자료를 보관하고 있다. 실제로 베트남전쟁기 남한의 남베트남 파병을 비난한 북한과 북베트남 측은 파병 과정에 대해 적지 않은 보도를 하였다. 북한과 북베트남에 의해 보도된 사실들을 확인하기 위해서는 제2 자료센터 방문은 필수적이다. 제2 자료센터의 특징은 특별한 자료를 제외하면 거의 모든 자료의 열람이 가능하다는 것이다. 특히 당시 남베트남 정부의 기밀정보자료라는 표시가 있을 경우에도 열람이 가능한 것이 주목된다.

한편, 베트남국방부자료센터(Trung tâm lưu trữ Bộ Quốc phòng) 소장 자료 역시 접근할 수 있어 이 책에서는 이 센터의 귀중한 자료를 최대한 활용하였다. 북한군과 중공군이 한국전쟁으로 얻은 경험들을 베트남 군인들에게 교육한 자료, 특히 한국전쟁기 미군의 전술과 중공군의 전투 방식 교육자료 등이 포함된다. 또한 여기에는 베트남전 참전 북한 공군 책임자 반띠엔중(Văn Tiến Dũng, 1917~2002) 장군, 당시 베트남 인민군대 총참모총장의 기록도 포함되어 있다. 이러한 자료를 통해 북한 지원군 문제를 검토할 수 있다.

베트남전쟁기 발행된 신문 자료들도 적극 활용하였다. 1945년부터 현재까지 북베트남(1945~1975년) 및 베트남사회주의공화국(1976년~현재)이 발행한 신문들 중 베트남전쟁기를 대표하는 『Báo Nhân dân(인민신문)』, 『Báo Quân đội nhân dân(인민군대 신문)』이 있다.[53] 이를 통해

53 『Báo Nhân dân(인민신문)』의 원본은 베트남국립도서관(Thư viện Quốc gia Việt Nam)에 소장되어 있다. 『Báo Quân đội nhân dân(인민군대 신문)』의 원본은 '베트남군대도서관(Thư viện Quân đội)'에 보관되어 있다.

베트남전쟁 당시 북베트남의 대응과 인식, 북베트남과 북한의 교류 현황 등을 확인할 수 있다.

다음으로, 북한에서 발간한 자료로는 『로동신문』과 『조선중앙년감』, 『김일성전집』, 『김정일전집』, 『김일성저작집』, 『김정일선집』 등이 있다. 『로동신문』에서는 북베트남의 신문 자료와 같이 베트남전쟁 당시 북한·북베트남 정부의 대응과 인식, 북한과 북베트남의 교류 현황 등을 확인할 수 있다. 『조선중앙년감』과 같은 자료는 북한 정부의 북베트남과 베트남전쟁에 대한 인식, 양국의 관계를 파악하는 데 중요하게 활용되었다. 『김일성전집』, 『김정일전집』, 『김일성저작집』, 『김정일선집』은 북한에서 최고로 권위 있는 중요한 문헌이라고 평가되기 때문에 북한지도부가 내부 권력을 강화하는 데 베트남전쟁의 영향을 어떻게 이용했는지 밝히기 위해 반드시 확인할 필요가 있다. 이런 중요성에도 불구하고 북한과 북베트남의 관계에 대한 자료는 현재까지도 접근이 제한되어 있다. 특히 북한이 북베트남에 지원한 물자 및 병력에 대한 사실 또한 선전 차원에서 벗어난 양국의 서로에 대한 인식 및 문제점을 확인할 수 있는 북한의 자료는 충분하지 못하다.

한국 자료의 경우, 베트남전쟁이 남북한 관계에 미친 영향을 분석하기 위해 1960~1970년대 『조선일보』, 『동아일보』, 『경향신문』 등을 활용하였다. 한편 1970년대에 들어와 베트남전쟁에 따른 국제관계 변화로 남북 간 긴장이 완화되었고 서로 대화를 시작했으므로 1970년대 남북한 대화에 대한 자료도 연구할 필요가 있다. 따라서 남북한 대화 관련 부서인 남북조절위원회의 자료집을 활용하였다.[54]

베트남전쟁과 관련하여 남북한을 연구할 때 미국의 대외정책

54 남북조절위원회, 『남북대화 백서』, 서울: 南北調節委員會, 1975 등.

에 대한 분석도 동반되어야 한다. 이를 위해 미국 외교문서 *Foreign Relations of the United States 1950–1975*를 활용하였다.[55] 이 외에 우드로윌슨센터가 발간한 '북한 국제문서 연구사업-North Korea International Documentation Project'의 북한 외교 관련 동구권 외교문서 자료 및 이와 관련한 연구성과(Working Paper)를 참고하였다. 이 자료는 북한과 동맹을 맺었던 구 공산국가들이 북한 관련 기밀문서들을 최근에 해제하면서 정보가 공개된 것이다. 특히 기존에 알려지지 않은 북한·베트남과 관련된 자료와 남북한 대화 과정에 대한 자료가 공개되었으므로 이 책에서는 이를 참고하였다.[56]

마지막으로, 중국 및 소련 자료는 베트남전쟁기 중국과 소련의 북

55 *Foreign Relations of the United States* (*FRUS*) 1969–1976, vol. E–12, Documents on East and Southeast Asia, 1973–1976, Chapter VI: Korean Peninsula. Washington D.C.: United States Government Printing Office; *FRUS*, 1955–1957, Volume I: Vietnam, Volume XXIII, Part 2: Korea; *FRUS*, 1958–1960, Volume XVIII: Japan–Korea; *FRUS*, 1961–1963, Volume I: Vietnam, 1961, Volume II: Vietnam, 1962, Volume III: Vietnam, January–August 1963, Volume XXII: Northeast Asia; *FRUS*, 1964–1968, Volume I: Vietnam, 1964, Volume II: Vietnam, January–June 1965, Volume XXIX, Part 1: Korea.

56 우드로윌슨센터에서 발표한 대표적인 베트남전쟁, 남북한과 관련된 연구성과들은 다음과 같다. Christian F. Ostermann and James F. Person eds. (2010), *The Rise and Fall of Détente on the Korean Peninsula, 1970-1974*, (Document Reader), North Korea International Documentation Project (NKIDP), Woodrow Wilson International Center; *China-North Korea Relations*, Document Collections, Cold War International History Project (CWIHP), NKIDP, Woodrow Wilson International Center; *Demise of Détente in Korea, 1973-1975*, Document Collections, CWIHP, NKIDP, Woodrow Wilson International Center; *The Two Koreas and the Vietnam War*, Document Collections, CWIHP, NKIDP, Woodrow Wilson International Center; *Inter-Korean Relations*, Document Collections, NKIDP, Woodrow Wilson International Center.

베트남에 대한 지원 사항을 담고 있다. 특히 베트남전쟁기 발생한 중소분쟁 문제, 북베트남과 중국의 갈등과 같은 문제들은 북한과 북베트남의 관계에 큰 영향을 미쳤기 때문에 이와 관련된 자료를 활용할 필요가 있다. 중국과 소련의 1차 자료에 대한 접근 및 언어적 제한으로 활용에 한계가 있으나, 최근에 나온 소련과 중국의 연구성과들을 통해서 부족한 부분을 보완할 수 있었다.[57]

이 책은 이와 같은 다국적 사료 연구와 더불어 이들을 교차 분석하는 방식을 활용할 것이다. 동일한 역사적 사건에 대해 서로 다른 국가의 자료를 사용할 때 정치적 시각이나 입장에 따라 상이한 해석이 나와 의식적·무의식적으로 오염될 수 있으므로 역사를 객관적으로 보기 위한 사료 교차 검증은 필수적이기 때문이다. 또한 부분적으로 '역사추상형 접근 방법'을 적용하여 북한·북베트남의 특정한 역사적 현상을 설명하고자 한다.

4. 책의 구성

이 책의 목적이 베트남전쟁기 북한·북베트남 관계를 총괄하는 것이므로, 내용은 베트남전쟁의 전개 과정 및 북한·북베트남 관계의 변화 양

57 이러한 연구성과로는 Jian Chen, *Mao's China and the Cold War*, Chapel Hill and London: University of North Carolina Press, 2001; Xiaobing Li, *The Dragon in the Jungle: The Chinese Army in the Vietnam War*, Oxford University Press, 2020; Qiang Zhai, *China and the Vietnam Wars, 1950-1975*, Chapel Hill and London: University of North Carolina Press, 2000; Ilya V. Gaiduk, *The Soviet Union and the Vietnam War*, Chicago: I.R. Dee, 1996; 션즈화, 김동길·김민철·김규범 옮김, 『최후의 천조: 모택동·김일성 시대의 중국과 북한』, 선인, 2017 등이 있다.

상에 따라 구성되었다. 그런데 전쟁에 대한 명칭이 다양하고 각 국가별로 차이가 있는 것처럼, 베트남전쟁 기간에 대해서도 다양한 견해가 있다. 이것은 전쟁을 보는 대상, 주체, 입장, 시기 등이 각각 다르기 때문이다.

베트남은 디엔비엔푸(Điện Biên Phủ) 전투에서 결정적인 승리를 거두었으나, 프랑스는 철수하지 않고 베트남에서의 식민권력을 미국에 이양하고자 했다. 그리하여 1954년 7월 21일 제네바 협정에 의해 양분되어 북부지역은 호찌민의 정부가 통치하고, 남부지역은 전 황제 바오다이(Bảo Đại)를 국가원수로 하는 베트남국[58]이 통치하게 되었다. 미국은 동남아 지역에서 공산주의의 팽창을 막기 위해 나약한 남부정권을 강화해서 효율적인 정부 체계로 발전시켜야 한다고 판단했으며, 따라서 바오다이를 대체한 응오딘지엠(Ngô Đình Diệm)을 선택하여 후원했다. 미국은 9월에 응오딘지엠에게 직접 경제원조를 하기로 했으며, 11월에 당시 미국대사였던 콜린스(L. Collins) 장군은 군사·경제 원조 계획을 준비했다. 1955년부터 미국은 남베트남에 군사고문단을 파견했다. 이러한 미국의 군사보호는 베트남 남북 모두의 군사동맹 가입을 제한한 제네바 협정을 위배한 것이며, 제국주의로부터 독립을 쟁취하려는 베트남인들의 의사에도 반하는 것이었다. 따라서 일반적으로 세계사적인 관점에서는 미국이 군사고문단을 파견한 시점부터, 즉 1955년부터 베트남전쟁이 시작된 것으로 보며, 베트남전쟁을 미국의 전쟁

58 베트남국(越南國, 베트남어: Quốc gia Việt Nam/國家越南)은 1949년 6월 14일부터 1955년 10월 26일까지 베트남에 존재한 프랑스의 괴뢰국이었으며, 응우옌 왕조의 마지막 황제 바오다이(Bảo Đại)를 국가원수로 내세워 베트남의 정통 국가로서 베트남민주공화국에 대항했다. 그 이유로 바오다이 정권이라고 불리기도 하였으며, 결국 응오딘지엠(Ngô Đình Diệm)이 베트남국을 장악하여 베트남공화국을 수립함과 동시에 소멸되었다.

(American War)이라고 불렀다.[59]

한국사회에서는 일반적으로 베트남전쟁이 미국과 한국의 베트남전 참전 시기, 즉 1964년에 시작되었다고 보는 것이 대부분이다. 하지만 베트남사의 맥락에서 베트남전쟁을 바라보는 한국의 연구자들은 대개 전쟁의 시작을 1956~1960년 남베트남에서 일어난 내전에서부터 서술하고 있다.[60] 베트남전쟁의 본질은 남베트남 정부에 반대하는 남베트남 사람들의 저항이었다는 주장도 있다.[61] 그리고 역사학계는 1960년대 초반 미국의 전쟁 개입으로 전쟁이 확대되었다고 한다.[62] 한편, 베트남전쟁의 성격과 그 의미는 전쟁의 발생으로 거슬러 올라가서 검토해야 한다는 주장도 있다. 따라서 그 역사적 기원을 현대사에서 찾는다면, 1945년 제2차 세계대전의 종결과 함께 발생한 베트남의 '8월 혁명'일 것이라는 설명이다.[63] 즉 1945년 9월 베트남민주공화국 수립과 함께 호찌민이 선언한 '베트남 민족'의 독립과 '베트남 통일'을 당시 국제사회가 승인했다면, 특히 구식민지 종주국인 프랑스가 인도차이나에 대한 지배 의지를 갖고 있지 않았다면, 그 후 30년에 걸친 프랑스, 그리고 미국과의 전쟁은 발발하지 않았을 것이다.[64] 다시 말해

59 William L. Hosch, *Korean War and the Vietnam War: People, Politics, and Power*, New York: Britannica Educational Publishing, 2010, pp. 105-146.

60 유인선, 『베트남의 역사, 고대에서 현대까지』, 이산, 2018, 383쪽; 최병욱, 『베트남 근현대사』 개정판, 산인, 2016, 168쪽; 박태균, 『베트남 전쟁』, 한겨레출판, 2015, 193쪽.

61 박태균 외, 『쟁점 한국사(현대편)』, 창비, 2017, 189쪽.

62 유인선, 『새로 쓴 베트남의 역사』, 이산, 2002, 404쪽.

63 리영희, 『베트남전쟁, 30년 베트남전쟁의 전개와 종결』, 두레, 1985, 11-43쪽; 한국베트남학회, 『베트남, 경제개혁으로 21세기를 여는 민족주의의 나라』, 한국외국어대학교출판부, 2000, 241쪽; 송정남, 『베트남 역사 탐구』, 한국외국어대학교 지식출판콘텐츠원, 2018, 482쪽.

64 후루타 모토오, 박홍영 옮김, 『역사 속의 베트남전쟁』, 일조각, 2007, 17쪽.

그 후의 제1차 인도차이나전쟁(프랑스와의 전쟁), 제2차 인도차이나전쟁(미국과의 전쟁)은 연속적인 반제국주의 항쟁인 것이다. 역시 베트남전쟁은 과정이 복잡하기 때문에 학계에서는 전쟁이 발발한 시점을 정확하게 제시하지 않고 시기 구분도 다르게 제시한다.

베트남에서는 베트남전쟁을 1954년에 시작한 '항미-조국통일전쟁'이라고 부르며, 내전이 아닌 미국의 침략전쟁으로 본다. 베트남에서는 '항미전쟁'이라는 단어를 사용하는데, 베트남전쟁은 미국에 대항하는 전쟁이었고, 전쟁의 주요 원인은 미국이 아시아에 적용한 공산주의 봉쇄정책이라고 보기 때문이다. 미국이 공산주의 확장을 막기 위해 미국에 중요한 전략적 거점이던 베트남을 침략하였다는 것이다.[65] 실제로 미국의 냉전외교의 흐름에서 본다면 제네바 회의의 결과는 전 세계의 공산권과 미국을 중심으로 한 자본주의권의 '울타리 치기'가 명확해졌다는 것을 의미했다. 특히 한국전쟁을 거치면서 공산주의 중국을 용납할 수 없는 적으로 인식하게 된 미국은, 제네바 협정에서 베트남 17도 군사경계선을 설정해 중국이 더는 세력을 확대하지 못하도록 방위선을 그었다. 즉 미국의 의도는 베트남의 남북분단을 고착하는 것이었다.[66]

베트남 역사서에서는 1954년에 시작한 '항미-조국통일전쟁'이 개시된 정확한 시점이 제시되어 있지 않지만, 제네바 회담 종료 직전인 1954년 7월 7일 응오딘지엠이 미국에서 남베트남으로 돌아가 베트남국 수상으로 임했는데, 이 과정에 미국이 있었다고 설명한다. 그리

65 Bộ Quốc phòng, VLSQSVN, *Quân đồng minh Mỹ trên chiến trường miền nam Việt Nam (1964-1973)*, Nxb Quân đội nhân dân, Hà Nội, 2009, pp. 9-45. [국방부, 베트남군사역사연구원, 『남베트남 전투지역에서의 미국의 동맹군(1964-1973)』, 하노이: 인민군대출판사, 2009, 9-45쪽.]

66 후루타 모토오, 앞의 책, 22쪽.

고 베트남은 이 시점부터 미국이 응오딘지엠을 통해 남베트남에서 자기의 신(新)식민주의를 시작한다고 주장하고 있다.[67] 한편, 1954년 7월 제네바 회담 종료 직후 남베트남에서는 제네바 협정에 의거한 베트남 통일정부 수립을 위한 비폭력투쟁이 일어났으며, 당시 베트남국 수상 응오딘지엠은 통일운동세력을 공산당으로 몰아세워 이들에 대한 대대적인 탄압에 들어갔다.[68] 즉 9월 7일 응언선 찌타인(Ngân Sơn-Chí Thạnh)이라는 탄압이 벌어졌던 것이다. 이렇듯 1954~1956년은 베트남사에서 제네바 협정에 의거한 베트남 통일을 위해 남베트남 인민의 비폭력적인 정치적 투쟁이 진행된 시기로 기술되어 있다.[69] 베트남 통일을 위한 남베트남 인민의 정치적 투쟁이 '항미-조국통일전쟁'의 시작이었다.

한편, 전쟁의 명칭에 대해 베트남 학계의 최근 연구에서는 '항미-조국통일전쟁' 이외에 '베트남전쟁(Chiến tranh Việt Nam)'이란 명칭도 사용되고 있다. 전쟁기 미국의 정책이나 국제관계와 관련 문제를 언급할 때 '항미-조국통일전쟁'이란 명칭은 부적절한 측면이 있기 때문이다. 따라서 베트남 학계의 최근 연구, 특히 베트남 문제를 둘러싼 강대

67 Nguyễn Đình Lê, *Lịch sử Việt Nam 1954-1975*, Nxb Giáo dục, Hà Nội, 2010, p. 37. [응우옌딘레, 『베트남의 역사 1954~1975』, 하노이: 교육출판사, 2010, 37쪽.]

68 실제로 1946년부터 남베트남 혁명투쟁을 지도했던 중부 출신의 레주언(Lê Duẩn)은 1954년 제네바 협정 이후 북으로 가지 않고 남부에 머물렀으며, 1956년 말까지 베트남노동당의 남부위원회와 함께 남베트남에서 항미-조국통일을 위한 혁명역량을 내세우는 데 주력했다. 레주언은 1956년 초 남부에서 비폭력저항 대신 무력저항을 하도록 하노이에 요청했으나, 친중국적인 제1서기 쯔엉찐(Trường Chinh)은 중국의 조언에 따라 북부에서의 사회주의 건설에 주력하고 남부문제는 뒤로 미뤄놓고 있었다. 유인선, 『베트남의 역사, 고대에서 현대까지』, 383쪽.

69 응우옌딘레, 앞의 책, 44쪽.

국들의 정책과 국제관계에 대한 연구에서는 '베트남전쟁'이란 명칭이 종종 등장하고 있다.[70]

베트남전쟁의 종결 시점도 역시 다양한 견해가 있다. 세계사에서는 베트남전쟁을 미국의 전쟁(American War)으로 보기 때문에 전쟁 기간을 1974년까지로 본다. 이는 미국 의회가 미군의 해외파병에 대한 대통령의 권한을 대폭 축소하는 법안을 통과시켜 1974년 닉슨 사임 이후 베트남전쟁에 미국의 재개입이 불가능해졌기 때문이다.[71] 한국의 역사학계에서는 대부분 베트남전 종전을 1975년으로 보고 있다.[72] 물론 1973년 1월 27일 미국, 남베트남 정부, 북베트남 정부, 남베트남 임시혁명정부[73]의 대표는 평화조약에 각각 서명했으며, 1973년 베트남 평화협정과 함께 미군과 남베트남에 주둔하던 외국군대는 모두 철수했다. 그런데 평화협정이 전쟁의 끝이 아니라 또 다른 국면을 알리는 것이었다고도 한다. 이 협정이 경쟁자들 간의 경계를 확정짓지 않고 단순히 휴전 시의 전투 상황만으로 세력권을 규정했으며, 전투는 휴전 후에도 여전히 계속되었고, 남북 베트남은 서로 상대방이 선제공격을 했기 때문에 대응했을 뿐이라고 했다.[74]

70 응우옌티마이화, 앞의 책, 191쪽.

71 Hosch, 앞의 책, pp. 105-146.

72 유인선, 『새로 쓴 베트남의 역사』, 424쪽; 박태균, 『베트남 전쟁』, 281쪽.

73 남베트남민족해방전선(National Liberation Front of South Vietnam)에 의해 1969년 수립된 남베트남 임시혁명정부(Provisional Revolutionary Government: PRG). PRG는 수립 이후 국민의 폭넓은 지지를 받았으며 남베트남의 정치세력으로 인정받았고 국제사회도 PRG의 정치적 실체를 인정했다. 1975년 4월 30일 남베트남 정권이 무너지자 PRG는 남베트남의 권력을 장악했다. 1976년에는 베트남민주공화국, 베트남공화국과 함께 베트남사회주의공화국으로 흡수되었다.

74 유인선, 『새로 쓴 베트남의 역사』, 422-423쪽.

베트남에서 이 전쟁을 '통일전쟁'으로 부르는 것에서 알 수 있듯이, 분단과 통일은 이 전쟁의 중요 기점을 알려 준다. 베트남사에서는 베트남전 종전을 1975년으로 본다. 미국이 1973년 평화협정 이후 1975년까지 베트남에서 전부 철수하지 않았을 뿐 아니라, 남베트남에 군사고문단을 잔류시켜 남베트남 정부가 독립적으로 저항할 수 있을 때까지 지속적인 지원을 했기 때문이다. 그리고 북베트남 정부로부터 하야 압박을 받은 남베트남 정부는 남베트남에서 임시혁명정부 지지자를 탄압하며 정치포로를 석방하지 않았다. 이후 베트남전은 1975년 4월 30일 남베트남 정부의 항복으로 통일이 이루어지며 종결되었다.[75]

이 책에서는 베트남전쟁의 역사를 입체적으로 이해하고자 '베트남전쟁'이라는 명칭을 사용하며 전쟁 기간을 1954년 7월부터 1975년 4월 30일까지로 정의했다. 베트남전쟁 상황에 따라 1950년대, 1960년대 초중반, 1960년대 말~1970년대 전반, 그리고 1975년으로 시기를 나누어 북한·북베트남 관계가 어떻게 변화했는지를 살피고자 한다. 이 같은 베트남전쟁의 시기 구분은 다음 기준에 따랐다.

1954년 제네바 협정 이후 6만 명 정도의 남부 출신 공산주의자들이 월북하지 않고 남베트남에 남아 지하에서 활동했으며, 공산당원들의 주도와 더불어 당원 여부와 상관없이 자발적인 움직임으로 내란이 일어났다.[76] 이로 인해 1956년 끝 무렵 남베트남은 심각한 내란상태에 빠졌다. 1957년경부터는 남베트남 전역에서 정부에 대한 폭동과 테러가 산발적으로 전개되었으며, 이것이 오늘날 베트콩으로 불리는 남베트남민족해방전선의 출발이었다. 그런데 북베트남의 노동당은 남베트

75 Nguyễn Quang Ngọc, *Lịch sử Việt Nam*, Nxb Giáo dục, Hà Nội, 2002, p. 360. [응우옌꽝응옥, 『베트남 역사』, 하노이: 교육출판사, 2002, 360-361쪽.]

76 응우옌딘레, 앞의 책, 48쪽.

남 게릴라들의 요구대로 남베트남 반정부세력의 무력투쟁 방침을 승인하지 않았다. 이때 미국은 남베트남 정부의 내란 진압을 도우려 군사고문단을 파견하였으나 전투부대의 개입은 없었다. 따라서 이 책에서는 1954~1959년을 베트남전쟁의 서막이라고 보았다.

전쟁은 1960년대에 접어들어 확대되었다. 1961년 초 케네디 행정부가 베트남 문제에 깊은 관심을 갖고 남베트남 정부에 대한 지지를 재확인한 것이 그 출발점이었다. 동시에 1960년 9월에 개최된 제3차 베트남노동당 전당대회에서 북베트남 정부가 미 제국주의의 지배로부터 남부를 해방시킬 모든 방법을 동원하여 국가통일을 완수해야 한다고 결정함으로써 본격적으로 전쟁으로 가는 길이 열렸다. 이어서 1960년 12월 남부공산당은 제3차 노동당 전당대회의 정책 결정에 따라 남베트남민족해방전선(Mặt trận Dân tộc giải phóng miền Nam Việt Nam)을 조직하였다. 1960년부터 북베트남은 호찌민 루트를 통해서 남쪽으로 '해방군'을 파견하기 시작했으며, 1961년 2월 열린 비밀회의에서는 메콩강 삼각주와 중부 고원지대의 준군사조직들을 합쳐 새로 '인민해방군'을 결성하고 통일된 지위체계 형성을 결정했다. 새로운 군대는 적과 전투를 시작했다.[77] 따라서 베트남전쟁사에서 이 시기는 '게릴라전 개시' 시기라고 볼 수 있을 것이다. 사실상 남베트남민족해방전선과 그 군대인 인민해방군이 결성됨과 함께 남베트남의 반정부 저항운동은 활기를 띠게 되었다. 이와 같은 전쟁 양상의 변화는 그 이후 1960년대 중반 전쟁 전개에 큰 영향을 미쳤다. 1960년대 초 남베트남의 역동적인 게릴라 전쟁으로 존슨 미국 대통령이 1965년 북베트남의 남베트남 지원 중단을 목적으로 전투부대를 개입시켜 호찌민 루트와 북베트

77 윌리엄 J. 듀이커, 정영목 옮김, 『호치민 평전』, 푸른숲, 2003, 767쪽.

남을 폭격하는 결정을 했기 때문이다.

베트남전쟁의 종결은 1960년대 말에 들어 시작되었다. 미 정부는 1969년 7월부터 서서히 미군을 베트남에서 철수시키고 북베트남 정부를 협상장으로 끌어내고자 했다. 따라서 1969년부터 미 정부는 정책 노선을 '베트남화(Vietnamization) 정책'으로 변경하고, 미군 철군이 가능하도록 전쟁을 남베트남 정부에 일임했다. 1973년 1월 27일 미국, 남베트남 정부, 북베트남 정부, 남베트남 임시혁명정부 대표는 평화조약에 각각 서명했다. 조약의 요점은 미국과 다른 모든 나라가 1954년 제네바 협정에 따라 베트남의 독립과 주권 및 영토의 통일을 인정한다는 것이었다.[78] 미국은 같은 해 베트남에 주둔 중인 미군을 모두 철수하기로 약속했다. 그러나 이 협정이 전쟁을 완전히 마무리하지는 못했다. 베트남전쟁에 미국의 재개입이 불가능해진 것은 1974년에 들어서였다. 미국 의회가 미군의 해외파병에 대한 대통령의 권한을 대폭 축소하는 법안을 통과시켰고 워터게이트 사건으로 닉슨이 사임했다. 이 기회를 놓치지 않고 1974년 말부터 남베트남에서는 임시혁명정부의 지도하에 무력공격이 시작되었고, 다음 해인 1975년 4월 30일 남베트남의 항복으로 전쟁은 비로소 종결되었다.[79]

이처럼 베트남전쟁 기간은 상당히 길었으며, 전쟁 상황에 따라 시기별로 이를 둘러싼 국제관계와 정세에 변동이 있었다. 북한과 북베트남의 정치적 연계와 관계 진전 역시 베트남전쟁의 전개에 따른 것이었다. 따라서 이 책에서는 베트남전쟁 시작부터 종결까지의 전반적인 전쟁 상황 및 북한·북베트남 관계를 살펴보기 위하여 시기를 구분했다. 즉 1950년대, 1960년대 초중반, 1960년대 말~1970년대 전반, 그리고

78 유인선, 『새로 쓴 베트남의 역사』, 422쪽.

79 응우옌꽝응옥, 앞의 책, 361쪽.

1975년으로 시기를 나누어 북한·북베트남 각각의 관계가 어떻게 변화했는지 알아볼 것이다. 이 책은 총 6개 장으로 구성되어 있으며, 각 장의 주요 내용을 소개하면 다음과 같다.

먼저, 제1장은 이 책의 서론에 해당한다. 이 장에서는 북한·북베트남 관계, 북한의 베트남전 지원, 베트남전쟁과 남북한 관계와 관련된 선행 연구를 검토했다. 또 기존 연구의 한계를 극복하기 위해 베트남전쟁기 북한·북베트남 관계를 규명하자는 이 책의 목적이 가지는 의미를 기술했으며, 연구를 위해 활용한 자료에 대한 설명을 포함하였다. 아울러 베트남전쟁 전개 과정에 대한 이해를 돕기 위해 전쟁 시기에 대한 소개를 간략히 다루었다.

제2장에서는 1950년대 북한·북베트남 간 외교관계의 시작 및 형성 배경을 소개한다. 이 시기에는 관계의 초기 단계라 할 수 있는 각각의 공동연대관계가 수립되었는데, 이는 반제국주의 의식, 사회주의 의식 및 반미 의식을 기반으로 한 것이었다. 이 장에서는 양국이 정권 형성 초기부터 서로 형성한 동맹관계와 이후의 발전 모습을 구체적으로 밝힌다.

제3장에서는 1960년대 북한·북베트남 관계의 전개 과정을 구체적으로 다룬다. 1960년대는 베트남전쟁이 확전된 시기이자 북한·북베트남 관계의 전개 과정에서 가장 중요한 시기였다. 해당 시기에 미국, 남한, 북한이 베트남전에 참전함으로써 북한·북베트남 관계가 진전되었기 때문이다. 주목할 점은 북한·북베트남 관계가 제일 긴밀해졌던 시기에 반미 공동의식이라는 북한·북베트남 연결고리가 어느 때보다 강화되었다는 것인데, 이는 북한 지도자가 자신의 체제유지 차원에서 베트남전쟁의 영향, 그리고 북베트남과의 공동유대의식을 적극적으로 활용하였기 때문이다.

제4장에서는 1960년대 말과 1970년대 전반 북한·북베트남 관계

의 변화를 다룬다. 1960년대 말에 들어와서 베트남전쟁의 상황 변화와 함께 북한·북베트남 관계에도 변화 양상이 나타났다. 베트남 평화협정 체결 과정에서 북한 정부의 베트남 투쟁 및 사회주의 건설에 대한 관심이 줄었기 때문이다.

제5장에서는 1975년 베트남전쟁의 종결과 통일이 북한에 미친 영향을 다룬다. 베트남 통일은 북한의 여러 가지 측면을 고무한 사건이었다. 베트남 통일이 북한에 남긴 의미는 이뿐만이 아니었다. 1975년 베트남전 종결 시 북한 정부는 자국의 권력 유지·강화를 위하여 베트남 정세를 활용하였으며, 한반도 정책을 '평화상태 유지'에서 '긴장상태 유지'로 전환했다.

제6장은 이 책의 결론이다. 이 장에서는 베트남전쟁기 북한·북베트남 관계에 대한 논의 내용을 간략히 정리하고, 연구의 의미 등을 제시한다. 또 베트남전쟁기 양국 관계의 전개 양상을 바탕으로 1975년 베트남전쟁 종결 이후 현재까지 베트남과 북한 관계의 성격을 고찰한다.

제2장

북한·북베트남의 관계 형성

(1950~1959)

1. 북한·북베트남의 연대의식

1950년에 외교관계를 수립한 북한과 북베트남 관계에서는 그 기초 단계라 할 수 있는 공동연대에 사회주의 연대의식과 반(反)제국주의 의식이 자리 잡고 있었다. 1950년대 중반부터 제네바 협정으로 인한 베트남 분단과 미국의 남베트남 개입은 북한·북베트남의 공동의식을 반미의식으로 구체화했다.

1) 중국을 교두보로 한 사회주의 연대의식

1950년대 초반 북한·북베트남 관계에서는 사회주의 공동연대의식이 제일 중요했다. 외교관계 수립 단계부터 양국 관계는 사회주의 진영 외교의 양상을 띠었다.

구체적으로, 인도차이나반도에서 일본이 패망한 1945년 8월 직후 호찌민은 13일 결성된 전국봉기위원회를 중심으로 역사적인 '8월 혁명'을 전국적으로 진행하여 같은 해 9월 2일에 독립을 선포하고 베트남민주공화국을 수립했다. 호찌민은 1945년 베트남민주공화국 수립 직후에는 사회주의 의식을 명확하게 표방하지 않았고 다른 민주진영

국가들과도 외교관계를 맺었다.[1] 그러나 프랑스는 베트남 지배권을 포기하지 않으려 했고, 영국군을 동원하여 사이공(Sài Gòn, 현재의 호찌민시)에서 발생한 봉기를 진압해 식민권력을 회복하고자 전쟁을 일으켰다. 제1차 인도차이나전쟁(이하 항불전쟁)[2]기에 들어서자 호찌민은 중국과 소련의 적극적인 전쟁 지원을 획득하기 위해 사회주의 진영에 국한된 외교정책을 펼 수밖에 없었다.

따라서 호찌민은 1950년 1월 2일 중국을 방문했으며 베트남에 중국의 전쟁 지원을 요청하였다. 또한 양 정부는 서로 승인하기로 했다. 승인 절차를 위해 호찌민은 1월 14일 북한을 포함한 다른 국가와 외교관계 수립을 원한다는 성명을 발표했다.[3] 해당 성명은 중국공화국 주재 북한대사 리주연(李周淵)을 통해 북한 외무상 박헌영(朴憲永)에게 전달되었다.[4] 1월 17일 마오쩌둥은 류사오치[5]에게 즉시 베트남에 긍정적인 답변을 보내도록 요청했다. 그 직후인 18일 중국은 세계에서 최초로 베트남민주공화국과 외교관계를 맺게 되었다.[6] 그리고 마오쩌둥의

1 Nguyễn Phúc Luân (chủ biên), Học viện quan hệ quốc tế, *Ngoại giao Việt Nam hiện đại vì sự nghiệp giành độc lập, tự do (1945-1975)*, Nxb Chính trị quốc gia, Hà Nội, 2001, p. 96. [응우옌푹루언, 국제관계연구원, 『독립-자유를 위한 베트남의 현대 외교(1945~1975)』, 하노이: 국가정치출판사, 2001, 96쪽.]

2 베트남에서는 제1차 인도차이나전쟁을 프랑스의 식민지배에 대한 항쟁이란 의미를 강조하여 항불전쟁이라고 칭한다.

3 응우옌푹루언, 국제관계연구원, 앞의 책, 116-117쪽.

4 윤대영, 「1950년대 북한과 북베트남의 관계와 문화 교류: 1956년 조선 문화대표단의 활동과 관련하여」, 『역사와 경계』 제87집, 2013. 6, 193쪽.

5 Liu Shaoqi(劉少奇, 1898. 11. 24.~1969. 11. 12): 중국의 정치가. 중국공산당 중앙위원회 부주석, 중앙정치국 상무위원 등을 지내고 제2기 전국인민대표대회에서 마오쩌둥에 이어 국가주석이 되었다. 그러나 문화대혁명 과정에서 '반마오쩌둥 실권파의 수령'으로 격렬한 비판을 받고 제9기 전국인민대표대회에서는 모든 공직이 박탈되었다.

6 세르게이 곤차로프·존 루이스·쉐리타이, 성균관대학교 한국현대사 연구반

명령으로 중국 외교부는 모스크바에 베트남 정부에 대한 승인을 요청했다. 이 요청은 소련의 입장에서 보면 공산혁명 정권을 승인하는 것과 프랑스와의 우호조약을 고수하는 것 중 하나를 선택하라는 것이었다. 소련이 전자를 선택하면 호찌민 군대와 전쟁을 벌이던 프랑스에는 매우 곤란한 상황이 될 것이었다. 결국 소련은 중국의 승인 후 거의 2주일이 지난 1월 30일에야 호찌민 정부를 승인했다.[7]

소련의 승인이 난 뒤, 북한의 박헌영이 베트남민주공화국과 외교관계를 수립한다는 북한 내각의 결정을 베트남민주공화국 외교부장 호앙민잠(Hoàng Minh Giám)에게 통보하였다. 쌍방 간의 외교관계를 수립한다는 방침이 마련되자, 북한은 바로 다음 날 호찌민 정권을 정식으로 승인하였다. 이처럼 북한의 북베트남 승인은 소련의 입장에 호응한 것이었다.[8] 당시 사회주의 진영에 국한된 진영 외교의 양상을 보인 북한이 사회주의 진영에 입성한 북베트남을 환영한 우선적인 이유는 사회주의 공동연대의식 때문이었던 것으로 볼 수 있다.[9]

한편, 한국전쟁이 발발하자 북베트남 정부는 미국을 비판함과 동시에 북한 정부와 병진(竝進)하겠다는 입장을 표명했다. 한국전쟁에서 북베트남 정부가 북한과 유사한 입장을 견지한 것은 사회주의 진영의 '국제 단결성'을 표현할 수 있는 여러 가지 정책 중 하나였다.[10] 당시 북한과 북베트남은 전쟁 중이었고 타 공산국가의 지원이 매우 중요했

옮김, 『흔들리는 동맹: 스탈린과 마오쩌둥 그리고 한국전쟁』, 일조각, 2011, 201쪽.

7 위의 책, 202쪽.

8 윤대영, 앞의 논문, 193쪽; 응우옌푹루언, 국제관계연구원, 앞의 책, 118쪽.

9 북한은 1954년까지 사회주의 진영에 국한된 진영 외교의 양상을 보였다. 정규섭, 『북한외교의 어제와 오늘』, 일신사, 1997, 27쪽.

10 응우옌푹루언, 국제관계연구원, 앞의 책, 130쪽.

기 때문에, 이 시기 양국 외교정책의 핵심은 사회주의 국가로부터 원조를 획득하려는 노력이었다.

이처럼 북한·북베트남 관계의 시작이 사회주의 연대의식에서 출발한 것은 당연한 일이었다. 그러나 여기서 주목할 만한 것은 초기 북한과 북베트남의 관계 전개에 교량 역할을 한 중국이라는 변수였다. 중국은 양국 모두와 국경을 마주하고 있었으며, 북베트남과 북한의 역사에 많은 영향을 준 당시 사회주의의 '맏형님'으로서 초기 양국 관계 형성에 중요한 역할을 했다.

우선, 중국의 북베트남 정부 승인으로 북베트남은 소련을 비롯한 타 사회주의 국가로부터 연속적으로 승인되어 국제적인 인정을 받을 수 있었다. 사회주의 진영의 북베트남 승인은 "베트남이 세계적 사회주의 진영에 들어가 있다는 의미로서 베트남 외교사의 괄목할 만한 성과"였다. 또한 이는 항불전쟁 수행에 큰 도움이 되었다.[11] 베트남에서 1월 18일은 중국과의 외교수립 기념일인데, 이는 중국의 베트남 승인이 베트남 외교사에서 중요한 사건이었음을 보여 주는 것이다. 실제로 북베트남 정부를 인정하고 항불전쟁을 적극적으로 지원한 중국은 북베트남과 다른 사회주의 국가들을 연결하는 다리가 되었다.[12] 북베트남은 중국을 통해 소련과 다른 나라의 원조를 받았으며, 대륙을 통해 북한까지 시찰했다.

북한에는 중국과 소련을 제외하면 베트남이 처음으로 방문한 사회주의 국가였다. 1951년 8월 20일 '베트남인민대표단'이 중국을 통해 북한에 입국했는데, 당시 북베트남인민대표단은 "북한과 북베트남

11 *Hồ Chí Minh toàn tập*, t. 5, Nxb Chính trị quốc gia, Hà Nội, 2000, pp. 81-82. [호찌민, 『호찌민 전집』 제5권, 하노이: 국가정치출판사, 2000, 81-82쪽.]

12 응우옌푹루언, 국제관계연구원, 앞의 책, 131쪽.

은 그동안 일본·프랑스·미국·장제스 때문에 서로 떨어져 있었지만 중국의 (공산)혁명 성공으로 두 나라가 처음으로 만나게 되었다"고 언급했다.[13] 즉 일본, 프랑스와 미국은 '침략적 제국주의' 국가들로, 북한과 북베트남은 이 때문에 독립을 이루지 못했으며 외교관계를 수립할 수 없었다는 입장이었다. 1945년 8월 일본이 패망하자 호찌민은 9월 2일에 독립을 선포하고 베트남민주공화국을 수립하였는데, 베트남 내의 일본군 무장해제를 위해 북위 16도선을 경계로 북에는 중국국민당 군대가, 남에는 영국군이 진주하게 되었다. 이처럼 중국과 베트남 국경에 장제스의 병력이 집결하고 있었기 때문에, 1949년 중국공산당이 승리를 거두기 전까지는 북베트남과 북한의 공산주의자들은 왕래가 불가능했다. 따라서 1949년 중국공산당이 승리한 이후, 중국을 통한 북한·북베트남 관계 성립의 계기가 마련되었다. 북베트남대표단이 북한을 방문하는 동안 북한·북베트남·중국의 우호관계를 응원한다는 구호와 "김일성 장군 만세!", "호찌민 주석 만세!", "마오 주석 만세!"라는 표어를 흔히 볼 수 있었는데, 이는 3국의 밀접한 관계를 드러내는 것이었다.[14]

한편, 1950년대 초반 중국이 북베트남과 북한에 비슷한 외교정책을 실행했다는 사실은 북한과 북베트남의 관계 전개를 촉진하는 데 유리했다. 북한과 북베트남은 당시 소련과 중국에 전쟁 지원 요청을 보냈는데, 제한적으로 대응한 소련과 달리 중국은 적극적으로 양국에 원

13 Hoàng Quốc Việt, Hoài Thanh, *Triều Tiên anh dũng; Một tháng ở Triều Tiên*, Uỷ ban bảo vệ hoà bình thế giới của Việt Nam xuất bản, 1952, p. 48. [호앙꾸옥비엣, 화이타인, 『영웅적인 조선; 조선에 있는 한 달』, 베트남의 세계평화보호위원회, 1952, 48쪽.]

14 위의 책, 51쪽.

조를 제공했다.[15] 중국은 1950년부터 베트남에 군사고문단을 파견하고 군수품을 원조했는데, 이는 항불전쟁을 원조한 국가들 중 가장 많은 지원이었다.[16] 이 중 베트민(Việt Minh)[17] 부대의 주요 무기는 "코끼리만큼 강력한" 바주카포와 무반동총으로, 중국으로부터 지원받은 군수품이었다.[18] 또한 중국의 전쟁 지원 시점이 대만문제의 해결을 연기하는 시기와 겹쳤다는 것을 고려하면 중국의 원조는 더 큰 의미를 지닌다.[19]

중국의 베트남과 북한에 대한 적극적인 지원은 당시 사회주의 진영과 자본주의 진영의 갈등에 대한 마오쩌둥의 신념에 그 바탕을 두었다. 마오쩌둥은 한국전쟁에 직접적으로 개입하고 프랑스에 대규모 원

15 정규섭, 앞의 책, 36쪽에서 재인용.

16 중국은 1950년 4월부터 9월까지 베트남독립동맹회에 다량의 군수품과 일반물품을 원조했다. 그것은 1만 4,000자루의 소총과 조종사, 1,700자루의 기관총과 무반동총, 150문의 박격포, 60문의 포, 300개의 바주카포뿐만 아니라 탄약, 약품, 통신 재료, 옷, 음식 2,800톤을 포함한 것이었다. Nguyễn Thị Mai Hoa, *Các nước XHCN ủng hộ Việt Nam kháng chiến chống Mỹ, cứu nước (1954-1975)*, Nxb Chính trị quốc gia, Hà Nội, 2013, pp. 64-69. [응우옌티마이화, 『사회주의국가들의 베트남항미구국항전 지원(1954~1975)』, 하노이: 국가정치출판사, 2013, 64-69쪽.]

17 베트남독립동맹회(Việt Nam Độc Lập Đồng Minh Hội)의 약칭. 프랑스 식민지배 시절인 1941년 5월 중국에서 결성된 베트남의 독립운동단체로, 비밀활동을 한 공산주의 단체였다. 1945년 3월 9일 일본은 쿠데타를 일으켜 프랑스령 인도차이나를 무너뜨리고 베트남의 바오다이 황제를 꼭두각시로 내세웠다. 베트민은 프랑스의 통제력이 상실된 틈을 이용해 거점을 더욱 확대했고, 일본이 항복한 직후 하노이를 무혈 점령하고 1945년 9월 2일 베트남의 독립을 선포했다. 그 이후 프랑스군이 1947년 하노이를 공격했고 베트민의 군대는 프랑스군과 전투를 시작했다.

18 Qiang Zhai, *China and the Vietnam Wars, 1950-1975*, Chapel Hill and London: University of North Carolina Press, 2000, p. 20.

19 Qiang Zhai, *The Dragon, the Lion, and the Edge: Chinese-British-American Relations, 1949-1958*, Kent: Kent State University Press, 1994, pp. 96-98.

조를 제공한 미국의 움직임을 한반도-대만-인도차이나 세 방향에서 중국을 포위-침공하는 전략을 실행한 것으로 판단했다.[20] 그리하여 그는 3국의 상황이 긴밀히 연결되어 있다고 생각했으며, 만약 미국이 한반도에서 우위를 점하게 되면 중국과 아시아의 혁명이 거대한 위기에 처할 것이라고 강조하였다.[21] 거시적으로, 마오는 중국의 한국전쟁 및 항불전쟁 참여가 세계와 아시아에서의 프롤레타리아 혁명 및 반제국주의 혁명 수행을 지원하는 것이라고 밝혔다.[22] 그가 제2차 세계대전 이후 세계질서를 재구성하는 데 중국의 역할이 매우 중요한다는 인식을 가졌기 때문이었다.[23]

또한 중국의 전쟁 지원에 대한 중국공산당 지도자들의 의견은 대체로 일치했는데, 이것은 과거의 혁명투쟁 과정에서부터 형성된 북한과 중국공산당, 북베트남과 중국공산당의 유대관계와 밀접한 관련이 있다.[24] 우선 중국공산당 지도자들과 호찌민은 공통적으로 신념을 지키기 위해 고난과 시련을 감내해야만 했는데, 중국공산당의 군대는 1946년 중국 남부에서 장제스 군대에 의해 소멸 직전의 위기를 맞았으나 호찌민에게서 중요한 지원을 받은 바 있었다. 1950년 1월 13일 루오 구이보[25]와 나눈 대화에서 류샤오치는 이를 언급하며 베트남 지

20 오쿠무라 사토시, 박선영 옮김, 『새롭게 쓴 중국 현대사: 전쟁과 사회주의의 변주곡』, 소나무, 2001, 137쪽; Qiang Zhai, *China and The Vietnam Wars, 1950-1975*, p. 20.

21 응우옌티마이화, 앞의 책, 37쪽.

22 Qiang Zhai, *China and the Vietnam Wars, 1950-1975*, p. 20.

23 같은 곳; 응우옌티마이화, 앞의 책, 37쪽.

24 Qiang Zhai, *China and the Vietnam Wars, 1950-1975*, p. 23.

25 Luo Guibo(罗贵波, 1907~1995): 중국의 정치가. 1927년 중국공산당에 가입하였으며 제2차 중일전쟁 시 팔로군 장교였다. 1954~1957년 첫 주베트남 중국대사를 지냈다.

원의 필요성을 강조했다. 비슷하게, 북한은 국민당이 우세하던 국공내전 초기 만주에서 북한으로 철수한 공산군과 그들의 가족에게 중요한 대피처 및 필수품을 제공했다.[26] 중국공산당의 지도자들은 1950년 무너져가는 김일성 정권을 구출하기 위해 한국전쟁에 참전하기로 결정하며, 과거 북한의 공산주의자들로부터 받은 우정을 갚아야 한다고 역설했다.[27]

중국은 1950년부터 북베트남과 북한에 대규모로 전쟁 지원을 했는데, 이는 북한·북베트남에서 중국의 영향력을 급속히 확대시켰다. 그 이전만 해도 양국에서 중국의 영향력은 미미했다. 그러나 1951년 2월 베트남에서는 인도차이나공산당이 '제2차 전국대표대회'를 개최하고 '베트남노동당'으로 명칭을 바꾸는 한편, 중국 혁명의 경험과 마오쩌둥 사상에 대한 학습의 중요성을 강조하고, 노동당의 새로운 정강으로 마르크스-엥겔스-레닌-스탈린 및 마오쩌둥 사상을 베트남혁명과 결합하여 실천하는 것을 목표로 삼을 정도로 중국의 정치적 영향력이 확대되었다.[28] 마찬가지로, 북한에서는 한국전쟁의 주도권이 중국으로 이전되었으며, 당시 북한·중국 관계는 중국의 참전으로 '피로써 맺은' 친선관계를 유지하게 되었다.[29] 또한 북한에서는 중국식 제도의 도입이 촉진되었는데, 중국의 영향력은 박일우-방호산 등 조선의용군 출

26 Qiang Zhai, *China and the Vietnam Wars, 1950-1975*, p. 23.

27 Jian Chen, *China's Road to the Korean War: The Making of the Sino-American Confrontation*, New York: Columbia University Press, 1994, p. 107.

28 Trung tâm nghiên cứu Trung Quốc, *Quan hệ Việt Nam-Trung Quốc, những sự kiện 1945-1960*, Nxb Khoa học Xã hội, Hà Nội, 2003, pp. 57-59. [중국연구소, 『베트남-중국 관계, 1945-1960의 사건들』, 하노이: 과학사회출판사, 2003, 57-59쪽.]

29 정규섭, 앞의 책, 38쪽.

신 인사들을 통해 확장되었다.[30] 북한·북베트남 관계의 초기 단계에서 양국 간 교류는 미미했지만 양국 모두 중국과 '형제'로 우호적 관계를 유지했기 때문에 북한과 북베트남이 형제가 되는 것은 어렵지 않았다.

한편, 중국이 북한과 북베트남 사이에서 중개자 역할을 한 것은 베트남인이 중국 지원군 자격으로 한국전쟁에 참전한 사실로 확인할 수 있다. 베트남에 잘 알려진 바와 같이, 중국과 베트남 양측에서 장군 계급을 받은 베트남의 응우옌선(Nguyễn Sơn, 1908~1956)은 1950년의 중국 활동 중 중국의 '항미원조(抗米援朝)' 정책으로서 한국전쟁에 참여하기 위한 '북조선 파견 명단'에 들어 있었다.[31]

또한 한국전쟁에 참여한 베트남인 중 중국과 북한 정부의 훈장을 받은 인물들이 있었는데, 귀국 이후 베트남 정부의 지시로 그 훈장을 착용하지 못했다는 자료를 발굴했다. 자료에 따르면, 베트남 정부는 그들이 귀국했을 당시 베트남을 방문하고 있던 국제위원[32]이 중국과 북한 훈장을 착용한 사람을 보게 되었을 때 그들을 중국과 북한 군인으로 오해할 수 있음을 염려하였기에, 민감했던 당시 정황으로 인해 훈장 착용을 일시적으로 금지했다고 한다.[33] 중국을 통해 북한으로 간

30 이종석, 『북한-중국관계 1945~2000』, 중심, 2000, 194쪽.

31 그러나 응우옌선은 건강상의 이유, 그리고 군사훈련 중단을 이유로 북한에 가지 않았다. Minh Quang, *Nguyễn Sơn, vị tướng huyền thoại*, Nxb Trẻ, Tp HCM, 2005, p. 98. [민꽝, 『응우옌선: 전설적인 장군』, 호찌민시: 젊은이출판사, 2005, 98쪽.]

32 1954년의 제네바 협정 실행 과정을 시찰하러 온 국제위원들.

33 제네바 협정 조항 중 베트남 남북 모두에서 해외 군대가 철수하여 남북 모두의 군사동맹 가입을 제한한 내용이 있었다. 이 때문에 북베트남 정부가 해외 군인 문제에 예민했던 것으로 판단된다. TTLTQG3, PTT, hồ sơ 1510, "Vv đeo huân chương của các đồng chí tham gia Quân Đội Trung-Triều." [제3 베트남국립자료센터, 수상부 문서군, 폴더 1510호, "중국-조선군대에 참여한 동지들이 훈장을 착용하는 것에 대한 문서."]

베트남인의 정확한 숫자나 기간 또한 그들의 신분에 대한 구체적인 정보는 현재까지 자료의 한계로 확인하기 어려운 상황이다. 당시 베트남인이 한국전쟁에 참여한 것이 모국인 북베트남의 권유가 아니었던 데다 이 사실은 여러 국가에 민감한 문제였기 때문이었다. 그리하여 북한과 북베트남은 이에 대해 공식적으로 언급하지 않았다. 그런데 1950년 6월까지의 통계에 따르면, 북베트남인 3,000명가량이 중국에서 군사훈련 및 정치교육을 받았다.[34] 이에 응우옌선의 경우를 고려하면, 베트남인의 한국전쟁 참전 계기는 북베트남이 1950년부터 중국 군사학교에 간부 및 군인을 파견한 것에서 비롯되었으리라 여겨진다. 즉 중국에서 군사훈련과 정치교육을 받았던 간부들 중 일부가 중국의 지시 및 동원으로 북한을 도우려 한국전쟁에 참여한 것으로 볼 수 있겠다.

결국, 1950년대 초반 북한·북베트남 관계에서는 중국, 그리고 중국의 교량 역할을 결코 간과할 수 없다. 실제로 1950년대 초반 형성된 북한·중국·북베트남(이하 북·중·베) 삼각관계는 베트남전쟁의 주요 시점마다 계속 변화되었는데, 이에 대해서는 후술하겠다.

2) 반제국주의 의식

1950년대 초반 북베트남·북한 관계는 사회주의 연대의식 이외에 공통적인 반(反)제국주의 의식에서 출발했다. 양국은 모두 베트남의 항불전쟁과 한국전쟁을 똑같이 '반침략제국항쟁'이라고 보았으며 두 전쟁이 밀접한 상호관계를 맺고 있다고 인식했다. 북베트남과 북한은 "지리적으로 떨어져 있으나 양국이 하나인 전선에 서 있으며 제국주의에

34 응우옌티마이화, 앞의 책, 65쪽.

대한 세계적 평화 및 민주적 전선의 전초"였다는 것이다.[35] 이러한 '제국주의' 국가들에 대한 적대적 의식의 공유, 또 양국이 '제국주의'와 전쟁을 치르고 있다는 사실은 북한과 북베트남의 관계 형성에 중요한 계기로 작용했다.

우선, 반제국주의 의식에서 시작된 북베트남의 북한에 대한 관심은 한국전쟁에 집중되어 있었다. 실제로, 북한에 관한 베트남의 최초 자료는 1950년부터 생산되었다.[36] 해당 자료들은 교육 및 선전 목적으로 베트남노동당 및 북베트남 군대 내부에서 사용되었으며, 주로 한반도의 정치상황 및 한국전쟁에 관한 내용을 담고 있었다. 당시 북베트남 정부는 한국전쟁을 '반침략제국항쟁'이라고 보고 있었으며, 북한이 중공군의 지원을 받아 미국의 공격을 격퇴시킨 후 정전협정을 이룬 것을 '영웅적인 승리'라고 평가했다. 미국의 지원을 받는 프랑스와 전쟁 중인 북베트남 정부에, 북한에 대한 1차적 관심과 이해가 한국전쟁으로부터 출발한 것은 당연한 맥락이었다. 역사적으로 양국은 모두 근현대 시기 식민 지배를 당했으며, 당시(1950년대 초) 중국과 소련의 지원을 받아 제국주의와 전쟁을 벌였다는 공통점이 있었다.

35 *Nước cộng hoà dân chủ nhân dân Triều Tiên anh dũng*, Ban Tuyên huấn phòng chính trị L.K.5, 1954, p. 16. [저자 미상, 『영웅적인 조선민주주의인민공화국』, 연합 5구 정치선전위원회, 1954, 16쪽.] 여기서 '저자 미상'이란 저자를 알 수 없다는 의미라기보다는, 특정 단체에서 발간한 책이기 때문에 저자를 따로 명시하지 않았다는 의미이다.

36 대표적으로 다음과 같은 기행문들이 있다. *Nữ chiến sĩ thi đua Liên Xô, Trung Quốc, Triều Tiên*, Liên hiệp Phụ nữ Việt Nam, 1950. [저자 미상, 『소련, 중국, 조선의 여성 전사(戰士)』, 베트남여성연합회, 1950.]; *Nhận định tình hình Triều Tiên: Chỉ thị*, Ban tuyên huấn xứ uỷ Nam Bộ xuất bản, 1950. [저자 미상, 『조선의 상황에 대한 판단: 지시』, 공산당 남부지부 선전위원회, 1950.]

한국전쟁이 아직 치열했던 시기인 1951년 8월 20일~9월 22일 베트남중앙노동당 위원 호앙꾸옥비엣(Hoàng Quốc Việt)[37]을 단장으로 한 '베트남인민대표단'이 중국을 통해 북한에 입국했고, 한 달 동안 38선 근방까지 시찰했다. 이는 북베트남 정부의 북한에 대한 관심을 반영한 것이었고, 동시에 북한·북베트남 관계를 촉진하려는 의도를 보여 준 것이었다. 북베트남과 북한의 이러한 첫 접촉은 양국의 공동연대 형성 과정에서 중요한 의미가 있었다. 호찌민 주석의 지시에 의한 이 방문은 북베트남·중국, 북베트남·북한의 우호관계를 강화하고, 북한과 중국 인민의 경험을 배우는 것을 목적으로 했다.[38] 여기서 '북한 인민의 경험'이란, 곧 북한의 한국전쟁 경험과 이를 극복한 과정을 의미했다. 따라서 한국전쟁이 치열한 상황에서 미군의 '쌕쌕이'에 급습당할 위험에도 불구하고, 대표단은 고지를 방문하여 전쟁 상황을 시찰했다. 대표단은 또한 인민군 사단 및 중국 지원군단을 방문해 면담을 했고 청년, 농민, 노동자, 여성단체들을 접견한 뒤 문화기관, 공장, 농장, 학교 등을 방문했다. 북한 방문은 매우 중요했기 때문에 대표단은 귀국하기 전부터 북한 방문 과정을 호찌민 주석에게 전달했으며, 귀국 후 1952년에 적지 않은 보고회를 진행하고 출판물을 발행했다.[39] 북베트남 측

37 호앙꾸옥비엣(Hoàng Quốc Việt, 1905~1992)은 베트남의 정치가로, 1951년 베트남중앙노동당 위원, 베트남중앙노동당의 정치국 위원(베트남노동당의 핵심위원), '인민 동원 및 선전 위원회(ban Dân vận)' 의장, 베트남노동총동맹(Vietnam General Confederation of Labour) 주석, 1960년 베트남 대검찰청 검찰총장, 베·중 우호회 회장, 1977년 베트남조국전선(남베트남 민족해방전선 포함) 중앙위원회 주석을 지냈다.

38 호앙꾸옥비엣, 화이타인, 앞의 책, 3쪽.

39 TTLTQG3, PTT, Hồ sơ 1482, "Công văn v/v đi Liên khu Việt Bắc báo cáo tình thân thiện giữa Trung Quốc, Triều Tiên với ta." [제3 베트남국립자료센터, 수상부 문서군, 폴더 1482호, "비엣 박 회의에서 보고된 중국, 조

에 따르면, "당시(1951년) 한국전쟁은 아주 치열하게 진행 중이며 이 전쟁에서 북한 인민과 중공군은 풍부한 경험을 축적했다. 대표단은 한 달 동안 북한을 시찰하며 이와 같은 그들의 풍부한 견문을 어느 정도 배웠다"고 보고한 바 있다.[40]

북베트남 정부의 주요 연구 대상은 북한의 군사적 경험이었는데, 그 이유는 "한국전쟁이 베트남에 어떠한 경험으로 남았는지"가 가장 중요했기 때문이다. 1950년대 초반부터 베트남 국방부 군훈(軍訓)처는 한국전쟁 관련 서적들을 베트남어로 번역했고, 북한군과 중공군이 한국전쟁으로 얻은 경험들을 자국의 군인들에게 소개했으며, 특히 한국전쟁기 미군의 전술과 중공군의 전투 방식을 교육했다.[41] 북베트남은 북한군과 중공군이 용감하게 미국과 싸우고 있다고 평가했으며, 이것이 자국의 항불전쟁에 군사적 의의를 제공한다고 생각했다. 구체적으로, 북베트남 정부는 한국전쟁에서 중국과 북한군의 전공(戰功)이 미군의 전쟁물자를 대량으로 훼손했으며, 그들의 사기를 크게 꺾었다고 주장했다. 이러한 주장은 한반도에서의 미군 손실이 제국주의의 세계적

선과 베트남의 관계에 대한 문서."] 북베트남 대표단은 방중·방북 이후 192회의 보고회와 사진전을 개최했다.

40 TTLTQG3, PTT, Hồ sơ 1482, "Bản sao công văn báo cáo hoạt động của Phái đoàn nhân dân Việt Nam thăm Trung Quốc và Triều Tiên." [제3 베트남국립자료센터, 수상부 문서군, 폴더 1482호, "중국과 조선을 방문한 베트남인민단의 활동보고 문서."]

41 *Chiến thuật đường hầm trong chiến tranh Triều Tiên*, Cục Quân huấn Bộ tổng tham mưu, 1959. [『한국전쟁기 땅굴 전술』, 베트남 국방부 총참모부 군훈(軍訓)처, 1959.]; *Giới thiệu kinh nghiệm của quân tình nguyện Trung Quốc tác chiến ở Triều Tiên*, Cục quân huấn TQ in, Cục Quân huấn Bộ tổng tham mưu dịch và phổ biến, 1951. [『조선에서 작전한 중공 지원군의 전투경험 소개』, 중국 국방부 군훈(軍訓)처 발행, 베트남 국방부 총참모부 군훈(軍訓)처 번역, 1951.]

흐름에 타격을 미쳤고, 이것이 궁극적으로 베트남에 도움이 되었다는 맥락 위에 위치한다. 그뿐만 아니라 중공군과 북한군이 전투에서 거둔 승리들은 베트남의 군사전술에 귀한 경험을 제공하여, 베트남군이 미국의 지원을 받은 프랑스와의 디엔비엔푸(Điện Biên Phủ) 전투에서 승리하는 데 도움이 되었다는 평가를 하기도 했다.[42]

여기서 한 가지 지적할 점이 있다. 북베트남이 한국전쟁을 통해 북한이 습득한 경험을 배우려 한 것은 사실이나, 적확하게 말하자면 중공군이 미군과 전투하는 방식에 대해 특별히 더 관심을 가졌다고 보는 것이 옳다. 사실 1950년대 초반 북베트남군에 소개된 한국전쟁 관련 서적들은 중국 국방부의 군훈(軍訓)처 발행물을 베트남어로 번역한 것이었다. 즉 북베트남은 훌륭한 북한 인민의 전투 의지와 인민군의 성과를 칭찬했으나, 군사적으로 중공군의 전투성과 역시 빼놓을 수 없는 문제였던 것이다. 한국전쟁기 중공군의 '땅굴 전술'이 베트남군 내부에 도입된 것이 그 대표적 예이다. 한국전쟁기 미군이 뛰어난 기술로 공격할 때 엄청난 폭격과 포격을 했으며, 중공군의 이에 대한 군사적 대응은 바로 땅굴을 설치한다는 것이었다. 따라서 땅굴 설치 방법과 그 '땅굴 전술'이 베트남군 내부에 자세하게 소개되었다. 여기서 중국의 역할은 한국전쟁 시 미국에 대항하기 위한 군사적 경험 및 이해를 북베트남에 전달하는 것이었다고 볼 수 있다.

무엇보다 북베트남 정부가 한국전쟁에서 창출해 낸 의미 중 가장 중요한 것은 전쟁에서 얻은 정신적·의식적 유산이었다. 북베트남은 "영구적인 북한 인민의 전쟁은 미국과 같이 호전적인 제국들의 '무적(無敵)'에 대한 환상을 분쇄한 것"이고, 때문에 "북한 인민의 승리는

42 Lê Kim, *Người bạn chiến đấu Triều Tiên*, Nxb Quân đội nhân dân, Hà Nội, 1963, p. 91. [레낌, 『조선의 전우』, 하노이: 인민군대출판사, 1963, 91쪽.]

베트남과 같은 약한 국가들이 강한 적을 이길 수 있겠다는 믿음을 촉발시켰다"고 선전했다. 또한 북한의 '항쟁 승리'에 비춰보건대, 호찌민 주석의 지도 아래 실행되던 정책들 역시 옳으므로 북한의 항미전쟁처럼 베트남의 항불전쟁도 꼭 승리하리라는 다짐을 불태웠다.[43]

같은 맥락에서 북베트남 정부는 1950년대 초반 북한의 전쟁영웅 관련 이야기 혹은 전쟁사를 선전 목적으로 널리 보급했다. 대표적으로 1950년에 '베트남여성연합'이 발표한 *Nữ chiến sĩ thi đua Liên Xô, Trung Quốc, Triều Tiên*(『소련, 중국, 조선의 여성 전사』)은 북한의 여성 전투 영웅들을 소개하고 있다.[44] 또한 저명한 시인 또흐우(Tố Hữu)는 1951년에 "조선의 아이(Em bé Triều Tiên)"라는 시를 북베트남의 『인민신문』에 투고했다. 한글로 번역되어 북한에도 널리 알려진 이 시는 이후 북베트남의 교과서에 실려 공식적인 교육자료로 사용되었으며 인민들 대부분이 알고 있는 작품이다. 이 시에는 전쟁으로 인한 북한의 파괴와 인민들의 전투 의지, 중공군의 지원, 전쟁 이후 북한의 사회재건 과정이 담겨 있다.[45]

한편, 아동문학과 조선문학에 관심이 많았던 베트남의 문학가들은 북한의 애국 문학작품을 번역했다.[46] 1950년대 초반 북베트남 정부

43 *Nước cộng hoà dân chủ nhân dân Triều Tiên anh dũng*, Ban Tuyên huấn phòng chính trị L.K.5, 1954, pp. 18-19. [저자 미상, 『영웅적인 조선민주주의인민공화국』, 연합 5구 정치선전위원회, 18-19쪽.]

44 *Nữ chiến sĩ thi đua Liên Xô, Trung Quốc, Triều Tiên*, Liên hiệp Phụ nữ Việt Nam, 1950. [저자 미상, 『소련, 중국, 조선의 여성 전사(戰士)』, 베트남여성연합회, 1950.]

45 Tố Hữu, *Việt Bắc*, Nxb Văn nghệ, Hà Nội, 1955. [또흐우, 『비엣빡』, 하노이: 문예출판사, 1955.]

46 대표적으로, 1954년 출간된 *Triều Tiên chiến đấu: Thơ Triều Tiên* [『조선의 전투: 조선의 시』]라는 북한의 시집은 베트남의 유명한 시인 황쭝통

가 이와 같이 북한 인민의 조국애와 전투 의지를 칭송한 작품들을 번역해서 출간한 이유는 크게 네 가지로 압축할 수 있다. 첫째는 북한을 더 깊게 이해하기 위해서이며, 둘째는 이를 통한 양국 관계의 향상을 도모하는 것이었다. 셋째는 북한 인민을 모범으로 삼아 전쟁에 대한 북베트남인들의 의지를 고취하고자 하는 것이고, 마지막으로 공산당의 지도력 및 사회주의 체제에 대한 신뢰성을 강화하려 함이었다.

그렇다면 1950년 공식적으로 외교관계가 성립된 후 북한의 북베트남 인식은 어떠했는가? 당시 한국전쟁으로 혼란스러웠고 양국 관계가 형성 초기 단계였다는 점을 고려할 때, 이를 확인할 수 있는 자료나 수단은 매우 부족하다. 다만, 1951년 8월 북베트남인민대표단이 북한을 방문했을 때 베트남 측에서 남긴 기록인 *Triều Tiên anh dũng; Một tháng ở Triều Tiên*(『영웅적인 조선; 조선에 있는 한 달』)[47]을 통해 '항불전쟁'에 대한 북한의 입장을 어느 정도 확인할 수 있다. 북베트남이 베트남인민대표단을 북한에 파견한 이유 중 하나는 초기 북한과의 외교관계가 형성되는 실황을 파악하기 위함이었으므로, 이 기록에는 북한 정부의 태도 및 입장이 자세히 나타나 있기 때문이다.

(Hoàng Trung Thông)이 번역하였다. Triệu Cơ Thiên, Kim Thường Ngọ, Hoàng Trung Thông dịch, *Triều Tiên chiến đấu: Thơ Triều Tiên*, Nxb Văn nghệ, Hà Nội, 1954. [조시천(趙基天), 김상오(金尙午), 황쭝통 옮김, 『조선의 전투: 조선의 시』, 하노이: 문예출판사, 1954.] 또한 시인 응우옌쑤언싸인(Nguyễn Xuân Sanh)의 *Phác Kim Tố, em thiếu nữ du kích Triều Tiên* (Ngành văn nghệ trung ương, Hà Nội, 1953(Sách kim đồng), số 5) [『팍낌또, 조선의 유격 소녀』, 하노이: 문예출판사, 1953(아동책), 제5호]라는 작품이 있다. 이는 한국전쟁 시기 북한의 '꼬마 애국자'를 주제로 1953년에 발간된 아동소설이다. 윤대영, 앞의 논문, 204쪽.

47 『영웅적인 조선; 조선에 있는 한 달』은 주로 호앙꾸옥비엣과 화이타인이 북한에서 체류한 한 달 동안 느꼈던 점을 기록한 것이다. 호앙꾸옥비엣, 화이타인, 앞의 책.

우선, 북한 정부는 대표단을 융숭하게 대접하였으며 친선관계를 형성하려 노력했다. 구체적으로 북한대사관 측은 인민대표단이 중국 베이징에 도착했을 때부터 마중하였으며, 대표단이 북한으로 이동하는 과정에서도 사려 깊게 대접했다. 또한 대표단이 북한에 도착했을 때에도, 북한 정부 및 주요 기관 요직자들은 전쟁 중이었음에도 대표단을 성대하게 환영했다. 최고인민회의원장 김두봉, 조선노동당 중앙위원회 부위원장 박헌영, 부수상 홍명희, 당 중앙위 부위원장 박정애 등은 북베트남인민대표단이 이 시점에 북한을 방문한 것은 북한 정부 및 인민에게 큰 위로가 된다고 밝혔다. 대표단이 북한에 체류하는 한 달 동안 평양 라디오방송국 및 여러 언론기관에서는 대표단의 방문 과정에 대한 뉴스 및 베트남의 항불전쟁에 대한 보도가 계속되었다. 또한 대표단은 당시 북한에서 방문한 대부분의 장소에서 베트남민주공화국 국기, 호찌민 주석 사진, 그리고 베트남의 항불전쟁을 응원한다는 구호 등을 볼 수 있었다. 특히 대표단의 방북이 임박한 9월 2일 북한은 베트남민주공화국 건국기념식을 평양에서 성대하게 준비하였으며, 이에 대표단은 크게 감동했다. 이러한 북한의 공식적 환영으로 대표단은 북한 정부와 인민들의 베트남에 대한 우호적 태도를 확인할 수 있었고, 북한 정부, 군대, 인민에 대해 좋은 인상을 받았다고 한다.[48]

당시 북한의 북베트남 인식 역시 반제국주의 의식에서 출발했으며, 관심의 범주도 베트남의 '항불전쟁'이었다. 북베트남인민대표단의 방북 당시, 북한 인민군은 "북한이 미군에 총격을 가한 것은 바로 베트남이 미군과 프랑스군에 총격을 가한 것과 같으며, 반대로 베트남이 미군과 프랑스군에 총격을 가한 것은 바로 북한이 미군에 총격을 가한

48 위의 책, 5, 48쪽.

것과 같다"라는 말을 종종 건넸다.[49] 이는 당시 북한 정부가 강조한 북한·북베트남의 반제국주의 공동의식에 대한 비유적 표현이기도 했다. 즉 북한 정부는 베트남에서 벌어지는 '항불전쟁'이 북한의 정치와 한국전쟁에 영향을 준 것과 마찬가지로, 한국전쟁의 상황이 베트남의 정치와 전쟁에 영향을 미친다고 인식하여 이렇게 선전하였다는 것이다.

여기서 한 가지 점을 언급하고자 한다. 베트남의 항불전쟁이 북한에 미친 영향은 실제적인 군사적 경험보다는 주로 의식적 측면에 해당하였다는 점이다. 구체적으로, 당시 베트남 상황을 간단히 요약하면 다음과 같다. 1946년 말 프랑스군이 수도 하노이에 진입함에 따라, 북베트남 지도부는 1954년 제네바 협정이 체결될 때까지 산으로 퇴각하여 활동해야만 했다. 그렇기 때문에 북베트남대표단이 북한을 직접 방문하여 전쟁 상황을 시찰할 기회를 가진 반면, 베트남은 북한을 초청할 수 없었다. 한편, 방북 이후 대표단은 베트남의 항불전쟁의 성격이 유격전인 반면, 한국전쟁은 총력전이고 항불전쟁보다 더 치열한 전쟁이라고 보고했다. 이러한 특징들을 고려할 때, 적어도 1950년대 초반까지는 항불전쟁에서 베트남의 군사적 경험은 베트남이 북한의 전쟁 경험을 중요시했던 것만큼이나 북한에 중요한 문제는 아닐 수도 있었던 것으로 추측된다.

그럼에도 북한은 북베트남에 대한 관심과 더불어, 항불전쟁에서 북베트남을 지지한다는 입장을 확실히 표방했다. 북베트남 대표단의 기록에 따르면, 그들은 방북기간에 북한 정부와 인민들의 사소한 행동과 표현에서부터 친선과 관심을 느꼈다고 한다. 특히 대표단이 평양을 떠날 때 북한 인민들은 대표단에 작은 선물들을 전달했으며, 대표단

49 위의 책, 5쪽.

은 이에 감동을 받았다고 서술했다. 구체적으로 평양시에서는 수도 하노이에 북한 국기를 주었고, 북한 여성들과 소년들은 베트남군에게 손수건을 주었다. 또한 북한 청년들은 베트남 청년들에게 미군의 총알로 만든 램프를 선물했다. 주목할 점은, 북한군이 호찌민 주석에게 편지와 소련식 기관단총을 선사하며 해당 기관단총이 많은 미군을 죽였다고 설명한 것이다. 그리하여 대표단은 이러한 선물들이 북한·북베트남의 반제국주의 공동의식을 표현한다고 강조했다.[50]

한편, 베트남의 '항불전쟁'에 대한 북한의 입장은 당시 『로동신문』과 김일성의 발표문에서 확인할 수 있다. 당시 북한의 언론매체에서는 베트남의 전쟁 상황 보도가 계속되었고, 베트남군이 획득한 전과에 대한 기사들은 신문의 주요 지면에 실렸다. 『로동신문』은 베트남의 '항불전쟁'을 소개하고 보고했을 뿐 아니라, 인민군 조직과 북한의 많은 공장 및 기관에서 베트남의 정치상황에 대한 교육활동이 있었다고 보도했다.[51] 특히 1954년 북한지도부는 1954년 디엔비엔푸 전투에서의 베트남 승리를 보도했는데, 이를 통해 북한이 북베트남의 반제국주의 항쟁에 대해 존경하는 마음을 지녔음을 볼 수 있다. 항불전쟁에서 베트남의 승리는 '빛나는 승리'이며 북한에는 큰 의미가 있었던 것이다.[52] 실제로 김일성은 다음과 같이 항불전쟁과 한국전쟁을 포함한 당시 아시아에서 발발한 전쟁들을 세계적 차원의 반제국주의전쟁으로 인식시켰고, 북한이 '전 세계 피압박 인민들의 민주진영'에서 외롭지

50 위의 책, 5쪽.

51 「월남인민군 전과확대」, 『로동신문』 1951년 12월 9일; 「월남에서의 미불식민지 관리자들의 실패」, 『로동신문』 1951년 12월 9일; 위의 책, 51쪽.

52 「월남인민군의 빛나는 승리」, 『로동신문』 1954년 7월 7일; 「월남민주공화국 대통령 호지명 동지에게 조선민주주의인민공화국 내각 수상 원수 김일성이 축전을 보냄」, 『로동신문』 1954년 7월 24일.

않기 때문에 꼭 승리하겠다는 결의를 다졌다.

조국해방전쟁에서의 우리 인민의 거듭되는 승리는 민족적 독립과 자유를 위한 투쟁에서 아세아와 아프리카의 식민지 인민들을 힘차게 고무하고 있다. 조선과 함께 웰남,[53] 필리핀, 말라이, 애급, 뛰니지를 비롯한 여러 나라 인민들이 제국주의침략을 반대하는 투쟁에 더욱 단호하게 궐기하고 있는 것은 우연한 일이 아니다. 이러한 사실은 동방에서 제국주의세력이 완전히 멸망하리라는 것을 말하여 준다.[54]

사실은 전 세계 피압박 인민들에게 민주진영의 적극적인 지지 밑에 자기 조국의 해방을 위하여 전 민족이 단결하여 일떠서 싸우면 어떠한 제국주의도 물리칠 수 있다는 신심을 굳게 하여 주었습니다. 실례로 지금 이란, 애급, 웰남, 말라이를 비롯한 여러 나라 인민들이 조선 인민의 투쟁에 고무되여 민족해방투쟁의 불길을 더욱 높이고 있습니다. 우리는 정전을 요구하며 그 실현을 위하여 노력하고 있습니다. 그러나 꼭 정전이 된다고만 생각하고 장기전에 대처할 준비를 하지 않아서는 안 됩니다.[55]

53 북한 자료에서 베트남을 지칭하는 용어는 통일되어 있지 않다. 조선중앙통신사의 『조선중앙년감』과 『로동신문』에서는 한자로 '월남', 또는 베트남어 발음과 가까운 '웰남'이 같이 사용되기도 한다. 『김일성전집』, 『김일성저작집』에서는 주로 '웰남'이 사용된다. 이 책에서는 『로동신문』, 『조선중앙년감』, 『김일성전집』, 『김일성저작집』의 내용을 인용할 때 원문을 고려하여 베트남을 '월남' 또는 '웰남'으로 기술한다.

54 김일성, 「프로레타리아국제주의와 조선 인민의 투쟁」(1952년 4월 25일), 『김일성 저작집』 7(1952. 1~1953. 7), 조선로동당출판사, 1980, 81쪽.

55 김일성, 「조선노동당은 조국해방전쟁승리의 조직자이다」(1952년 6월 18일), 『김일성 저작집』 7(1952. 1~1953. 7), 조선로동당출판사, 1980, 250쪽.

따라서 항불전쟁에 대한 북한의 관심과 이 전쟁에 대한 선전 작업을 실시하게끔 만들었던 것은 역시 당시 북한의 전쟁 지도력 및 사회주의 체제에 대한 신뢰성을 강화할 수 있었다.

이상과 같이 1950년대 초반 북한에서는 베트남의 정치상황에 대한 인식이 형성되었으며, '항불전쟁'에 대해 북베트남을 지지하고 응원하는 움직임이 있었다. 실제로 북한은 1950년대에 들어와 "우리는 민주와 평화에 대한 지향으로 일관되어 있으며, 제국주의 반동세력을 반대하는 국제민주진영의 외향과 결부되어 있다"[56]는 논리를 전개하였다. 그러므로 북베트남과 외교관계를 설정하고 북베트남을 지지한 것은 당시 북한이 표방한 대외정책에도 적합한 것이었다. 베트남의 '항불전쟁'은 북한·북베트남 관계 수립 과정에서 양국의 공통적인 반(反)제국주의 의식을 형성하는 데 중요한 역할을 한 것으로 볼 수 있다.

3) 제네바 회담 전후 반미 공동의식

1950년대 중반부터 북한과 북베트남의 관계에서는 1954년 북베트남이 프랑스와 벌인 디엔비엔푸(Điện Biên Phủ) 전투에서 결정적인 승리를 거둔 것과 이후 제네바 협정으로 베트남이 남북으로 분단된 문제가 중요했다.

우선, 이 시기 베트남 정치상황의 변화로 인해 북한과 북베트남의 반제국주의 공동의식이 반미의식으로 구체화되었다. 이는 인도차이나에 대한 미국의 대외정책 변화에 영향을 받은 것이었다. 미국은 1950년 초반까지 베트남과 대치 중이던 프랑스를 소극적으로 돕고 있었으

56 『조선중앙년감 1951~52: 국내편』, 331쪽; 정규섭, 앞의 책, 32쪽에서 재인용.

나, 중국과 소련이 호찌민 정부를 승인하게 되자 급속히 외교정책을 바꾸었다. 또한 도미노 이론을 개입의 근거로 내세우고 있었던 미국의 정책 수립자들에게 인도차이나의 공산화는 바로 동남아시아의 공산화를 의미했기 때문에, 공산주의의 확대를 봉쇄하기 위해 인도차이나의 전략적 중요성이 크게 부각되었다. 이에 더하여 한국전쟁의 발발은 공산주의에 대한 미국의 경각심을 더욱 촉발하였다. 따라서 미국은 인도차이나에 대한 군사원조를 급격히 늘렸는데, 1950년 1억 달러이던 군사원조액은 1952년 3억 달러, 1954년에는 13억 달러 이상으로 늘어났다. 미국의 군사원조 총액은 약 28억 달러로 전쟁비용의 60%를 차지했다.[57] 제네바 협정이 중반기에 이를 때까지도 미국은 전쟁상황을 역전시키기 위해 원자폭탄까지 사용하는 방안은 물론 여타 대책을 논의했다.[58]

북베트남은 이에 대해 미국이 인도차이나에 깊숙이 간섭하고 있으며, 미국이 프랑스를 대신해 주도적으로 인도차이나에 침략전쟁을 벌인다고 비판했다.[59] 북한 역시 베트남과 비슷한 태도를 취했다. 북한은 미국이 한국전쟁 이후 국제 긴장 상태를 계속 유지하며 '냉전 전쟁' 정책 강화에 광분하고 있다고 주장했다. 북한은 미국이 "최근에 있어 날로 앙양되는 동남아세아 각국 인민들의 민족해방운동을 탄압하며 인도차이나전쟁을 확대시켜 조선전쟁에서 이루어지지 못한 야망과 추락된 '위신'을 만회해 보려는 범죄적 기도 밑에 동남아세아에 대한 새로운 대규모적 진공을 준비하고 있다"며 비판했다. 또한 미국의 "동

57 유인선, 『새로 쓴 베트남의 역사』, 이산, 2002, 378쪽.

58 윤충로, 『베트남과 한국의 반공독재국가형성사』, 선인, 2005, 256쪽.

59 Báo Nhân dân, 16.6.1954, "Vạch mặt bọn can thiệp Mỹ và bọn hiếu chiến Pháp." [「참견하는 미국 무리와 호전적인 프랑스의 가면을 벗기다」, 『인민신문』 1954년 6월 16일.]

남아세아 각지에 대한 군사기지 건설 계획 및 실천"은 그 "음모 및 흉책"을 보여 주는 것이라고 강조했다.[60] 즉 초기 북한과 북베트남 관계에서 공통의 적이었던 제국주의 국가들은 미국과 프랑스였으나, 1950년대 중반 미국의 인도차이나 문제에 대한 적극적 개입은 이를 공동 반미의식으로 이끌었던 것이다. 다시 말해서 북베트남과 북한의 공동 반미의식은 베트남의 '항불전쟁'에 미국이 개입한 과정에서 형성되었다.

1954년 프랑스와 벌인 디엔비엔푸 전투에서 북베트남은 결정적인 승리를 거두었으나, 프랑스는 그냥 철수하지 않고 베트남에서의 식민권력을 미국에 이양하고자 했다. 베트남 문제를 해결하기 위한 제네바 회담(1954년 4월 26일~7월 21일)에서는 두 가지 목적으로 이루어진 협정이 체결되었다. 첫째는 한반도의 재통일에 관한 것이었고, 둘째는 프랑스령 인도차이나의 평화 유지 가능성에 대한 토의였다. 소련, 미국, 프랑스, 영국, 중화인민공화국은 전체 회의에 참가하였고, 두 지역 문제에 관련된 그 밖의 다양한 나라가 각 문제의 토론에 참가했다. 회담 참가국은 한국전쟁 당시 유엔을 통해 파병한 나라들과 프랑스와 베트남민주공화국 간의 인도차이나 전쟁을 종식시키는 데 기여한 나라들로 구성되었다. 한반도 문제에 관한 회의는 어떠한 선언이나 제안도 채택하지 않은 채 종결되었다. 인도차이나 문제의 경우, 이 회의체는 제네바 합의라 불리는 일련의 문서를 만들어 냈다. 이 합의들에 의하여 베트남은 2개로 분단되었다. 북부지역은 호찌민의 정부가 통치하고, 남부지역은 전 황제 바오다이(Bảo Đại)를 국가원수로 하는 베트남국[61]이 통치하게 된 것이다. 실제로, 제네바 합의에서 호찌민 정부 대

60 「동남아세아에 대한 미제의 범죄적 음모」, 『로동신문』 1954년 1월 23일.

61 1949년 구 베트남 황제 바오다이를 내세워 '베트남국'을 수립한 프랑스는

표단은 인도차이나 문제해결 방식에 관해 토의할 기회가 없었으며, 베트남 분단 합의는 베트남이 원한 것이 아니었다. 이는 중국-소련과 영국, 프랑스 간에 합의된 것이었다. 이러한 해결 방식은 디엔비엔푸 전투에서 베트남이 거둔 결정적인 승리의 효과를 소멸시켰으며, 프랑스를 인도차이나에서 완전히 궤멸시킬 가능성도 없어지게 만들었다.[62] 미국 측은 회담 중반까지 고집하던 군사적 동맹을 통한 전쟁의 국제화가 불가능해지자 회담 자체에 불성실하게 임했으며, 베트남 통일에 소극적인 자세를 보여 마지막까지 최종 협정에 서명하지 않았다.[63] 중국과 소련이 인도차이나 문제에 대해 이러한 해결 방식을 채택한 것은 미국과의 대립 가능성을 피하기 위한 것이었다. 중국의 저우언라이 수상이 1953년 한국전쟁의 정전협정이 다른 모든 충돌(즉 베트남과 프랑스의 충돌)에서도 모범적으로 적합한 해결 방식이라고 주장한 것은[64] 이를 방증한다고 보인다. 그는 제네바 회담 개최 직전의 모스크바 예비회담에서 "만약 인도차이나에서 충돌이 확대된다면, 중국은 베트남 인민에게 더 이상 지원할 수 없다"고 발표했다.[65] 1979년 베트남 외교부가 발행한 *Sự thật 30 năm Quan hệ Việt-Trung (Sách trắng 1979)*(『베트남-

항불전쟁을 식민지 전쟁이 아닌 자유 베트남과 공산주의의 대결구도로 끌어 갔다. 그러나 프랑스의 '괴뢰정부'였던 바오다이 정권은 외교적이나 군사적으로 힘이 없었으며, 실질적인 정부로서 기능할 수 없는 정부였다. Stanley Karnow, *Vietnam, A history*, New York: Penguin Books, 1997, pp. 190-234.

62 응우옌티마이화, 앞의 책, 81쪽.

63 윤충로, 앞의 책, 266쪽.

64 응우옌티마이화, 앞의 책, 79쪽.

65 Lê Mậu Hãn, Trần Bá Đệ, Nguyễn Văn Thư, *Đại cương lịch sử Việt Nam*, tập 3, Nxb Giáo dục, Hà Nội, 2010, p. 128. [레머우한, 쩐바데, 응우옌반트, 『베트남의 역사 대강』 제3부, 하노이: 교육출판사, 2010, 128쪽.]

중국 30년 관계의 사실(백서 1979)』)에 따르면, 실제로 1954년 제네바 협의에서 중국은 베트남의 통일을 원하지 않았으며, 이때부터 베트남의 혁명가들은 중국에 대해 의구심을 품었다.[66] 이러한 맥락에서 호찌민 정부는 인도차이나에서 평화를 수립하기 위해, 또한 미국과 직접적 대결을 피하기 위해 합의를 받아들일 수밖에 없었다.

제네바 협정 이후 북한·북베트남의 공동 반미의식은 더욱 확고해졌다. 제네바 협정 이후 미국의 지원을 받았던 응오딘지엠(Ngô Đình Diệm)은 남베트남에서 친프랑스 세력을 숙청하고 실질적인 정부로서 기능할 수 없는 베트남국을 장악하여 1955년 10월 국민투표로 베트남 공화국(즉 남베트남)을 선포한 뒤 초대 대통령으로 취임했다. 응오딘지엠 대통령은 통일운동세력을 공산당으로 몰아세우며 이들에 대한 대대적인 탄압에 들어갔다. 제네바 회담은 최종 선언문을 통해 통일된 베트남을 수립하기 위하여 1956년 7월 이내에 보통선거를 진행할 것을 규정하였는데, 총선거는 남베트남의 거부로 실시되지 않았다. 반면 북베트남은 호찌민의 지도하에 소련 방식의 사회주의 건설에 들어갔다. 미국은 남베트남 수립 이후 바로 남베트남에 경제원조를 시작함과 동시에 군사고문단을 파견하는 등의 정책을 실행했다. 이러한 미국의 군사보호는 베트남 남북 모두의 군사동맹 가입을 제한한 제네바 협정을 위배한 것이며, 제국주의로부터 독립을 쟁취하려는 베트남인들의 의사에도 반하는 것이었다.[67] 따라서 북베트남 정부는 미국의 활동이 제네바 협정 위배라고 비판하였으며 반미의식을 국제적으로 표출하였

66 *Sự thật 30 năm Quan hệ Việt-Trung (Sách trắng 1979)*, Bộ Ngoại giao nước Cộng hoà Xã hội Chủ nghĩa Việt Nam (CHXHCNVN), pp. 44-46. [『베트남-중국 30년 관계의 사실(백서 1979)』, 베트남 외교부, 44-46쪽.]

67 제네바 회담의 최종 선언문을 참고할 것.

〈그림 2-1〉 1957년 평양시 군중대회에서 연설하고 있는 호찌민 주석

출처: 『로동신문』 1957년 7월 9일.

다.[68] 호찌민은 1957년 7월 7일부터 12일까지 북한을 방문하여 대미항쟁에 힘쓰기 위해 북한·북베트남 연대를 강화하자는 내용의 공동성명을 발표하였다. 평양 인민들의 환영회에서 호찌민은 북한과 북베트남의 분단문제에서 미국의 책임을 언급하고 다음과 같이 단결을 호소하는 연설을 하였다(그림 2-1).

> 미 제국은 조선 및 베트남뿐만 아니라 세계적으로 군사기지를 늘리며 긴장상태를 일으키고 있고 사회주의 진영을 공격하려고 합니다. 미 제국의 전쟁도발 음모에 당면했기에, 선두에 선 소련과 중국, 그리고 사회주의 형제 국가들은 인류의 평화문제와 사회주의 업적에 책임을 인식

68 Nguyễn Đình Lê, *Lịch sử Việt Nam 1954-1975*, Nxb Giáo dục, Hà Nội, 2010, p. 41. [응우옌딘레, 『베트남의 역사 1954~1975』, 하노이: 교육출판사, 2010, 41쪽.]

하여 단결심을 강화하고 마르크스-레닌주의를 바탕으로 서로 협력을 증진해야 합니다.[69]

한국전쟁에서부터 반미의식을 갖고 있던 북한은 북베트남의 입장을 찬성하였을 뿐만 아니라 미국이 베트남 문제에 개입한 것을 격렬히 반대했다.[70] 이는 1950년대 초반의 제국주의에 대한 세계적 평화 및 민주적 전선의 전초였던 북한과 북베트남이 미국에 대한 전선의 전초로 전환되었음을 의미하며, 북한·북베트남 공동연대의식이 반제국주의 의식에서 반미의식으로 구체화되었음을 나타낸다.

1950년대 후반 북한·북베트남의 유대관계는 양국의 분단 및 통일 방식에 대한 공통점으로 인해 확보되었다. 북한의 『로동신문』은 "오랫동안 외래 제국주의 침략자들의 식민지 통치를 반대하여 투쟁하고" 있었던 북한과 북베트남의 인민은 "오늘날 다 같이 미 제국주의자들의 침략적 책동으로 말미암아 국토분열과 고통을 당하고 있다"고 했으며, 따라서 두 나라 인민은 "자기들의 조국을 하루 속히 평화적으로 통일시키려는 결박한 공통적 염원으로써 굳게 연결되어 있다"라고 보도한 바 있다.[71] 이는 1950년대 후반부터 양국에 분단이라는 또 하나의 공통점이 생겼고, 미국에 반대하는 평화통일 방식을 취하게 되었음을 보여 준다.

69 TTLTQG3, Quốc hội, Hồ sơ 649, "Diễn văn của Chủ tịch Hồ Chí Minh đọc trong buổi mít tinh chào mừng nhân dân Bình Nhưỡng nhân dịp đoàn Việt Nam thăm nước CHDCND Triều Tiên 1957." [제3 베트남국립자료센터, 국회 문서군, 폴더 649호, "1957년 베트남 대표단 조선민주주의 인민공화국 방문 시 호찌민 주석이 평양 인민들의 환영회에서 연설."]

70 「가장 친근한 마음으로」, 『로동신문』 1957년 7월 8일.

71 위의 자료.

베트남의 경우 1954년 7월 22일 "제네바 협정이 성공적으로 끝난 후에 행한 호소"를 통해 호찌민은 베트남 인민 모두가 제네바 협정의 조항을 엄수하자고 호소했으며, 베트남을 재통일하기 위한 전국에 걸친 총선거의 자유를 확보하기 위해 투쟁해야 한다고 역설했다. 특히 호찌민은 저항전쟁의 수행에서 남베트남 인민을 가장 중요한 정치 세력으로 인식했다. "높은 정치의식"을 바탕으로 남베트남 인민들이 "지역적인 이익보다는 민족의 이익을, 일시적인 이익보다는 영원한 이익을 우선할 것"을 확신한다고 말했다. 즉 호찌민은 남베트남 인민이 평화를 굳게 다지고 전국에 걸친 통일과 독립을 쟁취하기 위해 전 인민과 더불어 분투할 것을 호소한 것이다. 물론 당시 호찌민은 평화를 다지고 통일과 독립을 쟁취하기 위한 투쟁이 길고도 험난한 투쟁임을 인식하고 있었다.[72] 북베트남 정부는 곧바로 제네바 협정에 의거해서 통일정부 수립을 위한 비폭력 투쟁을 진행할 것을 지시했다. 이는 비폭력으로 정치적 투쟁을 하는 방식이었다.

1956년에 이르러 응오딘지엠은 제네바 협정에 따라 총선거를 치르자는 북베트남 정부의 제의를 거절했다. 남베트남 정부는 제네바 협정에 조인하지 않았기 때문에 협정에 따라야 할 의무가 없다는 것이다. 미국도 이 점에서 응오딘지엠을 지지하고 나섰다. 양국 정부 모두 북베트남에 민주정부가 들어설 때까지는 선거를 치를 수 없다는 태도를 분명히 하였다. 그러나 이런 거부는 어디까지나 구실일 뿐이고, 실제로는 선거가 치러질 경우 북베트남 정부가 압승할 것이 불을 보듯 뻔하기 때문이었다.[73]

72 *Hồ Chí Minh toàn tập*, t. 7, Nxb Chính trị quốc gia, Hà Nội, 2000, p. 322. [호찌민, 『호찌민 전집』 제7권, 하노이: 국가정치출판사, 2000, 322쪽.]

73 유인선, 『베트남과 그 이웃 중국, 양국관계의 어제와 오늘』, 창비, 2012,

북베트남 정부는 응오딘지엠이 선거를 거부하자 제네바 협정 당사자들, 특히 회의 의장국인 영국과 소련이 자신에게 호의적인 태도를 취할 것으로 예상했다. 그러나 기대와 달리 국제사회는 별다른 반응을 보이지 않았다. 흐루쇼프가 정권을 잡은 소련은 서방과의 평화공존을 모색하고 있었기 때문에 그다지 중요하지 않은 베트남 문제로 미국과 갈등할 의사가 없었다. 중국은 제네바 회담을 다시 열자고 했지만 실제로는 말뿐이었다. 사실상 중국은 베트남 분단으로 남쪽 국경이 안전해졌다고 생각하면서 미국과의 공연한 전쟁으로 이를 위태롭게 하고 싶어 하지 않았다. 제네바 회담에서 열심이던 영국은 더 이상 베트남 문제에 간여하지 않고 거리를 두려고 했다.[74] 이런 상황에서 북한의 베트남 문제에 대한 입장은 흥미로웠다. 북한은 소련이 베트남 통일을 외면하는 태도를 확인하고, 제네바 협정에 의한 베트남의 민족적 통일이 실현되어야 한다고 강조했다. 이는 북한과 베트남 모두 분단된 정치적 공통점으로 인하여 서로 이해한 것이며, 북한이 베트남의 상황을 '아파'해 준 것이라고 할 수 있을 것이다.[75]

그러면 1950년대 후반 북한의 통일 방식이 어떻게 표출되었고, 북베트남 정부는 이에 대해 어떠한 태도를 취했는가? 북한은 한국전쟁 이후부터 평화통일 방식을 주장했으며, 1954년 4월 29일 제네바 회담에서 북한의 외교부장관 남일은 한반도에서 모든 외국군대를 철수하고 선거로 평화통일 문제를 심의하자는 선언을 발표했다.[76] 또한 1956

376-377쪽.

74 위의 책, 377쪽.

75 「월남에 관한 제네바 협정은 반드시 이행되어야 한다」, 『로동신문』 1956년 5월 14일.

76 Nam Nhật, *Cuộc đấu tranh của nhân dân Triều Tiên để khôi phục thống nhất Quốc gia*, Nxb Sự thật, Hà Nội, 1955, p. 3. [남일, 『조국 통일을 위한 조선

년 11월 7일 조선최고인민회의 제1기 제12차 회의에서는 남북한 당국 간 군비축소 회담을 제의하였다.[77] 북베트남 정부는 북한의 평화통일 방식이 베트남의 상황에 적합하다고 주장했으며, 베트남이 "조국 평화통일을 위해 조선 인민의 정치적 및 장기적 투쟁 의지를 학습해야 한다"고 강조하였다. 또한 베트남은 한반도의 평화통일 문제에 관해 1959년 10월 27일 북한의 최고인민회의가 북베트남을 비롯한 모든 국가에 송신한 서한을 적극적으로 지지하는 답변을 발표하였다.[78] 답변을 요약하자면, 베트남은 한반도처럼 원래 통일국가였는데 제국주의의 침략에 의해 분단되었기 때문에 북한 정부의 입장을 이해하고 찬성한다는 것이었다. 또한 한반도에서 모든 외국군대는 철수해야 하며, 선거로 평화통일을 이루어야 한다고 주장하였다. 당시 강대국들은 한반도와 베트남의 통일 문제에 대한 별다른 반응을 보이지 않았고, 양국은 전쟁 이후 국내의 정치적 안전과 경제발전에 진력했기 때문에 양국의 비폭력 평화적 통일 방식의 발표 및 상호 지지는 당연하였다.

결정적으로, 1958년 김일성의 베트남 방문 당시 발표된 양국의 공동성명에서 1950년대 후반 양측의 공동 반미의식과 통일방침에 대한 입장을 확인할 수 있다. 김일성을 단장으로 한 북한 대표단은 1958년 11월 28일부터 12월 2일까지 북베트남을 방문했고, 그 기간에 호찌민

인민의 투쟁』, 하노이: 사실출판사, 1955, 3쪽.]

77 정규섭, 앞의 책, 52쪽.

78 TTLGQG3, Quốc Hội, Hồ sơ 671, "Thư của Quốc hội (QH) Triều Tiên về vấn đề thống nhất Triều Tiên bằng con đường hoà bình, gửi đến QH Việt Nam và QH tất cả các nước trên TG. QH Việt Nam đáp lại thư kêu gọi của QH Triều Tiên." [제3 베트남국립자료센터, 국회 문서군, 폴더 671호, "한반도의 평화통일문제에 대해 베트남과 모든 국가의 국회에 보내는 조선최고인민회의의 서한, 조선최고인민회의의 서한에 대한 베트남 국회의 답변."]

및 북베트남 대표단과 회담을 한 후 공동성명을 발표했다.[79] 양측의 대표단은 주요 정부 인사들로 구성되었다. 베트남의 대표단에는 수상 팜반동(Phạm Văn Đồng), 부수상 판께또아이(Phan Kế Toại), 부수상 겸 국방부장관 보응우옌지압(Võ Nguyên Giáp), 문화부장관 호앙민잠(Hoàng Minh Giám), 대외무역부장관 판아인(Phan Anh), 외교부장관 웅반키엠(Ung Văn Khiêm), 주조선 베트남대사 쩐수언도(Trần Xuân Độ) 등이 있었다. 북한 측 대표단은 수상 김일성, 조선노동당 중앙위원회 부위원장 박정애, 내각 부수상 겸 외무상 남일, 민족 보위상 김광협, 교육문화상 리일경, 주베 조선대사 전창철이었다. 이와 같이 구성된 양국 대표단의 공동성명은 다음과 같다.

조선민주주의인민공화국 정부 대표단과 월남민주공화국 정부 대표단의 공동성명

… 회담에서 조선민주주의인민공화국 정부 대표단과 월남민주공화국 정부 대표단은 조선과 월남 양국의 정세에 대하여 의견을 교환하였다. 쌍방은 조선민주주의인민공화국과 월남민주공화국이 자국에서 사회주의 건설과 국토의 평화적 통일을 실현하기 위한 투쟁에서 쟁취한 거대한 성과들에 대하여 만족감을 표시한다. 쌍방은 양국의 경제건설과 문화발전이 바야흐로 상승기에 들어섰다는 것을 지적하면서 앞으로도 이러한 고조를 계속 확대 발전시키기 위하여 백방으로 노력할 것이다.

조선민주주의인민공화국과 월남민주공화국의 평화적 대외정책은 세계의 많은 나라들로부터 지지를 받고 있으며 아세아의 평화를 수호함

79 Công báo nước Việt Nam Dân chủ Cộng hoà, Số 45, 1958, pp. 783-784. [베트남민주공화국정부 공보(公報), 1958년 45호, 783-784쪽.]

에 기여하고 있다.

양국 정부대표단은 세계의 모든 나라들과 평화적 공존의 5개 원칙에 기초하여 경제, 문화 및 친선 협조 관계를 발전시킬 것을 희망한다.

조선 인민과 월남 인민의 절실한 염원은 자기 조국의 통일을 실현하는 데 있다. 지난 시기 조선 인민과 월남 인민은 침략을 반대하며 자유와 민족적 독립을 쟁취하기 위한 투쟁에서 상호 지지하였으며, 오늘 국토의 평화적 통일을 조속히 실현하기 위한 투쟁에서 상호 적극 지지하고 있다. 조선은 일체 외국의 간섭이 없이 민주주의적 기초 위에서 조선 인민 자체에 의하여 평화적으로 통일되어야 하며, 월남은 제네바 협정에 근거하여 자주적이며 민주주주의적 기초 위에서 평화적으로 통일되어야 한다.

양국 정부 대표단은 월남, 캄보쟈(즉 캄보디아) 및 라오스에서 제네바 협정의 이행을 위하여 인도 대표를 수석으로 하는 국제 감독 및 감찰 위원회가 많은 노력을 하고 있으며 월남, 캄보쟈 및 라오스에서의 평화 유지에 기여하고 있다고 인정한다. 그러나 남부 월남에 대한 미국의 간섭으로 인하여 월남 문제에 관한 제네바 협정의 정치, 군사 부문 조항들이 엄중하게 유린되었다. 월남 인민과 전 세계 여론의 규탄에도 불구하고 미국은 남부 월남을 자기의 군사기지로 전변시키려고 계속 광분하고 있다. 쌍방은 미국의 이러한 음모를 규탄하면서 월남에 관한 제네바 협정의 조인에 참가한 유관 국가들이 응당 자기의 임무를 적극 실행하여 이 협정의 엄격한 이행을 보장하여야 한다고 인정한다. 쌍방은 미국이 남부 월남에 대한 간섭을 즉시 중지할 것을 강력히 요구한다.

양국 정부 대표단은 남부 월남 당국에 보낸 1958년 3월 7일부 월남 민주공화국 정부 서한이 자기 조국을 평화적으로 통일시키려는 월남 인민의 절실한 염원을 표현한 것이라고 재확인한다.

조선 문제에 관한 의견 교환에서 쌍방은 1958년 2월 5일부 조선민주주의인민공화국 정부 성명에 천명된 조선의 평화적 통일방안이 조선

문제의 평화적 해결을 위하여 가장 합리적인 것이라고 다시금 확인하였다.

조선 문제의 평화적 해결 도상에 조성된 엄중한 장애는, 미국 군대가 남조선을 계속 강점하고 있는 데 있다. 조선민주주의인민공화국 정부와 중화인민공화국 정부는 중국 인민 지원군을 북조선으로부터 완전히 철거하는 주동적 조치를 취함으로써 조선의 평화적 통일을 촉진하기 위한 새로운 국면을 열어 놓았다. 그러나 미국은 자기의 침략 군대를 남조선으로부터 철거하려 하지 않을 뿐만 아니라, 조선 정전 협정을 위반하면서 남조선에 원자 및 유도 무기를 비롯한 각종 신형무기를 반입하며 식민지 예속 정책을 강화하는 등으로써 조선의 분할을 영구하려고 획책하고 있다.

쌍방은 미국 군대가 남조선에 계속 주둔할 하등의 구실도 없다고 인정하면서 미군도 남조선으로부터 즉시 철거하여야 한다고 강력히 주장한다.

양국 정부 대표단은 조선 인민과 월남 인민이 위대한 소련을 중심으로 하는 사회주의 진영 국가들과 전 세계 평화 애호 역량의 지지하에 자기들의 용감한 투쟁으로써 미국의 침략을 물리치고 자기 조국의 평화적 통일을 반드시 달성하고야 말리라는 것을 확신한다. …[80]

이상과 같은 공동성명에서 양측은 남베트남에 대한 미국의 간섭으로 인해 제네바 협정에 따른 베트남에 대한 정치적·군사적 조항들

80 「조선민주주의인민공화국 정부 대표단과 월남민주공화국 정부 대표단의 공동 성명」, 『로동신문』 1958년 12월 3일; Công báo nước Việt Nam Dân chủ Cộng hoà, Số 45, 1958, pp. 783-784. [베트남민주공화국정부 공보(公報), 1958년 45호, 783-784쪽.]

이 효력을 상실하였다고 일갈하였다. 또한 미군의 한반도 주둔이 한반도의 평화적 통일을 저해하고 있으며, 미국은 한반도의 분단을 영구화하기 위해 남한을 미국의 군사기지로 변화시키려 한다고 비판했다. 동시에 공동성명에서 북한과 북베트남 정부는 평화적 통일 방침에 대해 서로 지지한다는 입장을 표명했다. 양측은 한반도에서 모든 외국군대가 철수할 것과 선거로 평화통일 문제를 해결해야 한다는 것, 또한 제네바 협정에 의거한 독립적이고 민주적인 기준으로 베트남이 평화통일을 달성해야 한다는 결론에 도달하였다. 한편, 양국은 양국 간 경제·문화·과학기술 교류를 좀 더 활성화할 것을 결의했다. 실제로, 양국 간의 교류는 공동성명 전 시작되었으나, 공식적 협정서가 채택되고 교류가 적극적으로 진전된 것은 공동성명 이후였다.

결론적으로, 1954년 제네바 협정 이후 구체화된 북한·북베트남의 반미의식은 이후 양국의 전개 관계에서 중요한 요소로 작용하게 된다. 또한 이어지는 1957년 호찌민의 북한 방문과 1958년 김일성의 북베트남 방문은 양국의 관계 발전에서 중요한 의미를 지닌다. 양국 최고지도자의 방문으로 북한·북베트남의 공동 반미의식이 확실해졌으며, 양국의 반미의식과 평화통일 정책에 대한 상호 지지 의사가 공동성명으로 표출되어 북한·북베트남 관계가 돈독해진 것이다.

2. 북한·북베트남의 문화, 경제, 과학·기술 교류

1950년대 중반부터 북한·북베트남의 연대 관계는 이전의 단계보다 다양한 형태로 표출되었다. 양국은 문화·경제 교류, 과학·기술 합작을 시작했으며, 이러한 교류는 양국의 공동 사회주의 의식을 점차 공고하게 만들었다.

우선, 북베트남과 북한의 문화교류는 1950년대 후반 시작되었는데, 1955년 양국의 예술단이 상대 국가로 서로 파견된 것이 그 신호탄이었다. 1955년 8월 7일, 백남운[81]을 단장으로 하는 '조선인민대표단'과 인민군대예술단이 처음으로 하노이를 방문하였다(그림 2-2).[82] 이때 베트남연합전선 부주석 황꾸옥비엣과 하노이 시민 2,500명가량이 북한 대표단을 성대하게 환영하였다. 황꾸옥비엣은 현장에서 북한 대표단의 방문을 축하하는 축사를 발표하였다.[83] 조선 대표단은 이튿날 저녁, 황꾸옥비엣의 안내로 주석부를 방문하여 주석 호찌민, 수상 팜반동, 인민위원회 상임위원회 위원장 똔득탕(Tôn Đức Thắng), 노동당 총비서 쯔엉찐(Trường Chinh), 총사령관 보응우옌지압(Võ Nguyên Giáp) 등의 주요 인사들을 만났다.[84] 예술단은 8월 8일 주석부 후원에 설치된 노천무대 공연을 시작으로, 지방 도시와 농촌의 공장·회사·부두·학교 등지에서 공연하였다.[85]

북한 군대예술단은 항불전쟁 종결 이후 처음으로 북베트남을 공식적으로 방문한 타국 군사단이었다. 이 때문에 북베트남 인민들은 그

81 북한의 경제학자이자 정치가. 1948년 8월 최고인민회의 제1~5기 대의원, 9월 교육상, 1952년 과학원 원장, 1956년 민주과학협회 위원장, 1961년 최고인민회의 부위원장, 1969년 최고인민회의 의장을 거쳐 1974년 조국전선 의장을 지냈으며, 1979년 사망하였다.

82 「월남 방문 조선인민대표단 귀국」, 『로동신문』 1955년 9월 25일.

83 *Những ngày ở Hà Nội của Đoàn đại biểu Triều Tiên*, Sở Văn hoá Hà Nội, Hà Nội, 1955. [저자 미상, 『조선 대표단의 하노이 체류 시기』, 하노이: 하노이 문화국, 1955], 베트남국립도서관 소장. 이 자료집 자체에 쪽수가 명시되어 있지 않아 인용한 쪽수를 정확히 기입하지 못하였다.

84 윤대영, 앞의 논문, 195쪽.

85 이 외에 대표단은 하노이 근처의 자럼(Gia Lâm) 철도공장, 홍가이(Hồng Gai) 지역의 껌파(Cẩm Phả) 탄광, 안장(An Giang)성(省)의 안푸(An Phú) 전기공장 등을 방문했다. 위의 논문, 196쪽.

〈그림 2-2〉 1955년 북한 대표단의 방문을 환영하는 하노이 시민들

출처: *Những ngày ở Hà Nội của Đoàn đại biểu Triều Tiên*, Sở Văn hoá Hà Nội, Hà Nội, 1955 [저자 미상, 『조선 대표단의 하노이 체류 시기』, 하노이: 하노이문화국, 1955]에서 스캔.

들을 성대하게 환영하였으며, 예술단의 방문과 관련된 저서들이 출판되었다(그림 2-3, 2-4, 2-5).[86]

북한의 『로동신문』 역시 북한 대표단의 방월 일정을 신문에 계속

86 대표적으로 『조선 대표단의 하노이 체류 시기』가 있다. 그 외에 다음과 같은 저서가 출판되었다. Y Thăng Tiến, Hàn Thời Hưởng, Trịnh Châu Ngọc, Minh Hiếu dịch, *Nhạc Triều Tiên: Do Đoàn nghệ thuật Triều Tiên trình bày tại thủ đô Hà Nội*, Nxb Văn nghệ, Hà Nội, 1955. [이상진·한시향·정주옥, 민히에우 옮김, 『조선의 음악: 하노이에서 조선예술단의 공연』, 하노이: 문예출판사, 1955.]; Doãn Trung dịch, *Chuyện anh hùng chiến đấu Triều Tiên: Xuất bản nhân dịp Đoàn đại biểu nhân dân Triều Tiên và Đoàn nghệ thuật quân đội nhân dân Triều Tiên sang thăm Việt Nam*, Nxb Quân đội nhân dân, Hà Nội, 1955. [저자 미상, 조안중 옮김, 『조선의 전투 영웅 이야기, 조선인대표단과 인민예술단 베트남 방문을 맞이하여』, 하노이: 인민군대출판사, 1955.]

〈그림 2-3〉 1955년 하노이에서 발행된 북한 예술단 공연에 대한 책

출처: Y Thăng Tiến, Hàn Thời Hưởng, Trịnh Châu Ngọc, Minh Hiếu dịch, *Nhạc Triều Tiên: Do Đoàn nghệ thuật Triều Tiên trình bày tại thủ đô Hà Nội*, Nxb Văn nghệ, Hà Nội, 1955. [이상진·한시향·정주옥, 민히에우 옮김, 『조선의 음악: 하노이에서 조선예술단의 공연』, 하노이: 문예출판사, 1955.] 베트남국립도서관 소장.

보도했고, 대표단 귀국 이후 "항전 농촌", "아름다운 도시"라는 제목의 기사들을 게재했을 뿐만 아니라, 베트남 방문에 대한 보고회를 진행했다. 단장 백남운 교육상은 대표단·예술단이 베트남노동당과 북베트남 정부의 심심한 배려와 베트남 인민의 사랑 속에서 1개월간의 성공적인 사업을 수행한 결과를 발표하였다.[87]

베트남 측은 북한 군대예술단이 베트남 인민, 특히 하노이 시민들에게 활기를 불어넣었을 뿐 아니라, 밝은 미래에 대한 보람을 느끼게 하고 인민들을 격려했다고 평가했다. 더 나아가, 베트남은 이를 양국의 정치상황과 연결시켜 북한 예술단의 방문이 선거를 통한 베트남 통일사업을 고무시켰다고 주장했다.[88] 또한 현지에서 다양하게 진행된

87 「월남 방문 조선인민대표단의 귀환 보고회」, 『로동신문』 1955년 10월 16일.

88 『조선의 전투 영웅 이야기, 조선인대표단과 인민예술단 베트남 방문을 맞

〈그림 2-4〉
아리랑 악보(베트남어 번역본)

출처: Y Thăng Tiến, Hàn Thời Hưởng, Trịnh Châu Ngọc, Minh Hiếu dịch, *Nhạc Triều Tiên: Do Đoàn nghệ thuật Triều Tiên trình bày tại thủ đô Hà Nội*, Nxb Văn nghệ, Hà Nội, 1955. [이상진·한시향·정주옥, 민히에우 옮김, 『조선의 음악: 하노이에서 조선예술단의 공연』, 하노이: 문예출판사, 1955.] 베트남국립도서관 소장.

〈그림 2-5〉
북한의 전투 영웅들에 대한 책

출처: Doãn Trung dịch, *Chuyện anh hùng chiến đấu Triều Tiên: Xuất bản nhân dịp Đoàn đại biểu nhân dân Triều Tiên và Đoàn nghệ thuật quân đội nhân dân Triều Tiên sang thăm Việt Nam*, Nxb Quân đội nhân dân, Hà Nội, 1955. [저자 미상, 조안중 옮김, 『조선의 전투 영웅 이야기, 조선인대표단과 인민예술단 베트남 방문을 맞이하여』, 하노이: 인민군대출판사, 1955.] 베트남국립도서관 소장.

예술단의 문화활동으로 북한과 북베트남의 유대관계가 더욱 긴밀해졌다고 평가하였다.[89]

이렇게 시작된 양국의 문화교류 활동은 1956년 공산국가들이 협력을 강화해 나가는 분위기에 편승하여 좀 더 다채로운 형태로 전개되었는데, 이러한 활발한 문화교류는 당시 사회주의 공동체의 보편적 특징에 기인한다. 실제로, 자국을 세계에 널리 알리면서 소련과 중국을 위시한 '형제국가들'의 도움을 받고 그들의 문화를 도입하려는 북한의 대외전략은 1955년에 개시되어 그 이후 본격적인 실현 단계로 접어들고 있었다. 마찬가지로 북베트남도 1956년에 이르러서 동구권 공산국가들, 중국, 인도와 문화대표단 상호 방문을 적극적으로 추진하고 있었다.[90]

2년간 계속된 양국 간의 문화교류가 매우 성공적이었기 때문에, 1957년 11월 북베트남과 북한은 공식적으로 2년간의 문화교류 협정을 체결하였다.[91] 협정 체결 이후 양국은 문화대표단의 상호 방문을 비롯하여 더 다양한 형태의 교류를 전개하였다. 북베트남 문화부는 북한에 1958년 8월 18일부터 1개월 동안 대표단을 파견하였다. 대표단은 방북기간에 북한의 문화, 역사, 전통을 이해하고 인민들에게 베트남의 문화를 소개하였다. 또 귀국 후 북한에서의 감상을 책으로 출간하기도 했다.[92] 이 외에도 1958년 11월 북베트남을 방문한 북한 예술단은

이하여』, 7쪽.

89 『조선 대표단의 하노이 체류 시기』.

90 윤대영, 앞의 논문, 199쪽.

91 TTLGQG3, PTT, hồ sơ 1533, "Công văn về việc ký hiệp nghị văn hóa với Triều Tiên" [제3 베트남국립자료센터, 수상부 문서군, 폴더 1533호, "조선과의 문화협의 체결에 대한 공문"]; 「우리 나라와 월남 간에 문화협조에 관한 협정 체결」, 『로동신문』 1957년 11월 21일.

92 Nông Quốc Chân, Trần Phong, *Triều Tiên anh hùng phi trên mình ngựa ngàn*

한 달 동안 북베트남 14개 구역에서 가무(歌舞) 중심의 공연을 진행하였다. 북베트남의 노동자들과 농민들은 이를 크게 환영하였다.[93] 북베트남 정부는 북한 예술단이 양국 유대감 강화에 크게 공헌하였다는 평가를 내렸다. 호찌민 주석은 예술단과 2차로 면담을 했으며, 1958년 12월 20일 예술단에 '최상급 노동 훈장'을 수여하며 직접 '우호단결'이라는 구호가 적힌 깃발을 선사했다.[94]

이후 북베트남은 1958년부터 북한의 예술 전문가를 베트남으로 파견해 줄 것을 요청하였다.[95] 북한은 이에 화답하여 1960년대까지 예술 전문가들을 지속적으로 베트남으로 보냈다.[96] 이들은 주로 북베트남의 라디오 방송국으로 파견되어 소속 가수들에게 성악, 합창 등을 가르쳤다. 이 외에도 1957년 베트남의 도예품 전시회 및 1958년 북한의 민족 미술공예품 전시회, 1959년 북한 측의 '천리마' 전람회 등과 같은 다양한 문화예술 교류활동이 양국 간에 전개되었다.[97]

dặm, Cục xuất bản, Bộ Văn hoá, Hà Nội, 1958. [농꾸옥쩐, 쩐퐁, 『천리마 영웅의 조선 질주』, 하노이: 문화부-출판국, 1958.]

93 TTLGQG3, PTT, hồ sơ 8099, "Quan hệ kinh tế và văn hoá giữa Triều Tiên và Việt Nam 1955~1965." [제3 베트남국립자료센터, 수상부 문서군, 폴더 8099호, "조선-베트남의 경제·문화 관계, 1955~1965."]

94 *Hồ Chí Minh Biên niên tiểu sử*, t. 7, Nxb Chính trị quốc gia, Hà Nội, 2009, p. 189. [『호찌민 편년 소사』 제7부, 하노이: 국가정치출판사, 2009, 189쪽.]

95 TTLGQG3, PTT, hồ sơ 1548, "Công văn v/v mời chuyên gia Triều Tiên cho Đài phát thanh tiếng nói Việt Nam." [제3 베트남국립자료센터, 수상부 문서군, 폴더 1548호, "조선의 전문가를 베트남 라디오 방송국으로 파견하는 것에 대한 문서."]

96 TTLGQG3, PTT, hồ sơ 1343, "Quyết định tặng thưởng Huy chương Hữu nghị cho 3 chuyên gia Triều Tiên công tác tại Đài tiếng nói Việt Nam." [제3 베트남국립자료센터, 수상부 문서군, 폴더 1343호, "베트남 라디오 방송국으로 파견된 조선의 전문가에게 '우호훈장' 수여 결정."]

97 TTLGQG3, PTT, hồ sơ 8099, "Quan hệ kinh tế và văn hoá giữa Triều Tiên

한편, 1950년대 후반에 북베트남과 북한의 유대관계가 긴밀해지면서 이 시기 양국의 경제협력 및 교류 필요성도 강화되었다. 이는 당시 양국 내부에서 경제발전을 요하는 목소리가 커져 갔던 것과 깊은 관계가 있다.

구체적으로, 1950년대 후반 양국 경제정책의 공통적인 목적은 전쟁의 참화를 극복하여 경제발전과 사회주의 국가를 건설해 내는 것이었다. 북베트남의 경우, 8년 전쟁(1946~1954)으로 인한 파괴와 남부로부터의 식량유입 중단이 북부경제에 엄청난 타격을 주고 있는 상황이었다.[98] 따라서 북베트남 정부는 토지개혁 및 농업 부문의 사회주의화를 도모하였으며, 경제의 균형적 발전을 위해 공업 발전에도 관심을 기울였다. 이를 위해 기존의 시설들을 재건하고 확충하는 데 노력했으나 복구에는 막대한 비용이 필요했다.[99] 이는 중국, 소련과 같은 공산국가들로부터 상당한 원조와 경제협력이 필요함을 의미하는 것이었다. 북한 역시 1953년 8월을 전후하여 한국전쟁으로 파괴된 경제를 복구하기 위한 전략으로 경제의 사회주의적 개조를 추진, '3개년 계획(1954~1956)'을 제시하였다. 그리하여 사회주의 체제의 성립을 위해 1957년부터 국민경제발전 제1차 5개년 계획이 시작되었으며 공업을 기초로 한 계획적인 부흥·건설 작업이 진행되었다.[100] 양국 간 경제협력은 1950년대 후반 시작되었는데, 당시 양국 모두 전쟁 후 재건 중이었기 때문에 다양한 형태의 경제적 교류보다는 주로 외상-무역관계가 이루어졌다.

và Việt Nam 1955~1965." [제3 베트남국립자료센터, 수상부 문서군, 폴더 8099호, "조선-베트남의 경제·문화 관계, 1955~1965."]

98 유인선, 『새로 쓴 베트남의 역사』, 390쪽.

99 위의 책, 393-394쪽.

100 와다 하루끼, 남기정 옮김, 『와다 하루끼의 북한현대사』, 창비, 2014, 136쪽.

앞서 언급한 바와 같이, 1958년 12월 1일 '조·월 공동성명'이 발표됨과 동시에 양국 간 '상호 상품교환 협정'이 체결되었다.[101] 이때부터 양국 간 무역이 시작되었다. 북베트남의 대북 총수출액은 1958년에 6만 루블이었고 그다음 해인 1959년에는 230만 루블에 달했다. 주요 수출상품은 목재와 석탄이었다.[102] 수출상품을 정하기 위해 북베트남 정부는 무역협정 체결 전 북한의 경제를 연구하였다. 북베트남은 이를 통해 북한이 목재 및 북한에서 생산되지 않는 원료를 필요로 한다는 것과, 양국이 가지고 있는 공업·농업의 차이점을 활용하여 협력할 수 있다는 결론을 내렸다.[103] 한편, 북베트남 정부는 1950년대 후반 북한과 북베트남의 무역액이 아주 적었다고 평가하였는데, 그 이유는 양국이 각각 분단 상태였으며 당시 전쟁 후 재건작업과 경제발전을 막 시작한 단계였기 때문이었다.[104] 이러한 적은 무역액에도 불구하고, 양국 간의 첫 경제협력은 그 자체로 중요한 것이었다. 특히 '상호 상품교환 협정'은 이후 양국의 정치·외교 관계에 영향을 미칠 것이 분명했기 때문에 북베트남은 북한과의 협상에서 좋은 결과를 얻어내기 위해 다분히 노력했다.[105]

101 Công báo nước Việt Nam Dân chủ Cộng hoà, Số 45, 1958, p. 785. [베트남민주공화국정부 공보(公報), 1958년 45호, 785쪽.]

102 TTLTQG3, PTT, Hồ sơ 9235, "Tình hình tổng quát về Quan hệ Kinh tế, Kỹ thuật-Khoa học giữa Việt Nam-CHDCND Triều Tiên 1955~1973." [제3 베트남국립자료센터, 수상부 문서군, 폴더 9235호, "1955~1973년 베트남과 조선민주주의인민공화국의 경제, 과학 기술 관계 총괄."]

103 TTLGQG3, PTT, Hồ sơ 7639 "Đề án của Bộ Thương nghiệp về đàm phán thương mại 1957 với Triều Tiên." [제3 베트남국립자료센터, 수상부 문서군, 폴더 7639호, "1957년 조선과의 무역 담판에 대한 상업부의 제안."]

104 위의 자료.

105 위의 자료.

마찬가지로, 과학기술 합작은 1958년 시작되었다. 북베트남 정부는 농·공업 발전을 위해 다른 나라와의 과학기술 협력에 심혈을 기울였다. 북베트남 정부는 1957년에 다른 나라와의 과학기술 합작 사안을 총괄할 '타국과의 과학기술 합작 상임위원회'를 수립했다. 북한과 북베트남이 과학기술 합작 협정을 맺은 것은 1958년 10월 18일이었으며, 양국 전문가들이 서로 방문하여 기술협력을 적극적으로 진행하였다.[106] 북베트남 정부의 평가에 따르면, 북한의 공업과 과학기술은 베트남보다 더 발전해 있었으며 북한이 베트남의 중요한 사업에 경제적·기술적 도움을 주었다고 한다. 특히 베트남에 파견된 북한의 건축가들은 1950년대 후반까지 북베트남에 파견된 북한의 기술 전문가들 중 가장 좋은 평가를 받았다. 이들은 열정적으로 베트남 노동자 및 간부들에게 많은 경험을 제공하였다.[107] 양국은 1960년대에 들어서도 과학기술 합작을 계속 진행하였다.

106 TTLGQG3, PTT, Hồ sơ 8099, "Quan hệ kinh tế và văn hoá giữa Triều Tiên và Việt Nam 1955~1965." [제3 베트남국립자료센터, 수상부 문서군, 폴더 8099호, "조선-베트남의 경제·문화 관계, 1955~1965."]

107 위의 자료.

제3장

북한·북베트남의 연대성 확보(1960~1967)

1. 북한·북베트남의 '경제 친선 경쟁 운동'

1950년대 북한에 대한 북베트남의 관심이 '한국전쟁이 베트남에 어떠한 경험으로 남았는지'에 집중되어 있었다면, 1960년대의 관심은 북한의 경제성장 및 사회주의 건설로 그 범주가 확대되었다.

우선, 1960년대 베트남의 『인민신문』을 조사한 결과, 북한의 천리마운동 및 사회주의 건설 사업에 대한 내용이 많았다. 천리마운동은 1956년 12월 조선노동당 중앙위원회 전원회의에서 최초로 제창해 1958년부터 본격화된, 대중들의 증산 의욕을 고취하기 위한 북한의 집단적 사회주의 노동경쟁운동이자 사상개조운동이었다. 경제건설 노선을 둘러싼 당내 권력투쟁 과정에서 북한은 김일성 반대파의 쿠데타와 이들을 지지하는 소련의 경제원조 삭감으로 심각한 위기에 직면했다. 이에 북한은 자본·물자·기술의 부족 등 조건상의 열세를 인민대중의 혁명적 열정과 창의적 능력으로 극복하면서 경제건설을 계속 추진하려 하였다.

그리하여 12월 전원회의 직후 김일성을 비롯한 정치위원회 위원들은 전국의 생산현장으로 내려가 인민대중에게 직접 자력갱생의지를 호소하는 한편, 천리마의 속도로 진군하자는 구호를 광범하게 제창, 대중의 증산의욕을 고취했다.[1] 이로 인해 대중적 열기가 크게 고양되어 1960년대 들어오면서 북한의 사회주의 건설, 특히 경제적 건설은 어느 정도 성공하였다. 주요 공업의 생산 할당량은 4년 내에 채워졌거나 초과 달성되었고, 주요 공업부문에서 5개년 계획의 목표가 2년 6개월에 달성되는 등의 성과를 거두었는데, 이때마다 북베트남의 『인민신문』을 통해 그 "기쁜 소식"이 전해졌다.[2] 베트남의 『인민신문』에 따르면 일본의 식민지 지배로 어두운 40년 역사를 경험한 북한 인민들이 '천리마'의 정신으로 기적을 만든다는 것이었다. 한편, 베트남에서는 1950년대 후반 시작하여 1960년대에도 북한의 농·공업의 발전 경험, 자주노선, 교육 시스템 등과 관련한 많은 저서가 출판되었다.[3] 제국의

1 한국사사전편찬회, 『근현대사사전』, 가람기획, 2005, 360쪽.

2 Báo Nhân dân, 6.2.1960, "Công nghiệp địa phương Triều Tiên phát triển." [「조선에서 지방지역의 공업 발전」, 『인민신문』 1960년 2월 6일.]; 2.3.1960, "Thắng lợi to lớn của nhân dân Triều Tiên trong việc hoàn thành kế hoạch 5 năm." [「5년 계획 완성에서 조선 인민의 대승」, 1960년 3월 2일.]; 18.6.1961, "Nhà máy nilong, một thành tựu rực rỡ của nền công nghiệp Triều Tiên." [「나이론 공장, 조선 공업의 큰 성과」, 1961년 6월 18일.]; 6.7.1962, "Triều Tiên sáng tạo nhiều loại máy mới." [「조선이 많은 새로운 기계 발명」, 1962년 7월 6일.]; 17.7.1962, "Triều Tiên nhiều ngành công nghiệp vượt mức 6 tháng." [「조선의 공업이 많은 영역에서 6개월 계획의 한도를 넘다」, 1962년 7월 17일.]; 13.8.1962, "Phong trào Thiên lý mã." [「조선의 천리마 운동」, 1962년 8월 13일.]; 28.10.1962, "Triều Tiên sản lượng lương thực năm nay vượt 5 triệu tấn." [「조선의 올해 식량 생산량이 5백만 톤 한도를 넘다」, 1962년 10월 28일.]; 22.6.1963, "Khoa học kỹ thuật Triều Tiên." [「조선의 과학기술」, 1963년 6월 22일.]

3 Trần Phong, *Nông thôn Triều Tiên trên đường hợp tác hoá*, Nxb Phổ thông, Hà Nội, 1959. [쩐퐁, 『합작화의 길에 있는 조선의 농업』, 하노이: 보통출판사, 1959.]; Võ Thuần Nho, *Một số kinh nghiệm giáo dục của Cộng hoà dân chủ nhân dân Triều Tiên*, Nxb Giáo dục, Hà Nội, 1962. [보투언녀, 『조선민주주의인민공화국의 교육경험』, 하노이: 교육출판사, 1962.]; *Hệ thống quản lý công nghiệp của Triều Tiên*, Nxb Sự thật, Hà Nội, 1966. [저자 미상, 『조선

식민지였던 베트남의 시각으로 볼 때 북한 인민이 얻은 성과는 매우 자랑스러운 일이었으며, 따라서 1960년대 북베트남에서 북한은 반제국주의 투쟁 역사 외에도 사회주의 건설사업, 그리고 천리마운동 관련 내용으로 등장하였다.

북한의 사회주의 건설 성공은 북베트남 인민들에게 깊은 인상을 주었고, 천리마운동이 그 성공에 결정적인 역할을 했다고 알려졌기 때문에 북베트남에서 천리마운동은 북한의 상징이 되었다. 천리마운동은 북베트남의 신문을 통해 계속 소개되었다.[4] 북한 조선직업총동맹 중앙위원회의 부의장 이중수(Li Chong So)가 직접 쓴 「천리마운동」 기사는 『인민신문』에서 2편으로 발행되었는데, 천리마운동을 자세하게 설명하였다.[5] 북한 정부는 천리마운동의 정신을 북베트남 인민들에게 전파하려 했다. 그뿐만 아니라 하노이에서는 천리마운동과 관련한 전시 및 영화제가 개최되어 많은 환영과 관심을 받았다. 1963년 박금철

의 공업관리시스템』, 하노이: 사실출판사, 1966.]; Nguyễn Ngọc Tuân, *Công cuộc công nghiệp hoá xã hội chủ nghĩa ở nước cộng hoà dân chủ nhân dân Triều Tiên*, Nxb Khoa học Xã hội, Hà Nội, 1970. [응우옌응옥뚜언, 『조선민주주의인민공화국의 사회주의 공업화』, 하노이: 사회과학출판사, 1970.]; Trần Cư, Nguyễn Phong, *Lao động Triều Tiên đề cao tinh thần tự lực cánh sinh*, Nxb Lao Động, Hà Nội, 1964. [쩐끄, 응우옌퐁, 『자력갱생 정신을 강조하는 조선의 노동』, 하노이: 노동출판사, 1964.]

4 Báo Quân đội nhân dân, 16.8.1961, "Con ngựa thần của nhân dân Triều Tiên." [「조선 인민의 천리마」, 『인민군대신문』 1961년 8월 16일.]; Báo Nhân dân, 15.8.1960, "Chúc mừng những thành tựu rực rỡ của nhân dân Triều Tiên." [「조선 인민의 훌륭한 성공을 축하합니다」, 『인민신문』 1960년 8월 15일.]

5 Báo Nhân dân, 2.1.1960, "Đi xem Thiên lý mã Triều Tiên giữa lòng Hà Nội." [「하노이에서 조선의 천리마를 구경하러」, 『인민신문』 1960년 1월 2일.]; 22.6.1963, "Đợt chiếu phim Triều Tiên." [「조선 영화제」, 『인민신문』 1963년 6월 22일.]

단장 휘하의 북한대표단은 북베트남을 방문하는 동안 북베트남의 '사회주의 작업반 및 소조 대표'의 회의에 참석한 적이 있었는데, 박금철은 이 자리에서 천리마운동이 북한사회의 모든 분야, 작업반·직장·공장 단위의 집단적 운동[6]으로 발전되었다는 경험을 나누었고, 북베트남 '사회주의 작업반'에 '천리마' 배지 및 깃발을 선물하였다. 북베트남의 '사회주의 작업반'을 대표한 부수상은 이 자리에서 북한대표단에 깃발을 선물하였는데, 깃발에는 "조선인민민주공화국의 천리마 작업반에 드린 선물, 북베트남 사회주의 작업반의 전체 회의—조선·베트남 양국의 위대한 우호 연대 만세"라고 쓰여 있었다.[7]

북한 정부가 전파한 북한의 경제성장 성과는 단순히 북베트남에 전달된 것으로 끝난 것이 아니라, 북베트남 지도부가 북한을 방문해 직접적으로 북한의 경제발전 성과 및 천리마운동을 관찰했고 천리마 정신이 베트남에서도 작용할 수 있게 노력한 결과였다. 실제로 1950년대 후반 시작하여 1960년대에도 이어진 북한·북베트남의 공장, 농장 등과 같은 경제생산 조직들 간의 '친선 경쟁 운동'은 북베트남 정부 주도로 진행된 것이었다. 이 '친선 경쟁 운동'은 북한·북베트남의 '사회주의 공동 위업'을 위하여 양국 노동자들이 경쟁적으로 노력하자는 것이다.[8] 이러한 운동을 통해 양국의 우호가 증진될 수 있으며, 북한을

6 실제로 북한에서 천리마운동은 공장·기업소·농업협동조합 등 좁은 의미의 생산현장에 국한되지 않고 사회의 모든 분야를 포괄했으며, 개인 간의 경쟁이 아닌 작업반·직장·공장 단위의 집단적 운동으로 발전된 이후 '천리마작업반운동'으로 연결되었다.

7 Báo Nhân dân, 22.6.1963, "Đoàn đại biểu Quốc hội Triều Tiên đến thăm và tặng đại hội cờ." [「회의에 참석해 깃발을 선물한 조선 국회 대표단」, 『인민신문』 1963년 6월 22일.]

8 「사회주의 공동 위업을 위하여 조·월 양국 로동자들은 경쟁적으로 노력하자! 호지명 주석 평양 방직과 견방직 공장 로동자들을 격려」, 『로동신문』

본보기로 삼아 북베트남의 경제발전을 시키자는 것이었다. 1960년대 평양방직기계공장과 남딘방직공장의 친선 경쟁은 대표적인 양국의 경제 친선 경쟁 운동이었다.

평양방직기계공장[9]과 남딘방직공장[10]의 경제 경쟁 운동은 호찌민 주석이 창안한 것이다. 1957년 7월 호찌민이 북한 평양방직기계공장을 방문하고 귀국한 뒤, 평양방직기계공장과 남딘방직공장은 상호 생산 경쟁 운동을 벌였다.[11] 즉 그해 11월 20일 남딘방직공장에서 '평양방직기계공장과 남딘방직공장의 친선 증산 경쟁'이 체결되었

1957년 7월 11일; Báo Nhân dân, 20.6.1963, "Một cuộc thi đấu lớn mãi trong tình anh em." [「형제 우애 속의 장대한 경쟁」, 『인민신문』 1963년 6월 20일.]

9 평양방직기계공장은 평양시 선교구역에 있는 방직기계생산기업소였다. 1952년 4월 1일 평양방직공장 산하의 주물직장, 공작기계직장과 방직공장 건설사업소의 일부를 통합하여 평양방직기계부속품제작소가 발족되었다. 그 후 김일성 주석이 평양방직기계부속품제작소를 빠른 시일 내에 새롭게 건설하고 설비들을 이설 확장할 것에 대한 교시를 내려 1954~1956년 기본 건설공사를 마무리하고 최신 공작기계설비들을 도입하여 1956년 4월 1일 조업을 시작하였다. 1962년 7월 26일 평양방직기계공장으로 개칭되었다. 지난 시기 방직기계설비 위주로 농촌기계화설비, 중요건설대상설비 및 장식품 등을 생산하였지만, 현재 방직기계와 부속품들을 자체 생산하여 국내 수요를 해결하고 있다. 『조선향토대백과』, 평화문제연구소, 2006.

10 남딘방직공장은 남딘에 위치하며 프랑스 식민 지배 시기 인도차이나 총독 드 라느싼(Lanessan)에 의해 세워진 실크 연구 시설이었다. 인도차이나에서 가장 큰 공장이었으며, 1954년 이후 주 공장은 북베트남 정부가 프랑스 사업가로부터 매입하였다. 이때부터 남딘공장의 역사는 북베트남의 항미투쟁과 긴밀히 연관되며, 공장 운영은 북베트남에서 노동계급운동의 혁명 형성과 지속적인 발전에 대한 조건을 충족시켰다. 2016년 남딘공장은 철거되었고 현대적 섬유공장 남딘섬유회사가 건설되었다(http://natexco.com.vn/m2/gioi-thieu.aspx).

11 *Hồ Chí Minh: Toàn tập*, t. 8, Nxb Chính trị quốc gia, Hà Nội, 2002, pp. 436-443. [호찌민, 『호찌민 전집』 제8권, 하노이: 국가정치출판사, 2002, 436-443쪽.]

다.[12] 1958년 김일성도 베트남 방문 중 남딘방직공장을 시찰했고, 이후 양측 방직공장은 경제운동을 적극적으로 진행하였다.[13] 1960년 두 공장 간에는 친선 경쟁 의무 조항이 마련되었고, 이로 인해 양 공장의 교류가 시작되었으며 생산 과정에서 서로를 응원하였다.[14] 이러한 정신적인 응원 덕분에 공장 차원에서 어떠한 성과가 나타나면 양국의 공장 노동자들은 서로 기쁨과 아픔을 나눌 수 있었다. 그뿐만 아니라 평양방직기계공장의 노동자 2명이 남딘방직공장에 직접 가서 경험을 전수했고, 남딘방직공장의 노동자 역시 평양방직기계공장에서 방직 기술을 보여 주기도 했다.[15] 1963년부터는 두 공장의 친선 경쟁을 강화하기 위해 '경쟁 우승기'를 쟁취하는 대회도 열렸다. 생산 규모는 북한의 평양방직기계공장이 더 컸기 때문에, 남딘방직공장이 평양을 생산 롤모델로 삼는 데 큰 도움이 되었다.

북한과 북베트남의 경제 경쟁 운동을 직접적으로 지켜보고 지도한 호찌민은 평양방직기계공장과 남딘방직공장의 교류 및 경쟁 과정에 중요한 역할을 하였다. 호찌민은 양 공장의 경쟁 운동 수립을 위한 양해각서에서 해당 조항을 수정했을 뿐만 아니라, 그 후 해당 운동의

12 「월남 남딘방직공장에서 종업원 노천대회 진행, 평양방직공장과 친선 증산 경쟁을 체결한 것과 관련하여」, 『로동신문』 1957년 11월 21일.

13 Báo Nhân dân, 20.6.1963, "Một cuộc thi đấu lớn mãi trong tình anh em." [「형제 우애 속의 장대한 경쟁」, 『인민신문』 1963년 6월 20일.]

14 「월남 인민들의 투쟁에 연대성을 표시, 월남 남딘방직공장 종업원들과의 1960년 친선 경쟁 의무 조항을 설정하는 평양방직공장 종업원 집회에서」, 『로동신문』 1960년 7월 14일.

15 Đức Thiện và Đức Toàn, "Nhà máy liên hợp dệt Nam Định: Những ký ức hào hùng", *Báo Nam Định*, 28.4.2017. [득티엔, 득또안, 「남딘방직공장: 영웅적인 기억들」, 『남딘신문』 2017년 4월 28일.] http://baonamdinh.com.vn/channel/5092/201704/nha-may-lien-hop-det-nam-dinh-nhung-ky-uc-hao-hung-2518145/(검색일: 2020. 8. 10.)

발전에도 지속적인 관심을 가졌다. 그는 1959년 남딘공장의 생산력이 평양공장의 생산력을 따라잡지 못하는 것을 비판했으며, 생산력이 증가되지 않는 이유는 간부들의 잘못이라고 지적하였다.[16] 또한 1963년 남딘공장이 5개년 계획 목표대로 성과를 거두었을 때, 호찌민은 남딘공장에 '남딘-평양 증산 경쟁의 우승기'를 수여했으며 평양공장의 생산력에 따라 더 많은 노력을 기울일 것을 지시했다. 같은 해에 호찌민은 평양방직기계공장에도 상으로 우승기를 줬다.[17] 이처럼 호찌민은 양 공장의 경쟁 운동을 촉진했고, 경쟁 운동 과정에서 양 공장의 생산 경쟁 상황을 감시하고 이 운동이 적극적으로 진행될 수 있도록 애썼다.

평양방직기계공장과 남딘방직공장의 교류 및 경쟁 운동 외에 북한과 북베트남 간의 '조·월 협동농장'도 서로 관계를 맺어 친선 경쟁 운동이 이뤄졌으며,[18] 이러한 사회주의 경쟁 운동은 1960년대 북한·북베트남 관계를 잘 보여 준다. 즉 1960년대 북한과 북베트남의 우호관계에는 같은 반미(反美)연대 외에도 사회주의 건설 사업을 함께한다는 것이 중요했으며, 양국의 연대성은 정부 차원에서뿐만 아니라 인민들 사이에서도 일층 강화되었다.

16 *Hồ Chí Minh: Toàn tập*, t. 9, Nxb Chính trị quốc gia, Hà Nội, 2002, pp. 379-380. [호찌민, 『호찌민 전집』 제9권, 하노이: 국가정치출판사, 2002, 379-380쪽.]

17 *Hồ Chí Minh Biên niên tiểu sử*, t. 8, Nxb Chính trị quốc gia, Hà Nội, 2008, p. 442. [『호찌민 편년 소사』 제8부, 하노이: 국가정치출판사, 2008, 442쪽.]

18 Báo Nhân dân, 25.6.1963, "Hợp tác xã Việt-Triều tặng quà đoàn đại biểu Quốc hội Triều Tiên." [「월·조 합작사가 조선 국회 대표단에게 선물 전달」, 『인민신문』 1963년 6월 25일.]

2. 베트남의 게릴라전 개시와 북한의 대남혁명노선 전환

1960년대 초반부터 베트남의 게릴라전 개시와 함께 북한과 북베트남이 형성한 유대관계에는 반미제국주의 의식이 명확히 자리 잡고 있었다. 한국에서는 미국의 베트남전 참전 시기를 중요하게 여기기 때문에 베트남전쟁 관련 연구 동향은 1960년대 중반에 집중되어 있다. 그러나 사실 베트남전의 확전은 1960년대 초반부터 게릴라전에서 야기되었다. 또한 현재까지의 연구들은 1965년 남한이 미국의 요구에 응해 곧바로 베트남전쟁에 참전할 때, 북한에도 다른 사회주의 국가처럼 프롤레타리아 국제연대의 원칙을 지켜 북베트남 측에 서서 행동해야 한다는 생각이 대두했다고 주장하는 경향이 있다.[19] 그러나 전술했듯 북한과 북베트남의 관계는 한국전쟁과 베트남의 항불전쟁을 계기로 공고해지게 되었고, 이러한 과정을 거쳐 점차 깊어지게 된 양국의 유대감은 반제국주의 공동연대의식과 사회주의 공동연대의식으로 표출되었다. 특히 호찌민은 1957년 북한을 방문하여 대미항쟁에 힘쓰기 위해 북한·북베트남 연대를 강화하자는 내용의 공동성명을 발표하였으며, 1950년대 후반의 북한과 북베트남의 유대관계는 '공동의 적', 즉 미국을 타도하자는 동일한 목표를 향하게 되었다. 북한이 이러한 경험을 통해 베트남전쟁에 관심을 갖게 된 것은 당연했으며, 이때 형성된 연대의식은 1960년대 북한·북베트남 관계의 기초가 되었다. 따라서 1960년대 중반 북한의 베트남전 지원 문제를 살펴보기 위해서는 1960년대 초반의 북한·북베트남 공동연대의식에 더 주목할 필요가 있다.

19 와다 하루끼, 남기정 옮김, 『와다 하루끼의 북한현대사』, 창비, 2014, 155쪽; 조진구, 「중소대립, 베트남 전쟁과 북한의 남조선혁명론, 1964-68」, 『아세아연구』, vol. 46, no. 4, 2003, 230쪽.

1) 북베트남의 대(對)남베트남 정책 변화와 북한의 지지

1961년 초 케네디 행정부는 베트남 문제에 깊은 관심을 보였고, 남베트남에 있던 군사요원들을 증가시켜 남베트남 정부에 대한 지지를 재확인했다. 북베트남 정부는 미국의 이런 무력증강 정책과 남베트남 내부의 정치적 변동에 대응하기 시작했다. 당시 북베트남 정부의 대남 정책 변화는 1960년대 중반의 전쟁 상황에 큰 영향을 미쳤기 때문에 1960년대 초반은 베트남사, 특히 베트남의 '항미전쟁사'에서 경시해서는 안 되는 시기이다.

먼저 1960년대 초반 베트남의 정치상황을 구체적으로 살펴보자. 남베트남 내부에서 응오딘지엠 정권의 인기가 독재로 인해 급격히 하락함으로써 남베트남의 혁명 잠재력은 크게 증대되었다. 그러나 한편으로는, 응오딘지엠 정권의 계속적인 검거령으로 혁명을 주도할 만한 공산당 세포조직이 압박받기도 하였다. 또한 베트남 문제에 대한 미국 정부의 지속적인 관심으로 남베트남에 근무하던 미 군사요원들의 수가 증가하였다.

따라서 1959년 1월 비밀리에 개최된 베트남노동당 중앙위원회에서는 한층 적극적인 대남정책을 채택했으며, 남베트남 혁명을 주도한 공산주의자들의 요구대로 남베트남 반정부 세력의 무력투쟁 방침을 승인했다. 이 결정의 핵심은 전면적인 무력공세가 아니라, 남베트남에서 무장투쟁과 정치투쟁을 똑같이 중시하자는 것이었다.[20] 북베트남 정부가 남베트남과의 전면전까지 고려하지 않았던 이유는 미국의 개입 가능성을 배제할 수 없었고, 베트남 문제에 대해 소련이 평화공존

20 유인선, 『베트남과 그 이웃 중국, 양국관계의 어제와 오늘』, 창비, 2012, 379쪽.

정책을 채택했기 때문이었다. 1950년대 후반 시작된 소련의 평화공존 정책은 1960년대 초반 흐루쇼프(Khrushchyov)에 의해 재확인되었으며, 베트남의 통일에 관해 소련 지도부는 평화공존 정책의 원칙에 충실했다. 즉 소련은 북베트남의 반미투쟁을 지지하면서도, 베트남전이 확대되어 미소관계에 안 좋은 영향을 미칠 것을 두려워했다. 따라서 소련은 베트남전이 평화적 대화 방식으로 종결되는 것을 원했다.[21]

1959년 10월, 팜반동(Phạm Văn Đồng)은 베이징을 방문하여 저우언라이를 만나 군사원조와 군사기술단 파견을 요청했다. 저우언라이는 이에 대해 즉각 대답하지 않았지만, 11월에 현지조사 명목으로 군사기술단을 베트남에 파견하였다.[22]

1960년 9월 개최된 제3차 베트남노동당 전당대회에서 호찌민은 북부에서의 사회주의 건설과 동시에, 미 제국주의의 지배로부터 남부를 해방시켜 국가통일을 완수해야 한다고 주장했다. 사실상 이 전당대회 이후 하노이 지도부는 남부에서의 혁명은 무력에 의존하기보다는 모든 반(反)응오딘지엠 세력을 결집하는 정치운동에 주력할 것을 촉구했다. 이런 정치운동은 이전 베트민 조직에서와 마찬가지로 공산당원이 아닌 민족주의자들을 분리시키지 않고 포섭하기 위해서였다. 따라서 1960년 12월 베트남노동당 남부지부[23]는 제3차 베트남노동당

21 조진구, 앞의 논문, 193쪽; Nguyễn Phúc Luân (chủ biên), Học viện quan hệ quốc tế, *Ngoại giao Việt Nam hiện đại vì sự nghiệp giành độc lập, tự do (1945-1975)*, Nxb Chính trị quốc gia, Hà Nội, 2001, p. 208. [응우옌푹루언, 국제관계연구원, 『독립, 자유를 위한 베트남의 현대 외교(1945~1975)』, 하노이: 국가정치출판사, 2001, 208쪽.]

22 유인선, 『베트남과 그 이웃 중국, 양국관계의 어제와 오늘』, 381쪽.

23 베트남노동당 남부지부는 시기에 따라 그 명칭이 다르다. 1951~1954년에는 남베트남중앙국(Trung ương cục Miền Nam)이며, 1954년 7월부터 1960년까지는 남부위원회(Xứ Uỷ Nam bộ)로 바뀌고, 1961~1975년에는 다시

전당대회에서의 정책결정에 따라 남베트남민족해방전선(Mặt trận Dân tộc giải phóng miền Nam Việt Nam)을 조직했다. 한편, 제3차 베트남노동당 전당대회에서는 당 지도부 내의 변화도 승인했다. 제네바 협정 이후 남부에 잔류했던 중부 출신 레주언(Lê Duẩn)이 1957년 초 하노이에 도착해 당의 지도자가 되었다.[24] 레주언이 1960년 제3차 베트남노동당 전당대회에서 공식적으로 베트남노동당의 제1서기로 선출되었던 것이다.[25] 이 시기 호찌민은 당의장 자리를 유지했다. 레주언은 북베트남 정부의 지도적인 전쟁전략가로 부상하기 시작했으며, 특히 남부 혁명운동이 고조된(1963년) 이후 분명한 군사적 승리를 추구하는 태도가 점점 뚜렷해지고 있었다.[26]

그러면 북한은 북베트남의 대남정책 변화에 대해 어떠한 입장을 취했는가? 1961년 6월 말부터 7월 초까지 북베트남 수상 팜반동은 북한을 포함한 사회주의 국가 순방에 나섰다. 방문 목적은 1960년 북베트남 지도부가 결정한 변화된 통일정책을 알리고 해당 국가들의 지지를 호소하기 위한 것이었다.[27] 북한 지도부는 이에 대해 신중한 지지라는 자세를 취했다.

남베트남중앙국(Trung ương cục Miền Nam)으로 지칭되었다. 또한 남베트남중앙국은 1962년 1월 1일 인민혁명당(Đảng Nhân dân Cách mạng Việt Nam, People's Revolutionary Party of Vietnam-PRP)을 결성하였는데, 이후 인민혁명당은 베트남 남부지역에서 노동운동, 소작쟁의, 반미무력투쟁을 동반한 민중봉기를 지도하였으며, 남베트남민족해방전선의 주도세력이 되었다.

24 유인선, 『베트남의 역사, 고대에서 현대까지』, 이산, 2018, 382쪽.

25 소련공산당의 결정을 모방하여 총서기라는 이전 직함을 제1서기로 바꾸었다. 윌리엄 J. 듀이커, 정영목 옮김, 『호치민 평전』, 푸른숲, 2003, 763쪽.

26 위의 책, 776쪽.

27 응우옌푹루언, 국제관계연구원, 앞의 책, 189쪽. 팜반동 수상은 소련, 중국, 북한, 몽골, 폴란드, 체코슬로바키아를 방문했다.

구체적으로, 팜반동의 북한 방문 중 양국의 공동성명이 발표되었고, 김일성은 북한·북베트남 우호 증진과 베트남의 조국통일 및 사회주의 건설을 위한 교류를 공고화하기 위해 노력하겠다고 하였다.[28] 공동성명에서는 또한 북한 정부가 응오딘지엠과 미국에 대한 남베트남 인민의 투쟁을 지지할 것이라고 밝혔다.[29] 평화적 통일 방침을 강조한다는 1958년의 공동성명과 달리 1961년의 공동성명에서는 양국이 공유하는 반미(反美)제국주의 의식이 더욱 확고해진 것이다. 1961년 10월 북베트남 국회는 베트남의 최근 정치상황 및 남베트남에서의 미국의 무력 개입에 대한 보고를 세계 각국 국회에 보냈으며, 이에 따라 북한 최고인민회의 의장 최용건은 12월 15일 북베트남의 국회의장 쯔엉찐(Trường Chinh)에게 북한최고인민회의와 전 인민은 북베트남의 입장을 열렬히 옹호하여 미국의 무력 개입을 반대한다는 내용의 답신을 보냈다.[30] 따라서 1960년대 초반 남베트남에 대한 미국의 적극적 개입은 북베트남·북한 관계에도 변화를 주었다.

여기서 당시 라오스 중립국 선언이 미치는 영향에 대한 언급이 필요할 것이다. 1961년 초반을 전후하여 국제정세와 관련한 세계의 이목이 라오스 내전 문제에 집중되어 있었기 때문이다. 1954년 제네바 회담에 의해 중립화된 라오스에서는 1959년 미국의 군사고문단 설치 발

28 「조선민주중의인민공화국 정부 대표단과 월남민주공화국 정부 대표단의 공동 콤뮤니케」, 『로동신문』 1961년 6월 23일.

29 Báo Nhân dân, 23.6.1961, "Thông cáo chung giữa thủ tướng chính phủ VNDCCH Phạm Văn Đồng và thủ tướng chính phủ CHDCNDTT Kim Nhật Thành." [「김일성 수상과 팜반동 수상의 공동성명」, 『인민신문』 1961년 6월 23일.]

30 Báo Nhân dân, 5.3.1962, "Nhân dân Triều Tiên nhiệt liệt ủng hộ cuộc kháng chiến của Việt Nam." [「조선 인민이 베트남의 항전을 열렬히 옹호」, 『인민신문』 1962년 3월 5일.]

표 이후 우파세력의 영향력이 급격히 증대되어 좌파세력에 대한 탄압이 시작되었다. 결국 1961년 1월 캄보디아의 제안으로 같은 해 5월 16일 라오스 위기 해결을 위한 동·서 진영 간 국제회의가 제네바에서 또다시 개최되었다. 주변 공산국가들로서는 미국과 태국, 남베트남의 지원을 받아 전개되고 있는 라오스 우파세력의 내전 확장을 동남아, 베트남, 중국의 안전에 대한 심각한 위협으로 인식할 수밖에 없었다.[31] 따라서 당시 북베트남과 북한의 상호 협력 강조는 이러한 상황과 관련이 있는 것으로 보일 수 있다.

그러나 그 당시 북한 정부는 남베트남에서의 무력투쟁 방침을 지지하는 자세한 내용을 밝히지 않았다. 1962년 11월 남베트남민족해방전선 대표단의 북한 방문과 1963년 박금철의 북베트남 방문 후에야 북한 정부가 북베트남의 변화된 대남정책을 지지한 입장이 더 명료해졌다. 구체적으로 1962년 11월 13일 대표단의 평양 방문 시 '남베트남 인민의 반미운동 전시'와 환영 행사가 열렸는데,[32] 대표단은 평양 인민의 뜨거운 환영을 받았으며, 북한 정부는 남베트남 인민들을 위해 약품과 예술품 등을 대표단에게 전달했다.[33] 남베트남민족해방전선 대표단의 북한 방문 이후 양국 지도부의 상호 방문은 지속되었고, 특히 1963

31 최명해, 『중국·북한 동맹관계: 불편한 동거의 역사』, 오름, 2009, 151-152쪽.

32 Báo Nhân dân, 23.11.1962, "Triển lãm về phong trào đấu tranh yêu nước của nhân dân miền Nam Việt Nam tại Triều Tiên." [「조선에서의 '남베트남 인민의 애국 투쟁운동 전시'」, 『인민신문』 1962년 11월 23일.]; Báo Nhân dân, 15.11.1962, "Nhân dân Triều Tiên nhiệt liệt đón Đoàn đại biểu Mặt trận Dân tộc giải phóng miền Nam Việt Nam." [「조선 인민이 남베트남민족해방전선의 대표단 환영」, 『인민신문』 1962년 11월 15일.]

33 Báo Nhân dân, ngày 27.11.1962, "Nhân dân Triều Tiên tặng Nhân dân miền Nam thuốc men và phim ảnh." [「조선 인민이 남베트남인민에게 약품과 영화 전달」, 『인민신문』 1962년 11월 27일.]

년 6월 북한 최고인민회의 대표단의 북베트남 방문에서 북베트남의 변화된 대남베트남 정책에 대한 북한의 지지 입장이 잘 나타난다. 당시 최고인민회의 대표단 단장 박금철 및 최고인민회의 상임위원회 부위원장 겸 노동당 중앙위원회 정치위원회 위원, 그리고 노동당 중앙위원회 부위원장은 북베트남의 국회 및 여러 기관에서 북베트남의 통일정책을 적극적으로 지지하겠다고 연설했다. 박금철은 "남베트남 인민들의 무력적 투쟁은 침략 제국주의에 항쟁하기 위한 정의로운 민족해방전쟁이며 민주 및 생존권을 위한 인민의 신성한 혁명전쟁이다"라고 말했다.[34] 또한 혁명전쟁이 동남아시아에서 미국의 침략정책을 파괴시켜 이 지역과 전 세계의 평화를 가져올 것이라고 주장하였다. 전술했듯 1950년대 중반에서 후반까지 북베트남과 북한 정부는 공동 평화통일정책을 취했는데, 남베트남의 무력투쟁 정책에 대해 북한 정부가 정식으로 지지한다는 발언은 처음 한 것이었다. 박금철은 제국주의와 타협해서 평화를 요구하는 것은 불가능하며, 투쟁의 모든 형식을 결합해서 미국에 압력을 강화해 일격을 가해야 된다고 강조하였다. 즉 북한은 북베트남 정부가 시도한 모든 정치적·무력 투쟁에 대한 격려 입장을 표한 것이다.

양국 정부는 1961년 팜반동의 북한 방문 및 박금철의 북베트남 방문이 1960년대 북한·북베트남 관계가 진전하는 데에 중요한 한 걸음이었다고 평가했다(그림 3-1).[35] 상호 방문을 통해 양국은 미국이라는

34 TTLTQG3, Quốc Hội, "Hồ sơ 1038, Hồ sơ về đoàn ĐBQH nước CHDCND Triều Tiên do ông Phác Kim Triết làm trưởng đoàn sang thăm Việt Nam từ 19-28.6.1963." [제3 베트남국립자료센터, 국회 문서군, 폴더 1038호, "1963년 6월 19~28일 박금철을 단장으로 한 조선의 대표단 베트남 방문에 대한 문서."]

35 Báo Nhân dân, 21.6.1963, "Chiêu đãi Đoàn đại biểu Quốc hội Triều Tiên,

〈그림 3-1〉 1963년 베트남 인민의 환영을 받고 있는 최고인민회의 대표단 단장 박금철

출처: 베트남『인민신문』1963년 6월 20일.

공동의 원수를 반대하며 공동 위업의 승리를 달성하기 위한 투쟁 과정에서 맺어진 두 나라 인민의 친선 단결을 가일층 공고히 하였으며, 사회주의 진영과 모든 반제 역량의 단결에 크게 기여했다는 것이다.[36]

실제로 남베트남에 미국이 무력으로 개입하려는 조짐이 보였고 베트남전이 확대될 가능성이 있었기 때문에, 주변 사회주의 국가들이 북베트남의 대남베트남 정책에 어떠한 태도를 표명해야 하는지는 단순한 문제가 아니었다. 사회주의 진영의 맏형이었던 소련과 중국은 북베트남에 대한 지지를 표했을 때 이것이 미국과 대립구도를 형성할지에 대해 고민했다. 중국의 경우 처음에는 적극적이지 않았으나 입장을 바꿨다. 소련의 경우 1960년대 초반 여전히 북베트남의 정책에 대해

diễn văn của đồng chí Trường Chinh." [「조선 국회 대표단 환영 만찬회, 쯔엉찐 동지의 연설」,『인민신문』1963년 6월 21일.]

36 「조-월 양국 인민의 친선 단결은 불패이다」,『로동신문』1963년 6월 30일.

비판적이었으며 북베트남에 군사를 지원할 의지가 없었다.[37] 그러므로 북한 정부의 '신중하게 지지한다'라는 초반(1962년 이전)의 입장은 이러한 중국과 소련의 태도가 반영된 것이었다. 그 이후 북한이 더욱 적극적으로 지지 입장을 표명한 이유는 바로 중국의 베트남 지지 결정과 연관이 있다. 따라서 당시 중국과 북베트남, 중국과 북한의 관계를 구체적으로 분석하기로 한다.

우선, 1960년 중국 지도부가 남베트남의 투쟁 방식을 능동적으로 지지하고 나선 것은 중요한 전환점이었다. 중국은 1950년대 베트남의 항불전쟁 기간에 북베트남전선을 대대적으로 지원했고, 이에 북베트남에서는 중국의 영향력이 확대되었으며 양국 관계가 긴밀해졌다. 그럼에도 중국은 당시 베트남의 통일 방안에 대해 적극적이지 않았으며, 북베트남에 통일보다는 사회주의 건설에 집중할 것을 권유했다.[38] 1950년대 말 남베트남 게릴라들이 반(反)응오딘지엠 무장투쟁의 필요성을 역설할 때에도 양국 간에는 갈등이 있었다. 재건 과정에서 중국의 원조가 절실하게 필요했던 북베트남은 응오딘지엠 정부에 대한 무장투쟁이 필요하다는 남베트남 공산주의자들의 요구를 수용하지 않았다. 중국은 베트남 문제에 대해서 소극적인 태도를 견지해 왔지만, 중·소 갈등이 본격화되면서 적극적인 정책으로 노선을 전환했다.[39] 중소

37 Nguyễn Văn Quyền, "Việt Nam tranh thủ nguồn viện trợ quân sự của các nước Xã hội chủ nghĩa trong cuộc kháng chiến chống Mỹ cứu nước (1954-1975)", Luận án Tiến sỹ, Viện Lịch sử Quân sự Việt Nam, 2016, p. 74. [응우옌반꾸엔, 「구국항미전쟁 시기 사회주의 나라에서부터 군사 원조를 확보한 베트남(1954~1975)」, 박사학위논문, 베트남군사역사연구소, 2016, 74쪽.]

38 Jian Chen, *Mao's China and the Cold War*, Chapel Hill and London: University of North Carolina Press, 2001, pp. 205-206.

39 박태균, 『베트남 전쟁』, 한겨레출판, 2015, 71쪽.

분쟁이 영향을 미친바, 중국은 북베트남을 자기편으로 끌어들이려 했던 것이다. 1960년 5월 9일에서 14일까지 저우언라이는 북베트남을 방문했고 북베트남·중국 공동성명이 선포되었다.[40] 저우언라이의 북베트남 방문은 중국·북베트남 관계의 깊이를 입증한 것이었다. 특히 저우언라이의 방문 시점인 1960년은 베트남전쟁 정책 결정 과정에서 중요한 시점이었다. 1960년 9월 제3차 베트남노동당 전당대회에 따른 대남전략이 변화되어 남베트남민족해방전선이 같은 해 12월 남베트남에서 설립되었는데, 저우언라이의 방문은 그 결의들에 영향을 미칠 수 있었다. 실제로 1960년 3월부터 북베트남은 군사 5년 계획서를 중국에 보고했으며, 따라서 중국은 남베트남민족해방전선 수립 계획을 사전에 알고 있었다.[41] 중국은 남베트남에서 정치투쟁과 무력투쟁을 병행하되 전자는 도시에서, 후자는 농촌을 중심으로 진행하도록 조언했는데, 이는 중국이 베트남의 정치상황에 지대한 관심을 가지고 있음을 보여 주는 증표였다. 중국의 베트남에 대한 지지는 1961년 6~7월 북베트남의 수상 팜반동의 중국 방문 기간에 발표된 중국·북베트남 공동성명으로 더 확실해졌다. 북베트남 언론은 공동성명에 대해 "중국·베트남 우호 및 단결의 새로운 발전 단계"라고 평가했으며, 중국은 '항미전쟁'에 대한 북베트남의 입장을 지지한다고 밝혔다.[42] 실제로 팜반동의 중국 방문 전인 1961년 3월 중국 지도부는 북베트남 정부의 제안

40 Báo Nhân dân, 15.5.1960, "Thủ tướng Chu Ân Lai sang thăm Việt Nam." [「저우언라이 수상의 베트남 방문」, 『인민신문』 1960년 5월 15일.]

41 TTLTBQP, phông QUTƯ, HS 368. [베트남국방부자료센터, 중앙군사위원회 문서군, 폴더 368호.]

42 Báo Nhân dân, 17.6.1961, "Chào mừng bước phát triển mới của tình đoàn kết hữu nghị Việt-Trung." [「베·중 우호 및 단결의 새로운 발전 단계」, 『인민신문』 1961년 6월 17일.]

인 남베트남에서의 "정치적인 투쟁 형식과 무력적인 투쟁 형식"을 결합한 통일 방안에 동의했다고 북베트남 정부에 직접적으로 전했다.[43] 1961년 중국의 북베트남 지원 금액은 1960년 지원액의 2배에 달했다.[44] 1962년 10월 응우옌반히에우(Nguyễn Văn Hiếu) 교수를 단장으로 하는 남베트남민족해방전선 대표단이 중국 광저우를 방문했고, 1963년 8월에는 응우옌티빈(Nguyễn Thị Bình) 단장의 남베트남민족해방전선 대표단이 마오와 회담했다.[45] 중국이 남베트남민족해방전선을 승인한다는 공문 혹은 선언문은 현재까지 발굴된 바가 없는데, 베트남 학계는 공식 승인 연도를 1963년이라고 주장한다.[46] 1963년 8월 마오와 응우옌티빈의 회담에서 남베트남민족해방전선의 혁명투쟁을 지지한다는 마오의 분명한 입장 표명이 있었기 때문이다.

사실상, 당시 북베트남 정부는 중국과 소련의 지지를 모두 얻으려고 했기 때문에 중소분쟁 확대로 곤란한 상황에 처했다. 호찌민은 공산진영의 분열을 막는다는 생각으로 양측을 화합시키려고 여러 가지로 노력했으나 허사였다. 하는 수 없이 그는 중립적 입장을 취하기로

43 TTLTBQP, phông QUTƯ, HS 368. [베트남국방부자료센터, 중앙군사위원회 문서군, 폴더 368호.]

44 Nguyễn Thị Mai Hoa, *Các nước XHCN ủng hộ Việt Nam kháng chiến chống Mỹ, cứu nước (1954-1975)*, Nxb Chính trị quốc gia, Hà Nội, 2013, p. 168. [응우옌티마이화이, 『사회주의국가들의 베트남항미구국항전 지원(1954~1975)』, 하노이: 국가정치출판사, 2013, 168쪽.]

45 Nguyễn Đình Liêm (chủ biên), Viện Khoa học Xã hội Việt Nam, Viện nghiên cứu Trung Quốc, *Quan hệ Việt Nam–Trung quốc, những sự kiện 1961-1970*, Nxb Khoa học Xã hội, Hà Nội, 2006, p. 177, 277. [응우옌딘리엠, 중국연구소 사회과학연구원, 『베트남-중국 관계, 1961~1970년의 사건들』, 하노이: 사회과학출판사, 2006, 177, 277쪽.]

46 응우옌반꾸엔, 앞의 논문, 57쪽. 한편, 이 연구에 따르면 소련은 중국보다 늦은 1965년 11월에 남베트남민족해방전선을 승인하였다고 한다.

하고, 이를 보여 주기 위해 1962년 3월 베트남·소련 친선협회와 베트남·중국 친선협회를 동시에 확대했다. 당시 북베트남은 어느 쪽에도 소홀히 할 수 없는 입장이었다. 그러나 흐루쇼프가 계속해서 서방과의 평화공존을 주장하며 미국과 대결을 피하려 하는 반면, 케네디 행정부는 남베트남에 대한 지원을 증강하는 추세였으므로, 하노이 정부는 자연히 중국 쪽으로 기울 수밖에 없었다.[47] 1962년 케네디 행정부가 베트남에 대한 대규모 지원을 결정하면서 호찌민은 1962년 중국을 방문해 대규모 지원을 요청했고, 마오는 이를 승인했다. 1963년 소련이 북베트남에 채무 상환을 요구하고 이듬해 소련의 지원이 급감하자, 북베트남은 중국과 더 가까운 관계를 유지하게 됐다.[48] 북베트남과 중국의 가까운 관계를 입증한 것은 1963년 5월 류사오치(刘少奇) 주석의 베트남 방문이었다. 류는 역사적으로 돈독한 양국 관계를 강조한 뒤, 원칙의 문제에서 '중간의 길'은 적절치 않다고 지적하면서 '현대의 수정주의자들(즉 소련)'을 공개적으로 비판했다. 류는 호찌민과의 회담에서 남베트남에서 전쟁이 격화될 경우 베트남민주공화국은 중국을 '전략적 후방'으로 믿고 의지해도 좋을 것이라고 언급함과 동시에, 민족 통일을 위한 투쟁은 장기적인 것이며, 중국의 지원은 그 범위가 한정될 수밖에 없다고 주의를 주었다.[49] 이 방문으로 중국 지도부가 남베트남 인민의 투쟁을 적극적으로 지원하겠다는 의지가 더 뚜렷해졌으며, 이는 베트남인들을 크게 고무시켰다.[50] 여기서 주목할 점은 류의 방문 시점인 5월이 1963년 6월 북한의 박금철이 북베트남을 방문하기 직전이

47 유인선, 『베트남과 그 이웃 중국, 양국관계의 어제와 오늘』, 383쪽.
48 박태균, 앞의 책, 72쪽.
49 윌리엄 J. 듀이커, 앞의 책, 773쪽.
50 Báo Nhân dân, 10.5.1963, "Tình hữu nghị Việt-Trung." [「베·중의 우정」, 『인민신문』 1963년 5월 10일.]

라는 것이다. 따라서 박금철이 남베트남민족해방전선을 지지한다는 입장을 정식으로 발표한 것은 류사오치의 베트남 방문에 영향을 받은 것으로 볼 수 있을 것이다.

한편, 북한도 북베트남과 마찬가지로 1960년대 초반 중국과 긴밀한 관계를 유지했다. 구체적으로, 중공군의 한국전 참전과 전후 복구 건설 지원은 북한에 대한 중국의 영향력을 크게 확장시켰다. 그 결과 전쟁 전 소련의 일방적인 영향력 아래 놓여 있던 북한의 정치 지형에 연안 계열 인사들을 중심으로 하는 친중국 세력이 형성되었다. 그런데 연안파 일부와 소련파가 각각 중국과 소련을 배경으로 하여 미묘한 세력다툼을 전개했다. 이 과정에서 김일성은 '중·소로부터의 자주성 확보'를 자신의 권력 강화를 위한 모토로 삼았으며, 이로 인해서 북·중 지도부 사이에도 미묘한 긴장이 내연되었다.[51] 북한은 흐루쇼프의 평화공존 정책에 지지를 표명했으며, 소련의 외교정책 전환은 북한이 다변 외교를 추진하는 데 결정적인 영향을 주었다.[52] 즉 처음에 북한이 북베트남의 무력적 통일 방식에 대한 지지를 망설였던 것은 바로 소련의 평화공존 정책을 지지하고 있었기 때문으로 볼 수 있을 것이다. 그러나 1960년대 들어서면서 북·중 관계는 중소분쟁과 연계되면서 격동의 굴곡을 거쳐 나갔다.[53] 김일성이 1959년 9월 6일 자 『인민일보』에 중국 건국 10주년을 맞이하여 북·중 관계의 유대를 주제로 한 논문을 기고할 정도로 양국 관계는 강화되어 갔다.

51 이종석, 『북한-중국관계 1945~2000』, 중심, 2000, 206쪽.

52 정규섭에 따르면 소련의 평화공존 정책은 북한이 다변 외교의 논리를 세우는 데 영향을 주었다. 그러나 북한은 소련의 평화공존 정책을 추종하여 대미적대 정책을 완화하지는 않았다. 정규섭, 『북한외교의 어제와 오늘』, 일신사, 1997, 65-67쪽.

53 이종석, 『북한-중국관계 1945~2000』, 215쪽.

중국으로 기운 북한은 점점 소련의 개인숭배에 대해 뚜렷한 비판의 입장을 표출했다. 1960년 10월 81개국 공산당-노동당 회의가 모스크바에서 열렸다. 여기서는 중국과 중국을 지지하는 북한·베트남·알바니아, 소련 및 소련을 지지하는 나머지 국가의 공산당들로 나뉘어 한 달간 논쟁을 계속했다.[54] 1962년 10월 중·인 국경분쟁에 관해 소련이 중립을 선언했으나, 북한은 중국 입장을 전폭적으로 지지하는 성명을 발표함으로써 소련과의 갈등이 처음 표면화되었다.[55] 실제로 소련은 북한과의 갈등이 심화되면서 대북지원을 줄였다. 김일성은 그 대안으로 중국에 경제원조를 요청했다. 당시 중국의 경제력은 매우 낙하한 상태였으며 대약진운동으로 생산력이 현저히 떨어져 있었다. 그럼에도 중국은 소련과의 대결에서 북한을 중국 측에 붙잡아 두기 위해 적지 않은 경제원조를 단행했다.[56] 1962년 북·중 간의 '국경조약'이 체결되었고, 북한과 중국은 혈맹과 순망치한을 내세운 밀월관계를 유지했다.[57] 이러한 '북·중 밀월관계'가 만연한 시점에서, 북베트남 정부를 지지하겠다는 중국의 입장에 북한 정부도 비슷한 노선을 취하는 것은 당연한 일이었다.

이처럼 1962년 이후부터 북한과 북베트남의 대중국 관계는 강화되었다. 이는 당시 국제적 상황 변화에 따른 중국의 적극적인 관계 강화 의지로 인한 결과였다. 중국은 이 시기 북베트남과 북한을 자기편으로 끌어들이기 위해 엄청난 노력을 쏟았다. 예를 들어 1962년에 중국은 북한과 북베트남 양국에 대한 차관을 예산 수입이 아닌 예산 지

54 위의 책, 219쪽.

55 정규섭, 앞의 책, 65쪽.

56 이종석, 『북한-중국관계 1945~2000』, 220쪽.

57 위의 책, 232-237쪽.

출 항목으로 책정함으로써 경제적인 지원을 펼쳤다. 이는 양국에 제공한 차관이 그 원금과 이자를 바라지 않는 무상지원임을 나타내는 것이며, 또한 당시 중국의 대외경제 관계의 원칙이 바로 "경제를 정치에 복종시키는 것"임을 뜻하는 것이다.[58] 즉 1960년대 초반은 중국이 북베트남과 북한을 대상으로 '복종'을 요구하는 단계였다.[59] 따라서 북한과 북베트남은 이념적으로 소련보다는 중국의 노선을 지지했고, 중국에는 북한과 북베트남의 협력이 필요했다. 중국은 양국에 대해 우호적 제스처를 취했고, 이에 따라 중소분쟁 초기 북한과 북베트남은 대중국 관계를 긴밀히 했다.[60] 흥미로운 점은 중국이 1960년대 초반 북한과 북베트남의 통일 문제에 대해서도 비슷한 입장과 정책을 취한 것이다. 중국 지도부는 한반도, 베트남 남부에서의 혁명역량 양성과 동시에 북부에서의 사회주의 건설이 특히 중요하다는 입장을 취했다. 따라서 이 시기 중국은 양국에 경제적 지원을 증대시켰다. 그러나 중국은 베트남 전선의 급속한 확대를 원하지 않았다. 구체적으로, 1960년에 북베트남 국방부의 중요한 인사들인 보응우옌지압(Võ Nguyên Giáp), 반띠엔중(Văn Tiến Dũng)을 포함한 군사단이 중국을 방문했을 때, 이들은 중국으로 하여금 자신들의 5년 군사 계획서에 승인해 줄 것을 요청

58 선즈화, 김동길·김민철·김규범 옮김, 『최후의 천조: 모택동·김일성 시대의 중국과 북한』, 선인, 2017, 741, 753쪽.

59 이상숙, 「북한·중국의 비대칭관계에 대한 연구: 베트남·중국의 관계와의 비교」, 박사학위논문, 동국대학교, 2008, 191쪽. 이 논문에서는 강대국인 중국과 약소국인 북한과 북베트남의 관계를 전형적인 비대칭 관계로 보았다. 구체적으로 냉전시기 중국은 북한의 안보를 지원하고, 북한은 이를 지원받는 관계를 지속해 왔으며, 북베트남도 이와 마찬가지였다. 이러한 의미에서 냉전시기 북한과 중국, 북베트남과 중국의 관계를 규정하는 가장 일반적인 개념은 약소국과 강대국의 비대칭 동맹일 것이다.

60 위의 논문, 192쪽.

했다. 그러자 중국의 부수상은 북베트남의 정치상황이 북한과 비슷하고 통일이 아직 멀었다고 강조하였다. 앞으로 10년, 15년, 심지어 20년까지 한반도와 베트남의 정치상황은 크게 변화가 없을 것이고, 따라서 양국이 먼저 북부에서의 사회주의 건설 중심으로 집중하라는 저우언라이와 마오쩌둥의 입장을 밝혔다. 또한 경제적·정치적 사회주의 건설이 모두 완성된 다음에 군사적 측면을 고려해서 통일 문제에 집중하라고 조언했다.[61] 남부 베트남 혁명가들은 중국이 이러한 입장을 취한 것이 서운한 듯했다. 중국 지도부는 북베트남의 남베트남에서의 무장혁명 방식을 지지하지만, 북한의 경우에 비추어 볼 때 베트남전선의 급속한 확대는 바람직하지 않다고 보았으며, 북베트남 정부에 전쟁의 장기적인 진행을 진지하게 강조했다. 이를 통해 1960년대 초반에 중국이 베트남과 한반도의 통일을 원하지 않은 관점을 여전히 유지하였던 것이 드러났다. 또한 당시 중국이 북베트남과 북한의 통일정책에 개입한 것을 알 수 있다.

결과적으로 1960년대 초반에 북베트남·중국 관계와 북한·중국 관계는 동일한 양상을 보였고, 중국이 북한, 북베트남에 미친 영향력은 동일하게 강화되었다. 중요한 것은 북한과 북베트남은 중국에 대한 '복종'에서 벗어나지 못했다는 것이고, 그 과정에서 전개된 양국의 관계 진전, 특히 북베트남의 대남정책 변화에 대해 북한이 북베트남을 지지한 것은 중국의 영향력이 컸다는 것이다.

61 TTLTBQP, phông QUTƯ, HS 368. [베트남국방부자료센터, 중앙군사위원회 문서군, 폴더 368호.]

2) 남베트남 혁명 모델과 북한의 남조선혁명론 수립

베트남전쟁 전개 과정에서 남베트남민족해방전선 및 남베트남의 혁명 투쟁은 매우 중요한 위치를 차지한다. 현재까지 베트남 역사학계는 남베트남민족해방전선이 주도한 남베트남의 혁명투쟁이 없었다면 베트남의 통일은 요원했다고 본다.[62] 1960년대 초반에 북한 정부는 남베트

62 베트남의 거의 모든 정통 역사서에서 베트남의 통일, 항미전쟁 과정을 언급할 때에는 노동당의 지도 외에 남베트남민족해방전선이 주도한 남베트남의 혁명투쟁을 필수적으로 함께 언급하고 있다. 즉 전쟁의 승리 요인 중 남베트남민족해방전선의 활동을 중요하게 여긴 것이다. 그러나 남베트남민족해방전선은 특정한 연구 주제로 인식되지는 않았다. 다만 최근 들어 연구자들이 그 조직 구성과 활동 과정 등에 관심을 보임으로써 항미전쟁 과정에서 남베트남민족해방전선의 역할에 대한 깊은 연구가 이루어졌다. 여기에서 주목되는 점은, 역사학계에서는 1960년대 후반 '외교적 전선'에서 남베트남민족해방전선의 역할을 강조하고 있다는 것이다. 즉 당시 국제사회가 남베트남의 상황과 남베트남인의 독립운동에 관심을 가지게 되었는데, 이 과정에서 남베트남민족해방전선의 활동과 역할이 중요하다는 점을 인식한 것이었다. 또 한편으로, 남베트남민족해방전선의 '후방'적 역할과 북베트남해방군에 대한 지원 역할 역시 강조하였다. 물론 남베트남민족해방전선은 베트남 노동당이 전략을 추진하기 위해 조직한 통일전선으로, 노동당의 지도 아래 움직였다. 그러나 남베트남에서 많은 평범한 농민, 지식인, 운동가 등 비공산당원들의 목소리를 대변해 준다는 의미로서 남베트남민족해방전선은 폭넓은 지지를 받았으며, 이로 인해 남베트남 정부와 미군에 대한 항쟁이 이뤄진 점은 대부분의 베트남 연구자나 일반인들이 부정할 수 없다. Đỗ Thị Hiên, "Hoạt động đối ngoại của Mặt trận Dân tộc giải phóng miền Nam Việt Nam theo chủ trương của Đảng (1960-1975)", Luận văn Thạc sỹ, Đại học Quốc gia Hà Nội, Đại học KHXH và NV, 2015. [도티히엔, 「노동당의 지도하 남베트남민족해방전선의 대외활동(1960~1975)」, 석사학위논문, 하노이 국립대학교 인문사회대, 2015.]; Hà Minh Hồng, Trần Nam Tiến, *Mặt trận Dân tộc giải phóng miền Nam Việt Nam, 1960-1977*, Nxb Tổng hợp Tp Hồ Chí Minh, Tp HCM, 2010. [하민홍, 쩐남띠엔, 『남베트남민족해방전선, 1960~1977』, 호찌민시: 호찌민시종합출판사, 2010.]; Thành ủy TP Hồ Chí

남민족해방전선과 남베트남인민의 혁명투쟁에 큰 관심을 가졌는데, 이를 논하기 전 남베트남 혁명의 발생, 수립, 성장 과정 및 투쟁 방식을 우선 살펴보아야 한다.

남베트남민족해방전선은 1950년대 시작된 남베트남의 내전으로 태동하였다. 1956년 끝 무렵 남베트남은 심각한 내전상태에 빠졌으며, 1957년경부터는 남베트남 전국에서 정부에 대한 폭동과 테러가 산발적으로 전개되었다. 이것이 오늘날 베트콩으로 불리는 남베트남민족해방전선(이하 남민전)의 출발이다.[63]

1960년 12월 남부공산당이 제3차 노동당 전당대회에서의 정책결정에 따라 조직한 남민전에는 남베트남 정권에 반대하는 농민·노동자·지식인·소수민족·불교도 및 여타 소수 종교단체의 교도들이 고루 참여했으며, 실질적 권한은 공산당이 장악하여 배후에서 조종했다. 10개 조로 된 남민전의 강령 목표는 마르크스주의가 아니라 민족주의를 내세우면서 미 제국주의의 가면을 쓴 식민정부인 응오딘지엠 정권을 타도하자는 것이었다. 아울러 남북평화통일과 양 지역 경제와 문화 교류를 제창했다.[64]

베트콩(즉 남민전)의 성격에 대해서는 1960년대에 들어 미국의 군사적 개입이 확대되고 북베트남과 전면전으로 돌입함에 따라 많은 논란이 있었다. 그리하여 민족해방전선의 발생과 성장 과정에 관해서 전

Minh, *Mặt trận Dân tộc giải phóng miền Nam Việt Nam, Liên minh các lực lượng dân tộc, dân chủ và hoà bình Việt Nam, Chính phủ Cách mạng lâm thời Cộng hoà miền Nam Việt Nam*, Nxb Chính trị quốc gia Sự thật, Hà Nội, 2018. [호찌민시당위원회, 『남베트남민족해방전선, 베트남의 민족·민주·평화적 역량의 연맹, 남베트남임시혁명정부』, 하노이: 사실 국가정치출판사, 2018.] 등 참조.

63 리영희, 『전환시대의 논리』, 창비, 2006, 394쪽.

64 유인선, 『새로 쓴 베트남의 역사』, 403쪽.

면적으로 대립하는 극단적 해석들이 생겨났다.[65] 대부분 역사학자들의 견해는 적어도 1957년에서 1959년까지의 지방폭동은 전술한 맥락의 성격을 띤다는 것이다. 그리고 1960년 그 세력이 강화되어 그해 9월에 북베트남이 공식적으로 그에 대한 지지를 표시하면서 소형 무기의 공급을 시작한다는 것이다.[66] 현재 베트남 정부의 공식 역사서에는 1954년 제네바 협정 이후 6만 명 정도의 남부 출신 공산주의자가 월북하지 않은 채로 남베트남에 남아서 지하에서 활동하다가, 1957년 응오딘지엠의 공산주의 탄압으로 남부의 세포조직들이 붕괴될 위기에 처했으며, 남부지역의 공산당원이 5,000명으로 줄었다고 서술되어 있다.[67] 따라서 1959년까지 남베트남에서 일어난 내전은 적은 수의 공산당원들의 주도와 더불어 당원들과 상관없이 자발적인 움직임으로 일어났다. 북베트남 역사서 역시 이 시기의 투쟁이 '군중'운동적 성격이 강하다고 언급했다.

한편, 실제로 남부혁명론 및 민족해방전쟁론은 베트남에서 1950년대 후반부터 베트남의 공산주의 지도자에 의해 선언된 적이 있다. 베트남 혁명지도자들이 정한 조국통일 방식은 1960년대 들어와서 내세워지지 않았거니와, 남베트남인들과의 영합 없이 북에서 무력으로 통일하는 방식이 아니었다. 남베트남 혁명투쟁의 중요한 인물인 레주언(Lê Duẩn)은 1954년 제네바 협정 이후에도 북으로 가지 않고 남부에

65 하나는 전적으로 북베트남에서 넘어온 침투 게릴라라는 주장과, 다른 하나는 어디까지나 남베트남에서 총선 실시가 거부됨으로써 통일을 요하고 지엠 정권의 부패 등에 불만을 품은 세력의 집합체라는 주장이다. 리영희, 앞의 책, 394쪽.

66 위의 책, 395쪽; 최병욱, 『베트남 근현대사』 개정판, 산인, 2016, 162-168쪽.

67 Nguyễn Đình Lê, *Lịch sử Việt Nam 1954-1975*, Nxb Giáo dục, Hà Nội, 2010, p. 48. [응우옌딘레, 『베트남의 역사 1954~1975』, 하노이: 교육출판사, 2010, 48쪽.]

머물렀으며 1956년 초 남부에서의 비폭력 저항 대신 무력 저항을 하도록 하노이에 요청했다.[68] 그리고 그는 1956년 8월에 베트남노동당 중앙위원 정치국원이자 베트남노동당 남부위원회(Xứ Uỷ Nam bộ)의 당 서기장 자격으로 '남부혁명의 길'을 썼으며, 남베트남 인민들이 조국과 자신을 구하기 위해 일어서서 혁명을 해야 하는 것밖에는 다른 길이 없다고 주장하였다.[69] 즉 남베트남 인민들이 미국으로부터 해방되고 통일을 이루기 위한 유일한 방법은 남베트남에서의 혁명투쟁이라는 것이었다. 1956년 말부터 베트남노동당의 남부위원회는 남베트남에서 '남부혁명의 길'에 대한 선전 역량과 무장 역량을 내세웠고, 선전원들은 활발히 활동하였다. 사실상 공산주의 지도자들의 방식이 남베트남 인민을 포함한 베트남 인민 전체의 반제국주의 및 독립정신에 녹아들었던 것이다. 따라서 1960년 남베트남 내에서 남베트남 인민들에 의해 수립된 남민전은 많은 평범한 농민, 지식인, 운동가 등 비공산당원들의 지지를 받았다.

한편, 남베트남에서의 혁명투쟁 동력은 단지 반제국주의 투쟁이 아니라 많은 점에서 응오딘지엠 정권의 무능, 부패, 탄압에 있었다. 응오딘지엠의 전횡과 무차별적 체포, 정치적 재교육이라는 이름 아래 늘어난 강제수용소와 지방 주민의 강제적 집결 수용 등이 심해짐에 따라 남베트남 인민의 불만과 내란은 확대되었다.

마지막으로 통일을 위해서는 북베트남으로부터의 지원이 필요했

68 그러나 친중국적인 제1서기 쯔엉찐(Trường Chinh)은 중국의 조언에 따라 북부에서의 사회주의 건설에 주력하고 남부 문제는 뒤로 미뤄놓고 있었다. 유인선, 『베트남의 역사, 고대에서 현대까지』, 383쪽.

69 Lê Mậu Hãn, Trần Bá Đệ, Nguyễn Văn Thư, *Đại cương lịch sử Việt Nam*, tập 3, Nxb Giáo dục, Hà Nội, 2010, p. 165. [레머우한, 쩐바데, 응우옌반트, 『베트남의 역사 대강』 제3부, 하노이: 교육출판사, 2010, 165쪽.]

다. 북베트남은 "사회주의를 건설하면서도 남부의 후방으로 남베트남을 계속 지원해야" 했다.[70] 여기서의 지원이란 군사적 지원이었다. 레주언에게 1945년 8월 혁명이 남긴 가장 뚜렷한 교훈은, 혁명세력은 정치적이고 군사적인 힘을 구축함으로써 전면 봉기를 준비할 필요가 있다는 것이었다. 따라서 레주언은 지속적으로 북부에 남베트남으로의 군사지원을 요청했고, 1960년대부터 베트남 지도자들의 외교적 노력으로 인해 중국이 베트남의 통일을 지원하는 것이 확실시되었다. 이로써 남베트남 혁명은 북베트남의 지원을 받기 시작하였다.

종합적으로 북베트남 정부는 1950년대 말 남베트남에서의 투쟁에 관심을 가지게 되었으며, 특히 남민전의 결성과 함께 투쟁이 고조되었을 때 관심도가 확대되었다. 당 전략가들은 군사작전 문제를 다루기 위해 항불전쟁 때 사용했던 작전들을 검토하기로 결정했다. 베트남노동당 중앙위원회의 남부지부로서 항불전쟁 동안(1951~1954년) 활동하다가 제네바 협정 이후에 해체했던 남베트남중앙국(Trung ương cục Miền nam)이 1961년 1월 23일 비밀리에 다시 세워졌고, 존재감이 그다지 없었던 당의 고참 응우옌반린(Nguyễn Văn Linh)이 서기장으로 취임했다.[71] 베트남노동당의 남부위원회(Xứ Uỷ Nam bộ)를 대체한 남베트남중앙국 산하에는 5개 지역위원회를 두었으며, 그 밑에 성, 부, 마을 단위로 광범위한 당 조직들이 자리 잡았다. 1961년 2월 열린 비밀회의에서는 메콩강 삼각주와 중부고원지대의 준군사 조직들을 합쳐 새로 '인

70 Viện Mac-Lênin, *Lê Duẩn- tuyển tập*, tập 1(1950-1975), Nxb Sự thật, Hà Nội, 1987, p. 77. [마르크스-레닌 연구원, 『레주언 선집』 제1부(1950~1975), 하노이: 사실출판사, 1987, 77쪽.]

71 남베트남중앙국(Trung ương cục Miền nam)은 1962년 1월 1일에 인민혁명당(Đảng Nhân dân Cách mạng Việt Nam)을 결성하였는데, 당서기장은 응우옌반린이었다. 인민혁명당은 1976년까지 공개적으로 활동하였다.

민해방군'을 결성하고 통일된 지위체계를 갖추기로 결정했다. 새로운 군대는 반정부 종교집단의 부대들과 함께 활동했는데, 일부 부대가 적과 전투를 시작했다. 이제 인민해방군은 남민전의 군대가 되었다.[72] 남민전과 그 군대인 인민해방군이 생기면서 남베트남의 반정부 저항운동은 활기를 띠게 되었다. 1961년 말에 인민해방군의 병력은 약 1만 5천 명으로 늘어났는데, 이는 1959년 봄 반란군 규모의 5배였다. 남민전의 군대가 급속하게 성장했던 이유는 호찌민 통로를 따라 침투하는 인원이 꾸준히 증가했기 때문이었지만, 더 중요한 요인은 민족해방전선의 확대였다. 남민전은 응오딘지엠 정권에 대한 대중적 적대감을 활용하며 남베트남 전역의 마을과 도시에 뿌리를 내리기 시작했다. 조직의 규모와 힘이 커지면서, 남민전은 가장 열정적이고 유능한 사람들을 끌어모을 수 있었다.[73]

남베트남에서의 저항운동과 남민전이 확대되는 비슷한 시기에 남한에서는 4·19혁명이 일어났고, 북한 지도부는 날이 갈수록 남베트남에서의 무장투쟁에 관심을 가지며 남베트남 투쟁의 중요성을 특별히 강조하였다.

구체적으로, 1961년 팜반동 북베트남 수상의 북한 방문 당시 김일성은 대표단 앞에서 여러 차례 연설을 했고, 과거와 달리 북베트남과 남베트남의 투쟁상황을 각각 나눠서 언급하였다. 김일성은 남베트남과 남한의 정치적 상황이 "파국적인 정치 경제적 위기에 직면하고 있으며 인민들은 생활고의 도탄에 빠져 있다"라고 지적하였다.[74] 1962년

72 윌리엄 J. 듀이커, 앞의 책, 767쪽.

73 위의 책, 769쪽.

74 「조선민주주의인민공화국 정부 대표단과 월남민주공화국 정부 대표단의 공동 콤뮤니케」, 『로동신문』 1961년 6월 23일.

에 들어오며 남베트남 혁명투쟁은 북한에서 높이 평가되었다. 북한의 『중앙년감』은 1961년부터 남민전에 의한 혁명투쟁에 대해 특기하며 이를 자세하게 서술하였으며, 1962년에는 남베트남에서 "미제와 느고 딘 디엠[75] 도당을 반대하는 인민들의 투쟁은 농촌과 산간 지대로부터 도시로, 원수들의 중심지로 확대되었으며, 투쟁 규모도 1961년에 비하여 더욱 커졌다"고 보고하였다.[76] 이러한 현상은 역시 남민전이 지도한 투쟁이 고조된 영향 때문으로 볼 수 있다. 또한 1962년 11월 13일부터 24일까지 '조선아세아아프리카단결위원회와 조선평화옹호전국민족위원회'의 초청에 의하여 응우옌반히에우(Nguyễn Văn Hiếu) 교수를 단장으로 하는 남민전 대표단이 처음으로 북한에 체류하였다. 체류 기간에 남민전 대표단과 조선아세아아프리카단결위원회 및 조선평화옹호전국민족위원회 지도자들은 베트남과 조선 인민의 공동의 관심사인 일련의 문제들을 토의하고 완전한 의견 일치를 보았다고 했으며, 24일 회담 결과에 관한 콤뮤니케(공동선언문)를 발표하였다. 이를 통해 북한 측은 "미제와 응오딘지엠의 식민지 파쇼 통치로부터 남부 월남을 해방시키고 남부 월남에서 독립, 민주주의, 생활 개선, 평화, 중립을 실현하고 나라와 평화적 통일을 성취하기 위한 남부월남민족해방전선의 주장들은 남부 월남 인민의 정당한 념원(염원)을 반영하여 남부 월남에 조성된 현정세에 부합된다"고 인정하였다.[77] 또한 북한 정부는 "오늘 남부 월남 인민들은 정의의 위업을 위한 이 투쟁에서 불굴의 영웅성을 발휘함으로써 미제의 전쟁 및 침략 정책을 파탄시키고 동남아

75 필자주: 응오딘지엠.

76 조선중앙통신사, 『조선중앙년감 1963년』, 390쪽.

77 「조선아세아아프리카단결위원회, 평화옹호전국민족위원회와 남부월남민족해방전선 대표단 간의 공동 콤뮤니케」, 『로동신문』 1962년 11월 25일.

세아와 세계의 평화를 수호함에 있어서 커다란 기여를 하고 있다"고 발표하였다. 그리고 남민전 대표단의 방문이 "공동의 원수" 미국을 반대하며 나라의 통일 독립을 달성하기 위한 투쟁에서 "조선과 남부 월남 인민 간에 맺어지고 있는 전투적 우의와 친선을 가일층 강화 발전시킴에 있어서" 크게 기여했다고 덧붙였다. 그뿐만 아니라 북한 정부는 "조선 인민은 남부 월남 인민들의 투쟁은 필승불패이며 미제 침략자들은 반드시 남부 월남에서 구축되고 월남의 평화적 통일은 실현되고야 말리라는 것을 굳게 확신하며 이에 전적인 지지와 전투적인 연대성을 표시한다"며 남민전에 대한 전적인 지지와 전투적인 연대성을 표한다고 발표하였다.

그 외에 대표단의 북한 체류 동안 북한에 남베트남 인민의 투쟁 상황을 알리기 위해 "남부 월남 인민들의 반미 투쟁"이란 제목으로 사진 전람회가 열렸다.[78] 대표단은 귀국 전인 11월 24일에 기자들과 회견하였고, 선물을 전달하기 위한 행사가 개최되었다. 이날 조선아세아아프리카단결위원회와 조선평화옹호전국민족위원회는 "공동의 원수 미 제국주의자들의 침략을 반대하여 용감히 싸우는 남부 월남 인민"들에게 의약품과 북한의 예술 영화 및 기록 영화 필름들을 선물로 보냈다. 선물은 24일 최고인민회의 상임위원회 부위원장이며 평화옹호전국민족위원회 상무위원회 위원인 백남운이 남민전 대표단 응우옌반히에우 단장에게 전달하였다. 석상에서 응우옌반히에우 단장은 조선아세아아프리카단결위원회와 조선평화옹호전국민족위원회에 보내는

78 「조선 인민과 남부 월남 인민 간에 맺어진 전투적 친선 단결」, 『로동신문』 1962년 11월 25일; 「남부월남민족해방전선대표단 조국해방전쟁 기념관과 신천 박물관을 참관」, 「남부월남인민들의 반미투쟁에 관한 사진 전람회 개관」, 『로동신문』 1962년 11월 22일.

남민전 깃발을 백남운에게 전달하였다.[79] 결론적으로 1960년대 초반 남베트남 혁명투쟁의 발전과 1962년 남민전 대표단의 북한 방문은 '월남·조선' 인민 간의 친선 방문을 위한 새로운 길을 닦게 된 계기였다고 볼 수 있다. 이 시점부터 북한 지도부는 남민전과 유대관계를 형성했고, 1965년 6월 남민전이 정식으로 북한에 대사를 파견한 것도 이러한 관계가 바탕이 되었기 때문이었다.

남베트남의 저항운동이 고조되고 1963년 6월 북한의 최고인민회의 대표단이 북베트남을 방문한 이후로 남민전 주도의 남베트남 투쟁에 대한 북한의 지지가 강화되었다. 매년 7월 20일에 북베트남에서는 인도차이나에 관한 제네바 협정 조인을 기념하기 위한 행사들이 열렸는데, 1963년부터는 북한도 인도차이나에 관한 제네바 협정 조인 9주년과 "미제 침략자과 응오딘지엠 도당을 반대하며 나라의 해방과 평화적 통일을 위한 남부 베트남 인민들의 투쟁을 지지하는 투쟁 주간" 관련 집회를 진행했다.[80] 1963년 7월 17일부터 21일까지 흥남 비료공장과 김일성대학에서 남베트남 인민의 투쟁을 지지하는 집회가 열렸고, 평양에서는 2만여 명이 참가한 군중대회가 열렸다. 남베트남 인민들의 투쟁을 지지하는 주간 동안 『로동신문』은 거의 매일 남베트남과 베트남에 대한 기사를 실었다. 주목해야 할 점은 1963년 12월 13일에 '조선 남부 월남 인민 투쟁 지지위원회'가 북한에서 결성되었고, 이 조직으로 인해 북한에서 15일부터 21일까지 '남부 월남 인민의 투쟁 지지 주간'이 설정되었다는 것이었다. 위원회 위원장은 조선아세아아프

79 「조선아세아아프리카단결위원회, 평화옹호전국민족위원회와 남부월남민족해방전선 대표단 간의 공동 콤뮤니케」, 『로동신문』 1962년 11월 25일.

80 「미제침략자를 반대하는 월남 인민들의 투쟁을 지지한다」, 『로동신문』 1963년 7월 19일.

리카단결위원회 위원장 김왈룡이었다.[81] 김왈룡은 13일 남베트남에 대한 "미제의 침략을" 단호히 규탄하며 싸우는 남베트남 인민들에게 굳은 연대성을 표시하는 담화를 발표하였다. 1963년 12월 20일은 남민전 창건 3주년에 해당했는데, 북한 정부가 3주년을 맞아 '조선 남부 월남 인민 투쟁 지지위원회'를 결성하고 담화까지 발표하였다. 담화에서 김왈룡 위원장은 영웅적인 남베트남 인민과 전체 베트남 인민에게 가장 열렬한 형제적 인사와 전투적 연대성을 보낸다고 말했다. 김일성은 남민전 창건 3주년을 축하하기 위해 19일 남민전 중앙위원회 주석 응우옌흐우터(Nguyễn Hữu Thọ)에게 축전을 보냈다. 그는 축전에서 남민전의 투쟁 성과를 다음과 같이 높게 평가하였다.

> 3년 동안 남부 월남 인민이 남부 월남 민족해방전선의 정확한 령도하에 굳게 단합하여 미제와 원수들에게 심대한 타격을 줬으며 민족의 독립과 조국의 통일 위업을 완성하기 위한 커다란 승리를 얻었습니다. 이 승리는 동남아세아와 세계에서의 평화에 기여한 것입니다.[82]

특히 김일성은 조선 인민이 남베트남 인민의 승리에 아주 기쁜 마음을 가지고 있으며 남베트남 인민의 승리를 "조선의 승리"처럼 생각하고 있다고 강조했다. 남민전 주도의 남베트남 인민의 투쟁이 북한 지도부에게 중요하게 다가왔음을 알 수 있다.

81 「반미구국투쟁을 전개하고 있는 영용한 남부월남인민들에게 열렬한 지지와 성원을 보낸다, 조선 남부월남인민투쟁 지지위원회 김왈룡 위원장 담화 발표」, 『로동신문』 1963년 12월 16일.

82 Báo Nhân dân, 21.12.1963, "Nhân dịp 20-12, Thủ tướng Kim Nhật Thành gửi điện mừng tới luật sư Ngyễn Hữu Thọ." [「12월 20일을 맞아 김일성 수상이 응우옌흐우터 변호사에게 보낸 축전」, 『인민신문』 1963년 12월 21일.]

여기서 주목할 점은, 1960년대 초반 북한 역시 대남정책을 전환했는데 해당 정책이 베트남의 대남정책과 유사한 점이 많았다는 것이다. 1960년대에 들어서며 김일성은 예전의 평화공세를 후퇴시키고 남한에서 혁명세력을 강화해야 한다는 방침을 채택했다. 1961년 9월 11일 당대회 보고연설을 통해 '남조선혁명론'을 선언했다. 일반적으로 '남조선혁명론'은 북한이 1960년대 초반에 남조선혁명론이라는 대남 노선을 확립한 이념으로, 북한은 이에 기초하여 남한의 혁명화를 기도했으며 무장 게릴라를 남파한 것으로 알려져 있다. 남조선혁명론은 "우리 조국의 통일과 조선 혁명의 승리를 위하여서는 북반부의 사회주의 역량을 강화하는 동시에 남조선의 혁명역량을 강화해야 하며 북반부에서 사회주의 건설을 촉진하는 동시에 남조선에서 혁명을 수행하여야 한다"는 논리에 바탕을 두었다. 한반도 전체의 공산화는 북한에서의 사회주의 발전만으로는 불가능하고, 남한에서 사회주의를 지향하는 혁명이 일어나 남북이 통일되었을 때 가능하다는 논리였다. 따라서 '남한혁명 → 통일'의 단계를 밟아야 한다는 것이다. 이렇듯 북한이 '남한에서의 혁명 승리 후 조국통일'이라는 단계를 설정한 데는, 미군이 남한에 주둔하고 있는 상황에서 무력을 동원한 통일이 불가능하다는 판단이 주요하게 작용한 것으로 보인다. 남조선혁명론에 따르면, 남한혁명은 북한의 강력한 지원을 받지만 기본적으로 "남조선 인민들의 혁명역량의 장성과 그들의 결정적인 투쟁에 의해서만 승리"가 보장될 수 있었다. 그런 맥락에서 남한의 '혁명역량의 준비 및 강화'가 북한의 대남정책상 가장 중요한 과제로 대두되었으며, 그 방법으로 남한에서의 혁명적인 마르크스-레닌주의 정당의 건설이 강조되었다. 김일성은 1961년 9월 11~18일 열린 조선노동당 제4차 대회에서 "남조선 인민들이 반제 반봉건 투쟁을 성과적으로 진행하며 이 투쟁에서 승리를 쟁취하기 위해서는 마르크스-레닌주의를 지침으로 하며 노동자·

농민을 비롯한 광범한 인민대중의 이익을 대표하는 혁명적 당을 가져야 한다"고 강조했다.[83]

김일성은 '남조선 인민의 반미-민족해방투쟁론'을 지속적으로 역설하였으며 '반미구국'을 위한 광범위한 통일전선의 형성을 권고했다.[84] 또한 베트남처럼 북한 지도부는 남한에 혁명을 호소했고 이를 위해 북한의 지원을 요청했다. 1963년 2월 8일 '인민군부대 정치부 련대장 이상 간부들 및 현지 당, 정권기관일군들' 앞에서 한 연설에서 김일성은 "남반부 혁명은 남반부 인민들 자신이 일어나지 않고서는 해결될 수 없다"며 남부혁명을 호소하면서, 남반부에서 혁명이 승리하기 위해서는 북반부의 혁명 역량이 더욱 강화되어야 한다는 것을 강조했다.[85]

이처럼 북한과 북베트남의 대남방식은 이론적으로 유사한 점이 있었으며, 또한 1960년대 초반이라는 거의 비슷한 시기에 대남정책을 바꾼 시기적인 유사성도 보이고 있었다. 당시 북한 지도부는 남베트남의 혁명투쟁을 관찰하면서 남한에서의 4·19혁명과 특히 5·16군사정부 출범 이후 남베트남의 상황과 남한의 상황이 유사하다고 판단했고, 활발하게 진행하고 있는 남민전 주도의 투쟁은 북한에 모범 사례로 보였다. 당시의 한 전문가는 1960년대 초반 북한의 대남정책 전개 양상에 대해 다음과 같이 지적하였다.

83 이종석, 역사문제연구소 기획, 『북한의 역사 2』, 역사비평사, 2013, 55-56쪽.

84 강광식, 「1960년대의 남북관계와 통일정책」, 한국정신문화연구원 편, 『1960년대의 대외관계와 남북문제』, 백산서당, 1999, 189쪽.

85 김일성, 「우리의 인민군대는 로동계급의 군대, 혁명의 군대이다. 계급적 정치교양사업을 계속 강화하여야 한다」(1963년 2월 8일), 『김일성 저작집』 17 (1963. 1~1963. 12), 조선로동당출판사, 1982, 68쪽.

(북한은) 북베트남과 유사한 통일 방식을 추구하고 있다. 그것은 정치·군사적 전술을 배합하는 데에 기초한 방식이다. 그 첫 번째 단계는 단결 전선(United Front)을 창설하여 공산주의자들이 민족적·개혁적 조치를 대표함으로써 다른 세력과 접촉할 수 있는 정치적 환경을 조성한 것이다. 두 번째 단계는 행동으로 전환한 것이다. 즉 사회·정치·경제 조건이 충분할 때 '인민군대'를 추진하고 게릴라전 전술을 확대한 것이다.[86]

이상의 지적은 북한의 통일 방식이 베트남과 유사하며, 그것은 남부의 혁명에서 민족전선의 창설로 시작, 그다음으로 게릴라전 개시, 인민군대의 확대를 통해 민족해방전쟁을 수행한다는 것이었다. 이처럼 당시 북한과 베트남의 대남정책의 양상이 비슷하다는 평가는 구 동유럽의 외교자료를 통해서도 볼 수 있다. 헝가리의 자료를 사용해 북한을 연구한 발라즈 살론타이에 따르면, 1960년대 초반 북한은 남베트남의 투쟁 방식을 좋은 사례로 인식했다. 구체적으로 당시 북한이 인식하기로는, 베트남의 혁명전쟁이란 총력전이 아니라 게릴라전의 형식으로 남베트남의 많은 지역을 해방시키면서도 미국이 원자폭탄을 사용하지 않도록 했다는 것이었다. 그리고 만약 남한 내에서 비슷한 전쟁이 일어난다면 미국은 베트남의 경우와 비슷하게 대응할 가능성이 있으므로, 북한은 남베트남에서의 투쟁 방식을 좋은 모델로 보았다는 것이다.[87]

86 Robert A. Scalapino, "The Foreign Policy of North Korea", *The China Quarterly*, vol. 14, 1963, p. 50.

87 Balázs Szalontai, "In the Shadow of Vietnam: A New Look at North Korea's Militant Strategy, 1962-1970", *Journal of Cold War Studies* 14: 4, Fall 2012, p. 127.

실제로 북한의 대남정책 변화를 나타냈던 1961년 9월의 남조선혁명에 대한 언급 전, 6월 21일에 이미 김일성은 북베트남 수상 앞에서 남한-남베트남 인민들이 벌이는 반정부운동으로 북부와 통일될 희망이 보인다고 연설했다.[88] 북한 지도부의 인식에서는 "남조선 인민들은 미제와 군사파쇼 도당들을 반대하는 투쟁의 기치를 높이고 있다. 오늘 조선과 남부 월남에서의 모든 사태 발전은 미 제국주의 침략을 반대하며 조국의 통일을 실현하기 위한 두 나라 인민들에게 더욱더 유리하게 전변되고 있다"는 것이었다. 이처럼 북한에서는 남베트남의 혁명전선이 확대되었을 때부터 남베트남과 남한의 각각의 투쟁이 서로에게 영향을 준다는 것이 계속 강조되었다.[89]

또한 1960년대 초반 『로동신문』에서 당시 남베트남의 상황에 대해 높은 관심을 보이며 남베트남의 승리 소식을 자세히 보도한 것이 흥미롭다. 『로동신문』에 보도된 남베트남의 반미운동에 대한 기사들의 제목을 보면, 「반제, 반식민주의 투쟁은 승리한다—남부 월남 인민 무장대가 도처에서 미군과 괴로움을 소탕…」,[90] 「미제는 남부 월남에서 피 묻은 손을 떼라!」,[91] 「남부 월남 인민들은 자유를 쟁취할 때까지 무기를 결코 놓지 않을 것이다—몸서리치는 야수들의 만행」[92] 등과 「남조선 경제학자들도 미국 〈원조〉를 비난」,[93] 「남조선로동자들은 생

88 「연회에서 한 김일성 수상의 연설」, 『로동신문』 1961년 6월 22일.

89 「조선아세아아프리카단결위원회, 평화옹호전국민족위원회와 남부월남민족해방전선 대표단 간의 공동 콤뮤니케」, 『로동신문』 1962년 11월 25일.

90 「반제, 반식민주의 투쟁은 승리한다—남부 월남 인민 무장대가 도처에서 미군과 괴로움을 소탕…」, 『로동신문』 1963년 12월 9일.

91 「미제는 남부 월남에서 피 묻은 손을 떼라!」, 『로동신문』 1963년 7월 19일.

92 「남부 월남 인민들은 자유를 쟁취할 때까지 무기를 결코 놓지 않을 것이다—몸서리치는 야수들의 만행」, 『로동신문』 1963년 7월 20일.

93 「남조선 경제학자들도 미국 〈원조〉를 비난」, 『로동신문』 1963년 12월 9일.

존과 민주주의적 권리를 위하여 힘차게 궐기하라」,[94] 「남조선에 대한 미 제국주의자들의 침략적이며 략탈적인 〈원조〉의 본질을 폭로 단죄하여」[95] 등과 같다. 여기에서는 동일한 면에 남한과 남베트남의 기사를 실었는데, 이는 의도적으로 남한-남베트남전선의 공통점을 부각하기 위함이었고, 남베트남 혁명의 성과가 '남조선의 혁명'에 혁혁한 선전 효과를 보일 것이라는 기대였다. 즉 이러한 기사 배치는 남북한 인민들에게 '남조선의 혁명'에 지지 및 참여할 것을 격려하려는 것이었다.

마지막으로, 남베트남의 전쟁 상황과 북한의 높은 관심도와 관련해서 당시 공개하지 않았던 1961년 박정희 의장의 남베트남 파병 제안, 1962년 남한의 남베트남 군사 시찰에 대한 북한의 반응은 주목할 만하다.

구체적으로 미국은 1960년 남민전의 창설과 게릴라전의 증가로 남베트남 상황의 심각성을 인식하고 군사적 투입이 필요함을 실감했다. 남베트남의 정치상황을 인지한 박정희는 기회를 놓치지 않았으며 남베트남 파병안을 1961년 11월 방미 중 케네디 대통령에게 제의했다.[96] 케네디의 고민은 베트남전쟁이 한국전쟁처럼 북측의 공격이 분명하게 나타나고 있지 않다는 데 있었다.[97] 따라서 워싱턴은 한국전쟁과 같이 연합군 차원의 파병을 검토하기보다는 각국의 파병을 개별

94 「남조선로동자들은 생존과 민주주의적 권리를 위하여 힘차게 궐기하라」, 『로동신문』 1963년 7월 19일.

95 「남조선에 대한 미 제국주의자들의 침략적이며 략탈적인 〈원조〉의 본질을 폭로 단죄하여」, 『로동신문』 1963년 7월 20일.

96 "247. Memorandum of Conversation", Washington, November 14, 1961, *FRUS*, 1961-1963, Vol. XXII: Northeast Asia, p. 2141.

97 "254. Notes on the National Security Council Meeting", Washington, November 15, 1961, *FRUS*, 1961-1963, Vol. I: Vietnam, 1961, p. 2202.

적으로 논의하기로 결정했다.[98] 이로써 1962년 5월 11일에 남한의 게릴라 전문가로 구성된 10여 명의 군사시찰단은 남베트남에 도착해 약 2개월간 게릴라전의 동향과 전략촌 건설 상황을 살피고 라오스 정부군을 시찰했다.[99] 다른 동맹국들도 남베트남 군사지원에 참여하기 시작했다. 7월 즈음 영국은 톰슨(R. G. K. Thomson) 지휘 아래 있는 특별자문단을 베트남에 파견했다. 같은 시기 말레이시아는 베트남인 수백 명을 이미 반(反)게릴라 작전에서 훈련시킨 상태였다. 호주는 군사고문단(MAAG) 활동에 통합될 훈련교관들을 보내기로 합의했다. 태국은 남베트남에 관측통을 파견하기 위해 접근 중이었으며, 뉴질랜드도 태국과 같은 계획을 갖고 있었다.[100] 1962년 8월에 호주의 훈련교관들이 남베트남으로 파견되었고, 1963년 중순 호주 훈련팀 책임자 세롱(Serong) 대령은 "우리가 베트남전쟁에서 승리하고 있다고 믿고 있으며, 현재의 통계 지표는 호의적인 추세를 반영하고 있다"고 미국에 보고했다.[101]

이처럼 당시 케네디 행정부는 박정희의 제의를 토대로 외국군의

98 "172. Memorandum From the Director of the Vietnam Task Force (Cottrell) to the Assistant Secretary of State for Far Eastern Affairs (Harriman)", Washington, April 27, 1962, *FRUS*, 1961-1963, Vol. II: Vietnam, 1962, pp. 1363-1369.

99 "181. Memorandum From the Naval Aide to the President's Military Representative (Bagley) to the President's Military Representative (Taylor)", Washington, May 3, 1962, *FRUS*, 1961-1963, Vol. II: Vietnam, 1962, p. 1444; 「월남에 군사고문단 파견」, 『경향신문』 1962년 5월 12일.

100 "233. Final Report of the Vietnam Task Force", Washington, July 1, 1962, *FRUS*, 1961-1963, Vol. II: Vietnam, 1962, pp. 1821-1823; 레머우한, 쩐바데, 응우옌반트, 앞의 책, 181쪽.

101 "132. Minutes of a Meeting of the Special Group for Counterinsurgency", Washington, May 23, 1963, *FRUS*, 1961-1963, Vol. III: Vietnam, January-August 1963, p. 1230.

남베트남 파병 계획을 확대했고, 다른 동맹국들은 1962~1963년 말 군사시찰단·군사고문단·훈련교관 등을 남베트남에 단계적으로 파견하였다. 그러나 1962년 중순 남한 군사시찰단 파견 이후 케네디 대통령 암살(1963년 말)까지 남한의 베트남 파병 혹은 군사적 지원은 없었다. 미국에 의해 베트남에 다른 국가들의 군사적 지원이 확장된 반면 남한은 그렇지 않았던 것이다. 왜 미국은 남한의 군사적 개입을 계속 독려하지 않았을까?

실제로 미국의 동북아 전문가들은 1962년 5월 2일 "적대적인 중국이 여전히 미국의 약점을 모색해 태평양에서 미국을 몰아내고 어디서든지 문제를 일으키리라고 믿는다"고 보고한 바 있었다. 중국이 북베트남·북한·라오스까지 공산주의자들의 이익을 지키고자 해당 지역에 군사적으로 개입할 가능성이 확실하다는 판단이었다.[102] 앞에서 언급한 바와 같이 1960년대 초반 북한·중국·북베트남의 관계는 밀접했고, 따라서 미국은 남베트남에서 벌어지는 남한의 군사적 활동에 중국·북한이 보일 수 있는 반응에 대해 우려할 수밖에 없었다. 특히 북한은 남한 군사시찰단의 남베트남 시찰 사실을 알게 되었고, 5월 18일 부수상 김광협의 진행으로 "미제와 군사 파쑈 도당들의 남부 월남 〈파병〉 음모와 관련한" 기자회견을 했으며, 이를 통해 남한이 베트남에 파병할 의도가 있다고 밝혔다. 북한의 보도에 따르면 "이미 남부 월남 파병을 떠들어 오던 박정희 도당은 드디어 괴뢰 국군 장교들로 구성된 군사 고문단"을 남부 베트남에 파견하였으며 "앞으로 계속 괴뢰군을 파견하려고 책동하고 있다"고 했다. 남한이 "미제의 침략 전쟁을 위한 고용병으로" 해외에까지 군대를 파병할 것을 드러내놓고 있다는

102 "107. National Intelligence Estimate Source", Washington, May 2, 1962, *FRUS*, 1961-1963, Vol. XXII: Northeast Asia, p. 991.

것이다. 이어서 북한은 미국이 남한의 군사단 남베트남 파견을 승인함으로써 베트남 문제에 더욱 깊이 개입할 계획을 밝혔고 1954년 제네바 협정을 공공연히 위반한다고 비판했다. 기자회견 끝에서 북한의 김광협 부수상은 남한의 의도가 "조국과 인민을 반대하는 도발행동"이라고 비난했으며, 남부 베트남 인민의 투쟁을 지지한 북한 정부는 미국과 남한의 행동을 방관하지 않겠다고 발표했다. 또한 "남조선 청년들과 국군 장병들은 박정희의 남베트남 파병 음모를 철저히 파탄시켜야 한다"고 강조하는 등 북한은 남한 국민이 정부의 남베트남 파병 의도를 반대할 것을 호소했다.[103] 북베트남 정부는 북한의 기자회견 후에야 남한 군사시찰단의 남베트남 시찰 사실을 알게 되었고, 5월 20일에 『인민신문』에서 남한이 베트남에 파병할 의도가 있다고 밝히면서 김광협 부수상의 발표를 인용했다.[104]

이상과 같이 1962년 중순 당시 북한이 남한·미국의 전쟁 파병 의도를 밝히고 비난한 것은 상당히 중요한 문제였다. 여기서 두 가지 논의하고자 할 점이 있다. 남한의 남베트남 파병 의도에 북한이 경고 메시지를 전달했다는 점과, 그 당시부터 북한은 남한을 미국의 '용병'이

103 「남조선 인민들은 미제와 군사 파쑈 도당들의 남부 월남 〈파병〉 음모를 분쇄하여야 한다」, 「조선민주주의인민공화국 내각 부수상 김광협 동지 미제와 군사 파쑈 도당들의 남부 월남 〈파병〉 음모와 관련한 조선중앙통신사 기자의 질문에 대답」, 『로동신문』 1962년 5월 19일.

104 Báo Nhân dân, 20.5.1962, "Chống lại chính sách nham hiểm của Mỹ: dùng người châu Á đánh người châu Á." [「아세아사람을 이용해 아세아사람을 싸우게 하는 미국의 음흉한 음모 반대」, 『인민신문』 1962년 5월 20일.]; Báo Nhân dân, 20.5.1962, "Phó thủ tướng Kim Quang Hiệp: Âm mưu của chính quyền Nam Triều Tiên gửi quân sang Miền nam Việt Nam là một tội ác chống lại tổ quốc và nhân dân Triều Tiên." [「김광협 부수상: 남조선 정권의 남베트남 파병 의도는 조선 조국과 인민을 반대하는 도발행동이다」, 『인민신문』 1962년 5월 20일.]

라고 인식하고 비난했다는 점이다. 실제로 1960년대 초중반 미국이 남한의 전투부대 파병 수용 과정에서 늘 고민한 것은 바로 한반도의 안보 문제와 파병의 정당성과 관련이 있었기 때문이다. 미국은 남한의 파병을 수용한다면 남북한이 국경에서 충돌할 것과 북한의 반응으로 남한 국민들의 안보 우려가 증대될 문제를 고민하고 있었다. 또한 다른 국가들이 베트남에 파병하지 않는데, 상대적으로 경제력·군사력이 부족한 남한이 파병하게 되면 남한 국민들에게 공동 책임에 대한 의문을 유발할 것이고 파병 정당성에 대한 반정부 세력의 반대가 있을 것도 우려하고 있었다.[105] 남한의 남베트남 파병 수용 과정에서의 미국의 고민을 보면 이상과 같이 북한의 강력한 반대와 경고는 케네디 행정부에 영향을 충분히 줄 수 있었다. 결국 케네디 행정부가 당시 남베트남에 대한 많은 동맹국의 군사적 지원을 바랐음에도 남한의 군사적 개입에 조심스러워한 모습은 북한의 대남공세 강화와 한반도의 안보적 문제가 고려되었기 때문이라고 볼 수 있다. 또한 군사 쿠데타가 일어난 지 얼마 안 된 상황에서 해외 파병에 남한 국민의 반대 가능성도 있을 수 있다. 이러한 문제들로 1960년대 초반 남한의 남베트남 파병에 관한 논의가 더 이상 진척되지 않았던 것으로 이해할 수 있다.[106]

105 "224. Memorandum From the President's Special Assistant for National Security Affairs (Bundy) to President Johnson", Washington, March 31, 1965, *FRUS*, 1964-1968, Vol. II: Vietnam, January-June 1965, pp. 1895-1897; "37. Telegram From the Embassy in Korea to the Department of State", Seoul, March 30, 1965, *FRUS*, 1964-1968, Vol. XXIX, Part 1: Korea, pp. 383-393.

106 1960년대 초반 남한의 남베트남 파병에 관한 논의가 더 이상 진척되지 않은 이유가 또 하나 있다. 기존에 알려진 것과 달리, 1962년 말까지 남베트남 정부는 남한과의 군사적 협력 문제에 대해 적극적 태도를 보이지 않았다. 실제로 남한과 남베트남 간에는 1950년대부터 합의되지 못한 문제들이

중요한 점은 이를 통해 당시만 해도 남베트남의 전쟁 상황에 북한의 높은 관심도와 그 영향을 확인할 수 있었던 것이다.

전반적으로 1960년대 초반부터 베트남의 통일혁명 방식과 남베트남 투쟁 상황은 북한의 대남정책 수립과 그 전개양상에 영향을 준 것으로 볼 수 있겠다. 물론 이를 절대적으로 확신할 수는 없으나, 남베트남에 남한의 군사적 개입 시도에 대한 북한의 반응과 당시 북한·북베트남의 혁명 방식의 유사점, 그리고 베트남 혁명에 높은 관심을 가진 김일성이 강조했던 남민전 주도 남베트남의 혁명투쟁은 북한에 모범 사례로 인식되었을 것이기 때문이다. 1960년대 초반부터 북한 지도부는 남베트남에서 혁명이 고조되는 것에 특별한 관심이 있었고, 동시에 남한에서 4·19혁명이 일어난 기회를 보고 대남정책을 변화시켰다. 즉 1960년대 초반 북한의 대남정책에 영향을 준 요소들 중에는 남베트남의 혁명전선이란 측면을 간과할 수 없다고 본다. 다만, 북한은 베트남처럼 남부혁명세력을 확대시키지 못했기 때문에 '남조선혁명론'은 실제로 성공적인 결과물이 없어 당시에는 주목을 받지 못했다.

존재하였고, 대만의 파병을 선호한 지엠 대통령은 1960년대 초반 남한의 군사시찰단을 높이 평가하지 않았으며, 남한의 군사 지원을 그다지 달가워하지 않았다. Do Thanh Thao Mien, 「베트남 전쟁기 한반도와 베트남 관계 연구」(박사학위논문, 이화여자대학교, 2019), 남한·남베트남 관계에 대한 내용 참조.

3. 베트남전 확대와 북한의 국내정치 활용

1) 베트남전을 둘러싼 북한의 위기감

1964년에 들어서며 미국은 베트남전에 더욱 깊이 개입했다. 응오딘지엠이 암살된 후 권력을 잡은 남베트남의 군사정권이 안정을 찾지 못하고 계속 교체되자 미국은 베트남 문제를 직접 떠맡아야 한다는 발상에 이르렀다.[107] 1963년 11월 케네디가 암살되자, 대통령직을 승계한 존슨은 남베트남에 주둔한 미 군사고문의 수를 1만 6,000명에서 2만 3,000명으로 증강시켰다.[108] 1964년 초 남베트남 시찰을 마친 로버트 맥나마라(Robert McNamara) 국방부장관은 "남베트남이 총체적인 괴멸 위기에 처해 있다"고 보고했으며, 존슨에게 "전쟁을 북베트남까지 확대해야 한다"는 주장까지 펼쳐 이를 관철시켰다.[109] 이어서 1964년 8월 2일 미 구축함 매독스(Maddox)호가 북베트남 어뢰정의 공격을 받자, 당시 기상악화로 공격 여부가 불분명하다는 보고가 있었음에도 존슨은 즉시 의회에 군사행동에 대한 백지위임을 요청했고 만장일치로 통과되었다.[110] 소위 '통킹만[111] 결의안'은 존슨에게 북베트남에 대한 폭격과 남베트남에 지상군을 투입할 수 있는 길을 열어 주었다.[112]

107 유인선, 『베트남과 그 이웃 중국, 양국관계의 어제와 오늘』, 387쪽.

108 마이클 매클리어, 유경찬 옮김, 『베트남: 10,000일의 전쟁』, 을유문화사, 2002, 170쪽.

109 위의 책, 172쪽.

110 1964년 통킹만 사건 당시의 문서를 조사한 로버트 하녹(국토안보국 소속의 역사담당관)은 1차 공격은 있었을 가능성이 있지만 의회 결정의 결정적 계기가 된 2차 공격은 명백히 없었다고 결론을 내렸다. 박태균, 앞의 책, 169쪽.

111 통킹만을 베트남에서는 Bắc Bộ(박보, 북쪽)만이라고 한다.

112 유인선, 『베트남과 그 이웃 중국, 양국관계의 어제와 오늘』, 388쪽.

통킹만 사건 이후 북베트남 정부는 "평화를 지키고 침략적 미 제국에 항쟁하는 베트남 인민과 단결"이라는 국제회의를 하노이에서 개최했는데, 북베트남 지도부는 미국이 베트남에 직접적으로 군사개입을 하고 있다고 당시 베트남의 상황을 보고했으며, 사회주의 국가들에 지지와 후원을 요청했다.[113] 소련, 중국, 북한 등 사회주의 국가들은 해당 회의에 대표를 보내 미국에 대한 반대와 북베트남을 지지한다는 입장을 표했다.

당시 사회주의 진영의 큰 부분이었던 중국과 소련이 베트남전쟁 확대에 어떻게 반응했는지 우선 살펴보겠다. 통킹만 사건 발발 한 달 전인 1964년 7월, 저우언라이는 하노이에서 북베트남 및 라오스 애국전선 지도부와 회담을 했다. 이 자리에서 중국은 "동남아시아 인민들의 투쟁을 지원하기 위하여 어떠한 수단이라도 사용하겠다"는 점을 분명하게 밝혔다. 중국은 미국이 북진해 올 경우 육군을 파병해서 북베트남을 지원하겠다는 것을 약속했다.[114] 통킹만 사건이 발생한 이후 북베트남 지도부는 중국과 소련 모두의 지원을 받으려 했다. 북베트남·중국 관계는 1960년대 초반부터 긴밀해졌으므로 북베트남이 중국의 지원을 요청한 것은 그 자체로는 특별하지 않았다. 그러나 북베트남 지도부가 소련의 지원을 받으려고 노력한 점은 북베트남이 소련과의 관계를 개선하려는 의지를 보여 준 것이었다.

소련과 북베트남의 관계에서 중요한 전환점은, 소련의 흐루쇼프가 실각한 후 북베트남 측이 다시금 소련의 베트남전 지원 및 양국 관

113 Báo Nhân dân, 26.11.1964, "Hội nghị Quốc tế Đoàn kết với nhân dân Việt Nam chống đế quốc Mỹ xâm lược, bảo vệ hoà bình." [「평화를 지키고 침략적 미 제국에 항쟁하는 베트남 인민과 단결 국제회의」, 『인민신문』 1964년 11월 26일.]

114 박태균, 앞의 책, 72쪽.

계 개선을 시도했고 소련이 이에 답한 것이었다. 소련의 새로운 지도부가 대내외 정책에 대한 수정주의의 여파를 극복하는 데서 베트남 문제는 소련의 중요한 관심사로 발돋움했다. 소련은 베트남을 지원함으로써 사회주의 진영의 중심을 회복하고 국제적 위신을 상승시키며 중국의 영향력을 축소하려 했다.[115] 1965년 2월 코시긴(A. Kosygin)의 하노이 방문을 계기로 소련과 북베트남의 관계는 비약적으로 발전했다. 코시긴의 하노이 방문 중 중요한 사건이 일어났다. 남쪽에서 1965년 2월 7일 남민전은 플레이꾸(Pleiku) 소재 미 공군 막사를 공격해 미군 8명을 사살하고 126명에게 부상을 입혔다. 코시긴이 하노이를 방문하고 있었음에도 미국은 보복하기 위해 북베트남 폭격을 즉시 강화했다.[116] 1965년 3월 4일 그로미코(A. Gromyko) 외상은 미국의 북베트남 폭격 강화는 미소관계 개선과 평화공존에 반한다고 말했으며, 24일 외무성 대변인은 소련이 지원병 접수를 시작했다고 발표했다. 또한 4월 3일, 소련은 중국 정부에 비밀서한을 보내 베트남 원조 3자(중국·소련·북베트남)회담을 제안하고, 2주 후에는 소련군 4,000명의 중국 통과, 소련 공군기의 중국 남서부 비행장 사용, 소련 공군기의 중국 영공 통과 등을 요구했다.[117]

그러나 중국은 소련의 제안이 원조라는 미명하에 중국을 조종하려는 시도라고 비난하며 이를 거부했다.[118] 마오가 "9,000년 동안 이 문제에 대해 코시긴과 논쟁할 수 있다"고 말한 것처럼 중국은 소련의 제안을 거절했고 소련이 베트남에 지원한 무기를 통과시키지 않았

115 응우옌반꾸옌, 앞의 논문, 74쪽.
116 응우옌티마이화, 앞의 책, 218-219쪽.
117 조진구, 앞의 논문, 238쪽.
118 위의 논문, 238-239쪽.

다.[119] 이와 동시에 중국은 4월 8일 북베트남과 단독회담을 하고 원조 협정을 맺었다.[120] 중국이 베트남 지원에서 소련과의 협력을 거절한 이유는 첫째, 중국의 자국 영토 안보 부담 때문이었다. 중소분쟁 중 소련과 이념노선 갈등은 물론 안보상 대립하고 있는 상황에서 자국 영토를 소련군이 통과하고 소련 항공기가 중국의 군시설을 이용한다는 데에 중국은 부담을 가질 수밖에 없었다. 소련과 협력을 거절한 둘째 이유로 미국과 대립관계가 격화되는 부담을 피하기 위한 것으로 설명하는 시각이 있다.[121]

실제로, 통킹만 사건으로 북베트남 폭격이 개시된 후 미국은 중국의 반응을 주시했다. 중국은 미국의 북베트남 공격을 격렬히 반대해 왔는데, 미국은 이것이 선전적이며 베이징이 하노이를 보호하겠다는 공약은 모호하다고 평가했다. 따라서 미국은 북베트남에 체계적으로 군사적 압력을 가하며 다음 메시지를 중국에 전달했다.

> ① 중국이 남베트남의 전쟁을 계속 지원할 경우 미국은 북베트남에 심각한 군사행동을 취할 것이다. 그러나 미국의 목적은 북베트남 정권의 붕괴가 아닌 북베트남의 남베트남전선 지원 중단이다.
>
> ② 미국의 공격이 한국전쟁 때와는 다르다는 것을 중국에 주지시킨다. 즉 중국이 미국 혹은 동맹국에 대항하여 군대를 투입하면, 그것은 단순히 북베트남을 보호하기 위함이 아니라 라오스·남베트남에 대한 공격행동이다.

119 Chen, 앞의 책, p. 231.

120 이상숙, 「1960년대 중반 북한-중국의 갈등과 북한의 자주노선」, 『북한학연구』, vol. 3, 2007, 157쪽.

121 위의 논문, 158-160쪽.

③ 중국이 적대행위를 할 경우 중국 본토가 공격받을 것이다.[122]

이어서 중국은 1964년 말 대미전쟁을 회피하려고 했고, 미국은 즉시 그 신호를 분석했다. 미 합참은 중국이 미국의 폭격을 방어하기 위해 북베트남을 지원하는 모든 조처를 할지라도, 한국전쟁과 달리 충돌이 확대되지 않으리라고 전망했다.[123]

중국이 북베트남에 대한 적극적 지원을 자제한 이유는 미국과 전면전을 피하려는 의도도 있었으나, 소련과 관계를 개선하며 중국의 영향력에서 벗어나려 한 북베트남의 태도에 불편함을 느꼈기 때문이었다는 해석도 있다. 당시 마오가 소련 대신 중국이 공산주의 진영의 중심이 되기 위해 북베트남을 중국 편으로 끌어들이려고 했고, 따라서 1960년대 초반부터 북베트남에 지원을 시작했으나, 북베트남이 1965년부터 소련의 지원을 희망하자 이 사실에 불쾌해했다는 것이다. 즉 베트남에서 소련의 영향력이 확대되는 것을 불편해하던 중국이 소련과 협력을 거부했다는 것이다.[124]

한편, 중국은 베트남 문제에 대한 소련의 입장 변화와 이에 따른 북베트남 지원은 허구적이며 원조 목적에 회의감이 든다고 주장했다.[125] 사실상 소련은 미국에 맞서 전쟁을 수행하는 북베트남에 관심

122 "357. Memorandum From the Chairman of the Policy Planning Council (Rostow) to the Secretary of State", Washington, September 19, 1964, *FRUS*, 1964-1968, Vol. I: Vietnam, 1964, pp. 2943-2950.

123 "411. Memorandum From the Joint Chiefs of Staff to the Secretary of Defense (McNamara)", Washington, November 14, 1964, *FRUS*, 1964-1968, Vol. I: Vietnam, 1964, pp. 3378-3387.

124 응우옌반꾸엔, 앞의 논문, 139쪽.

125 "Lê Thanh Nghị, 'Report on Meetings with Party Leaders of Eight Socialist Countries'," 1965, History and Public Policy Program Digital Archive,

을 가졌으나, 동시에 미국과 관계 악화는 원하지 않았고, 1965년 2월 20일 베트남 문제를 해결하기 위한 '인도차이나에 대한 새로운 회의 소집' 제안을 북베트남 정부에 보냈다. 소련은 이를 통해 북베트남이 17도 경계선을 유지하면서 미국과 협상할 것을 권유했다.[126] 미국 측도 1965년 2월 코시긴의 베트남 방문 이후 그 동향을 주시하고 당시 상황을 분석했는데, 중국처럼 소련이 미국과의 전면전을 회피하려는 태도를 확인했다. 3월 8일 CIA의 보고에 따르면, 중국은 대규모 정규군 투입을 통해 전쟁의 성격을 바꾸려고 하지 않으며, 소련의 베트남 지원 의사는 최소한의 군사적 지원이라는 것이었다. 전반적으로 모스크바가 확전으로 발생할 수 있는 문제들을 우려하고 있으며, 직접적으로 참전하지 않을 것이라고 보고했다.[127] 미국이 판단한 것처럼 당시 소련은 북베트남에 지원하면서 미국과 평화공존 정책을 계속 유지하는 자세였다. 그런데 북베트남의 인식에서는 베트남 문제를 해결하기 위한 소련의 입장은 북베트남과 불일치하는 점이 있을 수 있으나, 이는 심각한 갈등으로 비화될 것이 아니었던 것이다.[128] 북베트남은 소련이 아니라 오히려 중국의 지원 의도에 더 회의적이었다. 앞에서 언

8058-"Báo cáo của Phó Thủ tướng Lê Thanh Nghị về việc gặp các đồng chí lãnh đạo của Đảng và Nhà nước 8 nước xã hội chủ nghĩa năm 1965", Phủ Thủ tướng, Vietnam National Archives Center 3 (Hanoi). Obtained by Pierre Asselin and translated by Merle Pribbenow, CWIHP, Woodrow Wilson International Center. https://digitalarchive.wilsoncenter.org/document/134601.

126 응우옌티마이화, 앞의 책, 327-328쪽.

127 "190. Memorandum From the Deputy Director for Intelligence, Central Intelligence Agency (Cline) to the President's Special Assistant for National Security Affairs (Bundy)", Washington, March 8, 1965, *FRUS*, 1964-1968, Vol. II: Vietnam, January-June 1965, pp. 1638-1642.

128 응우옌티마이화, 앞의 책, 339-340쪽.

급하였듯이 1960년대 초반 중국이 남베트남에서의 무장혁명 방식을 지지했지만, 베트남전선의 급속한 확대는 바람직하지 않다고 보았다. 따라서 제네바 협정 이후부터 중국에 대한 의구심을 품은 베트남의 혁명가들은 중국이 베트남을 지원할 당시에도 중국의 지원 목적이나 성의를 의심했다. 북베트남 측에 따르면 베트남전쟁 시기에는 중국의 이익을 위해 북베트남을 지원했지만, 이는 제한적인 지원이었다는 것이다. 그리하며 북베트남 측은 중소분쟁이 심각해질 즈음에 중국이 베트남에 대한 지원을 줄였다고 주장하였다.[129]

원체 복잡했던 베트남·중국 관계는 이 시점에 더욱 복잡해졌다. 1966년 3월 레주언은 베트남 대표단과 함께 모스크바에서 열린 소련공산당 23차 당대회에 참석했으며, 베트남에 소련은 '제2의 나라'라고 선언했다. 이에 베이징 지도부는 충격을 받고 극도로 화를 냈다. 이 결과로 1966년 7월 베트남에 주둔하고 있던 중국의 한 군사부대는 베트남의 주둔 요청에도 불구하고 철수했다. 1966년 초 하노이에 대해 중국이 분개한 태도를 보여 주는 또 다른 사건도 있었다. 원조물자를 실은 홍기(Hong Ky)라는 중국의 선박이 북베트남 하이퐁(Hải Phòng) 항구 근처에 왔지만 상륙하지 못했다. 그러나 그 뒤에 도착한 소련 함선은 먼저 상륙했고, 덕분에 미국의 폭탄을 피할 수 있었는데, 정박이 늦었던 중국의 홍기 선박은 미국 폭탄에 맞아 파손되었다. 1966년 4월 레주언은 중국을 방문해 저우언라이와 회담했는데, 저우언라이는 그를 보자마자 당시 소련 선박이 먼저 상륙한 이유와 중국 선박을 불공평하게 취급한 것에 대해 설명을 요구했다.[130]

129 *Sự thật 30 năm Quan hệ Việt-Trung (Sách trắng 1979)*, Bộ Ngoại giao nước CHXHCNVN, pp. 44-46. [『베트남-중국 30년 관계의 사실(백서 1979)』, 베트남 외교부, 44-46쪽.]

130 Chen, 앞의 책, pp. 233-235.

이를 통해 1960년대 중반 북베트남이 중국에 전적으로 의존했던 기존의 전략에서 전환했던 점과 북베트남 지원에 관한 중국과 소련의 입장 불일치가 나타난다. 그런데 이러한 과정에서 북베트남은 중국과 소련의 도움 없이는 미국과의 전쟁을 수행하기 어려웠기 때문에, 결국 두 강대국 사이에서 어느 편도 들지 않는 중간 노선을 택했다.[131]

그렇다면 북한은 베트남전쟁 확전 과정에서 정세에 대해 어떻게 반응했고 어떠한 인식을 가졌는가? 1960년대 북한의 정세 인식에서 미국과 남한의 베트남전 참전은 가장 중요한 것이었다. 북한 지도부는 북한의 안전과 제국주의자들의 아시아 침략 확대 여부, 그리고 '조선 혁명' 운동에 대한 전망은 베트남전쟁의 결과에 따라 크게 좌우된다고 주장했다.[132] 북한의 인식에서는 크게 다음 세 가지 문제가 중요했다. ① 미국의 북베트남 폭격과 남베트남 지상군 투입, ② 남한의 남베트남 파병, ③ 북베트남 지원에 관한 중국과 소련의 불일치 문제가 그것이다.

먼저, 미국의 북베트남 폭격과 북한의 반응 및 인식을 살펴보자. 1964년 8월 8일 통킹만 사건 발발 직후 베트남전쟁 관련 보도들은 대부분 『로동신문』의 4면을 도배했다. 북한 정부는 여러 차례에 걸쳐 미국을 "조선 인민과 베트남 인민의 공동의 적"이라고 규정하는 성명을 발표했으며, 이후 평양을 비롯한 각 지역에서 남베트남에 대한 미국의 침략을 규탄하는 군중대회를 잇달아 열었다.[133] 미국에 대한 북

131 유인선, 『베트남과 그 이웃 중국, 양국관계의 어제와 오늘』, 393쪽.

132 "May 7, 1967, A 7 May 1967, DVO Memo About Intergovernmental Relations Between The DPRK And Romania, The DRV, And Cuba", *The Two Koreas and the Vietnam War*, Document Collections, CWIHP, NKIDP, Woodrow Wilson International Center. http://digitalarchive.wilsoncenter.org/document/116701.

133 「조선민주주의인민공화국 정부 성명」, 『로동신문』 1964년 7월 19일; 「월남

한의 비난 공세는 특별히 새로운 것은 아니었지만, 바로 뒤에 발생한 통킹만 사건을 계기로 북한은 전에 없이 강한 어조로 미국을 비난했다.[134] 한편, 1964년 11월 북베트남 정부가 개최한 "평화를 지키고 침략 미 제국에 항쟁하는 베트남 인민과 단결" 국제회의에서 북한 대표단은 북베트남을 적극적으로 지지한다고 발표하였다. 즉 "조선 인민은 과거부터 현재까지 늘 그랬듯 베트남 인민 곁에 항상 있으며 북베트남과 함께 공동의 적 투쟁 사업에서 선두에 나서겠다"고 선언했다.[135]

잘 알려지지 않은 사실이지만 실제로 이때 김일성은 두 번째로 북베트남을 비공식 방문하였으며, 1964년 11월 11일 호찌민 주석이 김일성을 단장으로 하는 북한의 대표단과 회담을 했다.[136] 이는 미국이 북베트남 폭격을 시작한 시점으로, 이처럼 위험한 때 김일성이 북베트남을 방문했다는 점은 그의 북베트남 '항미전쟁'에 대한 높은 관심을 보여 준 것이며, 이로 인해 상당히 주목받았다. 20년간 주북한 북베트남 외교관으로 일한 즈엉찐특(Dương Chính Thức)에 따르면, 김일성의 방문 이후 1965년 북베트남의 당 총비서 레주언이 북한을 방문한 적이 있다. 이러한 양측 최고지도자의 방문은 비공식이었고 당시 베트남이 전쟁 중이었으므로, 그 방문의 목적은 주로 전쟁 경험을 나눈다는 것이었다.[137]

민주공화국에 대한 미제의 무력 침공을 견결히 규탄한다, 평양시에서 군중대회 진행」, 『로동신문』 1964년 8월 8일.

134 조진구, 앞의 논문, 230쪽.

135 Báo Nhân dân, 28.11.1964, "Tham luận của đoàn đại biểu Triều Tiên." [「조선대표단의 발언」, 『인민신문』 1964년 11월 28일.]

136 *Hồ Chí Minh Biên niên tiểu sử*, t. 9, Nxb Chính trị quốc gia, Hà Nội, 2008, p. 142. [『호찌민 편년 약사』 제9부, 하노이: 국가정치출판사, 2008, 142쪽.]

137 Vũ Mạnh, Trọng Tuấn, "Hai chuyến thăm Việt Nam của lãnh tụ Kim Nhật Thành qua lời kể của cựu đại sứ", *Zing News*, 15.2.2019. [부마인, 쫑뚜언,

한편, 미국은 북베트남 폭격 이후 1965년 3월 8일 해병대 3,500명을 공군기지 방위를 명목으로 다낭(Đà Nẵng)에 투입했으며, 이후부터 지상군을 남베트남에 본격적으로 투입했다. 이러한 미국의 베트남 문제 개입 확대는 미국이 "작은 나라들을 하나하나 먹어 들어가려 하고 있다"며 북한을 포함한 아시아 모든 지역에 대해 침략전쟁을 준비하고 있는 것으로 인식되었다. 당시 "베트남이 공산화되면 전 아시아 지역이 공산화된다"는 미국의 도미노 이론처럼 북한에 미국의 베트남에 대한 행동은 공산진영 전체를 위협한다는 뜻이었다. 1966년 10월 5일 조선로동당대표자회에서 김일성이 보고한 "현 정세와 우리 당의 과업"은 당시 베트남전쟁 확대로 인한 정세가 북한 지도부의 정책 수립 과정에 큰 영향을 준 것을 확인시켜 준다.

> 미 제국주의자들은 1954년의 제네바 협정을 란폭하게 짓밟고 남부 웰남[138]에 더욱 많은 무력을 끌여들여 모조리 불사르고 모조리 죽이고 모조리 파괴하는 초토화 작전을 감행하고 있으며 웰남민주공화국에 대한 폭격을 이미 하노이와 하이퐁 지역에까지 확대하고 있습니다. 이것은 웰남에서의 미 제국주의자들의 《계단식전쟁확대》 정책이 새로운 엄중한 단계에 이르고 있다는 것을 보여 줍니다. 미 제국주의자들은 지금 아시아의 광대한 지역에 전쟁의 불길을 확대하려고 분별없이 날뛰고 있

「전 주북한 북베트남대사의 회상, 김일성의 두 번 베트남 방문」, 『징뉴스』 2019년 2월 15일.] https://news.zing.vn/2-chuyen-tham-vn-cua-lanh-tu-kim-nhat-thanh-qua-loi-ke-cua-cuu-dai-su-post911491.html(검색일: 2019. 3. 1.)

138 북한의 자료에서 베트남을 지칭하던 용어와 관련해서는 이 책 제2장 각주 53 참조.

습니다.[139]

김일성이 역설한 것처럼, 미국이 베트남 문제에 개입을 점차 확대해 간 사실은 당시 북한에 위협으로 인식되었다. 즉 베트남전쟁의 확대, 이에 더하여 한·일 국교정상화 등과 같은 아시아 지역체계의 변화는 북한으로 하여금 위기의식을 갖게 하는 국제적 환경을 조성하였다.

다음으로, 남한의 남베트남 파병과 관련된 문제이다. 박정희 정부는 실제로 1964년부터 미국에 여러 차례 전투부대 파병을 먼저 요청했다. 안보 문제 및 그 밖의 사항에 대해 고민한 이후, 1965년 4월 미국은 남한 전투부대 파병을 승인했고, 이어서 남한 전투부대는 남베트남에 10월부터 파병되기 시작되었다.[140] 이처럼 남한의 남베트남 파병과 이로 인한 남한 사회에서의 군사화 및 반공 강화는 북한에 큰 위협으로 인식되었다. 북한은 남한이 "미제의 지시에 따라 새 전쟁을 적극 준비하고 있을 뿐 아니라 이미 웰남에서의 미제의 침략전쟁에 직접 가담

139 김일성, 「《오이》지 보도국장 가브리엘몰리나를 비롯한 꾸바기자들이 제기한 질문에 대한 대답」(1965년 7월 6일), 『김일성저작집』 19(1965. 1~1965. 10), 조선로동당출판사, 1980, 410-413쪽.

140 당시 미국은 남한 전투부대가 투입될 경우 중국·북한·북베트남이 남한·남베트남을 공격하지 않을 것으로 판단했다. 남한군의 파병을 저지하기 위한 북한의 시위 선동 확률 및 DMZ에 위험을 야기할 가능성을 추측했으나 미국은 북한이 '자원봉사' 성격의 지상군을 베트남에 보내지 않을 것으로 판단했으므로 남한 전투부대 투입이 큰 문제가 되지 않을 것으로 전망했다. 미국은 남한군 파병 시 중국이 베트남 북쪽으로 중국군을 배치할 수 있으나 그 이상의 개입은 자제할 것이라고도 판단했다. 또한 미국은 북베트남에 중국군을 파병할 필요가 없고, 북베트남 역시 중국에 파병을 요청하지 않을 것이므로 중국이 남한군 파병에 대응하지 않을 것이라고 보았다. "35. Special National Intelligence Estimate", Washington, March 19, 1965, *FRUS*, 1964-1968, Vol. XXIX, Part 1: Korea, pp. 370-374.

하고 있다"며, 한층 긴장된 정세로 인해 북한과 아세아의 전반적 지역에서 전쟁의 위험이 증대되고 있다고 주장하였다.[141]

실제로, 당시 박정희 정부가 베트남전 파병으로 남한의 전 국민을 전쟁에 동원했고 남한에서 반공의식이 강화된 것은 사실이었으며, 이에 대한 북한의 우려는 과장이 아니었다.[142] 1965년 7월 6일 김일성은 쿠바 기자들과의 회담에서 기자들이 남한의 베트남 파병에 대한 자신의 생각을 묻자 "전체 조선 인민에 대한 참을 수 없는 반역행위이며 모독행위"라고 답했다. 이러한 발언은 남베트남 파병이 당시 남한 사회에서의 반공의식 강화에 영향을 미쳐 북한이 주도하는 '남조선 혁명'에 방해가 되었으므로 북한에 위기감을 고조시킨 것으로 해석할 수 있다. 또한 남한의 파병으로 인해 남베트남 혁명도 피해를 볼 수 있었기에, 김일성은 이 회담에서 남베트남민족해방전선이 요구하는 경우에는 어느 때든지 지원병을 파견하겠다는 입장을 확고하게 표명하였다.[143] 그 이후 북한의 지도부는 여러 차례 북베트남 정부에 베트남 파병 가능성을 재확인하였다. 또한 북한은 1965년 8월 북베트남 대표단이 북한을 방문하는 기간에 북베트남에 대한 지원 약속도 했다. 북한 정부는 남한이 달러를 몇 푼 벌기 위해 나선다고 남한군을 비난하면서, 파병되는 남한군의 병력에 상응하는 규모의 남베트남 해방군을 무

141 김일성, 「《오이》지 보도국장 가브리엘몰리나를 비롯한 꾸바기자들이 제기한 질문에 대한 대답」(1965년 7월 6일), 『김일성저작집』 19(1965. 1~1965. 10), 조선로동당출판사, 1980, 410-413쪽.

142 남한이 전 국민을 전쟁에 동원하고 반공의식을 강화한 것은 다음 연구를 참고할 것. 윤충로, 「베트남전쟁 시기 한국의 전쟁 동원과 일상」, 『사회와 역사』 95권, 2012.

143 김일성, 「《오이》지 보도국장 가브리엘몰리나를 비롯한 꾸바기자들이 제기한 질문에 대한 대답」(1965년 7월 6일), 『김일성저작집』 19(1965. 1~1965. 10), 조선로동당출판사, 1980, 410-413쪽.

장하는 데 필요한 무기와 장비를 남베트남 인민에게 제공할 것을 선언했다.[144]

마지막으로, 북베트남 지원에서 사회주의 국가들(중국, 소련)의 '의견 상이'에 대해 북한은 세계혁명운동과 국제정세의 발전에 부정적인 영향을 미친 것이며, 이는 공산주의자들이 사회주의 진영의 통일을 약화시키는 것이라 주장하였다. 1965년 7월 베트남 부수상 레타인응이(Lê Thanh Nghị)와 김일성의 회담에서, 김일성은 사회주의 국가들의 베트남 문제에 대한 태도는 사회주의 국가들의 한반도 문제에 대한 태도가 될 것이고, 따라서 북한은 사회주의 국가들의 베트남에 대한 태도에 큰 관심을 가지고 있다고 말했다.[145] 즉 북한은 베트남 문제에 대한 사회주의 국가들의 태도는 한반도 문제에 대한 태도와 지원에 결정적 영향을 준다고 인식했다. 따라서 베트남 지원에 관한 중국과 소련의 불일치는 북한에 문제가 될 수밖에 없었다. 그리하여 북한 지도부는 베트남 지원에 대한 사회주의 진영의 의견 불일치와 소극적 모습을

144 TTLTQG3, Quốc Hội, Hồ sơ 1626, "H/s về đoàn ĐB Quốc Hội đi thăm các nước: Trung Quốc, Triều Tiên, Mông Cổ, Liên Xô từ ngày 11.7 đến ngày 3.9.1965. Tập 2: Đoàn đi thăm nước CHDCND Triều Tiên 25.7-3.8.1965." [제3 베트남국립자료센터, 국회 문서군, 폴더 1626호, "1965년 7월 11일~9월 3일까지 중국, 조선민주주의인민공화국, 몽골, 소련에 베트남 국회 대표단 방문에 대한 문건, 제2편, 1965년 7월 25일~8월 3일까지 조선민주주의인민공화국 방문."]

145 "Lê Thanh Nghị, 'Report on Meetings with Party Leaders of Eight Socialist Countries'," 1965, History and Public Policy Program Digital Archive, 8058-"Báo cáo của Phó Thủ tướng Lê Thanh Nghị về việc gặp các đồng chí lãnh đạo của Đảng và Nhà nước 8 nước xã hội chủ nghĩa năm 1965", Phủ Thủ tướng, Vietnam National Archives Center 3 (Hanoi). Obtained by Pierre Asselin and translated by Merle Pribbenow, CWIHP, Woodrow Wilson International Center, https://digitalarchive.wilsoncenter.org/document/134601.

비판했고, 미국에 적극적으로 대항하지 않는 모습을 비판했다. 1966년 당대표자회에서 김일성이 발표한 보고문은 베트남전쟁의 중요성을 지적하면서 당시 북베트남에 대한 사회주의 진영의 지원이 미비함을 비판하고 있다. 북한은 북베트남을 지원하는 데 사회주의 국가들의 '의견 상이'가 존재했고, '기회주의적 입장'과 '민족이기주의'가 팽배했다고 비난하였는데, 이는 소련과 중국 모두를 겨냥한 것이었다.[146]

1960년대 중반부터 북한은 "결심하고 일치한 투쟁으로 우리의 공동의 적인 미국의 가면을 벗겨야 한다"고 호소했고,[147] 북베트남 지지 문제와 이에 관한 사회주의 국가들의 통일전선 촉진을 요구했다.[148] 1965년 4월 베트남 국회가 미국의 베트남 침략전쟁 확장을 규탄했는데, 베트남 인민의 정의로운 투쟁을 적극적으로 지원하는 사안과 관련해, 북한 최고인민회의 상임위원회 확대회의에서 베트남을 지지할 것이 결정되었다. 결정문에 기재된 베트남 지지 이유는 "베트남민주공화국이 사회주의 진영의 불가분의 일환이며, 사회주의 국가들은 베트남민주공화국에 대한 미제의 강도적 침략행위를 보고만 있을 수 없다"는 것으로 설명되었다. 또한 "사회주의 국가들이 침략자를 제재하기 위한 단호한 조치를 취하며 싸우는 베트남 인민에게 무기와 지원군의 파견을 포함한 모든 형태의 지원을 해 줄 응당한 권리를 가지고 있으며 또 의무를 지니고 있다고" 발표하였다.[149] 이처럼 당시 북한 지도

146 정규섭, 앞의 책, 109-110쪽.

147 Báo Nhân dân, 28.11.1964, "Tham luận của đoàn đại biểu Triều Tiên." [「조선대표단의 발언」, 『인민신문』 1964년 11월 28일.]

148 "November 3, 1967, Report On The Stance Of The Korean Workers' Party And The Relations With Albania", *The Two Koreas and the Vietnam War*, Document Collections, CWIHP, NKIDP, Woodrow Wilson International Center. http://digitalarchive.wilsoncenter.org/document/114397.

149 TTLTQG3, Quốc Hội, Hồ sơ số 1581, "QH các nước: Anbani, Ba Lan,

부가 베트남의 항미전쟁에 "필요한 온갖 형태의 정신적 및 물질적 지원"을 강조한 것은 그것이 북한의 "고상한 국제주의적 의무"로 여겨졌기 때문이었다.[150] 따라서 "웰남 인민은 자기 조국의 완전한 해방과 독립을 위하여 영용하게 싸우고 있을 뿐 아니라 사회주의 진영을 보위하여, 아세아와 세계 평화를 위하여 피 흘려 싸우고" 있다는 인식으로 김일성은 "미 제국주의자들의 침략을 반대하고 웰남 인민을 지원하는 데서 힘을 합쳐야 할 것이다. 이것은 국제적 반제전선을 강화하고 싸우는 웰남 인민에게 더욱 큰 힘을 줄 것이며, 나아가서는 우리 대열의 진정한 통일단결의 길을 열어 놓을 것"이라고 강조했다.[151]

2) 베트남전 연대 강조와 김일성 권력체제의 공고화

베트남전쟁과 관련된 정세 변화는 북한에 위기의식을 가져다주었고, 북한은 이에 즉각적으로 정치노선을 전환했다. 북한이 택한 첫 번째

Bungari, Cămpuchia, CHDC Đức, Hungari, Liên Xô, Mông Cổ, Rumani, Tiệp Khắc, CHDCND Triều Tiên, Trung Quốc hưởng ứng lời kêu gọi ngày 10.4.1965 của QH Việt Nam lên án đế quốc Mỹ mở rộng chiến tranh xâm lược Việt Nam." [제3 베트남국립자료센터, 국회 문서군, 폴더 1581호, "1965년 4월 10일 베트남 국회가 미국의 베트남침략 전쟁 확장을 규탄하는 것에 대한 중국, 조선민주주의인민공화국, 체코슬로바키아, 루마니아, 몽골, 소련, 헝가리, 독일민주공화국, 캄보디아, 불가리아, 폴란드, 알바니아 각 국회의 옹호."]

150 TTLTQG3, Quốc Hội, Hồ sơ số 1587, "Hồ sơ về việc Hội nghị Nhân dân tối cao Triều Tiên hưởng ứng bản tuyên bố ngày 22.4.1966 của QH nước VNDCCH." [제3 베트남국립자료센터, 국회 문서군, 폴더 1587호, "1966년 4월 22일 베트남민주공화국 국회의 선언에 대한 조선민주주의인민공화국 최고인민위원회의 옹호."]

151 김일성, 「조선로동당창건 스무돐에 즈음하여」(1965. 10. 10.), 『김일성저작집』 19(1965. 1~1965. 10), 조선로동당출판사, 1982, 517쪽.

노선은 1966년의 병진노선 공식화였다. 이는 북한의 안보위기 의식이 고조되는 가운데 대응체계 구축이 모색된 것으로, 전쟁 대비라는 이유로 북한 지도부가 사회주의 건설 및 군사를 강화하는 과정에서 인민 전체를 동원하려고 한 것이었다.

이 과정에서 북한 지도부가 경제 발전·촉진에 베트남 지원이라는 명목을 잘 활용한 것은 주목받을 만한 일이었다. 구체적으로, 북한 정부는 처음부터 베트남의 항미전쟁을 지지했으며, 통킹만 사건으로 미국이 북베트남 폭격을 시작한 이후부터 이러한 결심을 했다고 계속 역설했다. 1965년 7월 북베트남 대표단 환영행사에서 평양직할시 인민위원장 강희원은 "조선과 베트남은 미국으로 인해 분단되었고 현재 또 미국 때문에 같은 고통에 시달리고 있다"고 하면서, 양국이 지리적으로 멀리 있어도 양국의 인민은 여전히 "같은 심장이 뛰고 있다"는 비유로 북한과 북베트남의 공동의식을 표현했다.[152] 즉 양국은 서로의 상황과 어려움을 이해하고 서로 돕는다는 것이었다. 또한 1966년 4월 29일 북한의 인민회의가 북베트남에 보낸 편지에서는 "조선 인민은 웰남에 대한 미제의 침략을 조선 인민 자신에 대한 침략과 같이 간주하고 있으며, 미제가 침략전쟁을 확대하면 할수록 그를 방해하여 더욱 견결히 투쟁하며 웰남 형제들의 정의의 투쟁을 지원하는 데 대한 결의를 굳게 하고 있습니다"라고 하였다.[153] 이처럼 북한 정부가 선언한

152 TTLTQG3, Quốc Hội, Hồ sơ 1626, "H/s về đoàn ĐB Quốc Hội đi thăm các nước: Trung Quốc, Triều Tiên, Mông Cổ, Liên Xô từ ngày 11.7 đến ngày 3.9.1965. Tập 2: Đoàn đi thăm nước CHDCND Triều Tiên 25.7-3.8.1965." [제3 베트남국립자료센터, 국회 문서군, 폴더 1626호, "1965년 7월 11일~9월 3일까지 중국, 조선민주주의인민공화국, 몽골, 소련에 베트남 국회 대표단 방문에 대한 문건, 제2편, 1965년 7월 25~8월 3일까지 조선민주주의 인민공화국 방문."]

153 TTLTQG3, Quốc Hội, Hồ sơ số 1587, "Hồ sơ về việc Hội nghị Nhân dân

"베트남 인민의 항미전쟁은 조선의 투쟁이며, 베트남 인민의 승리는 우리의 승리이다"라는 문구는 당시 『로동신문』이나 북한-북베트남 상호교환 서류에 흔히 등장하는 문구였다. 북한 인민의 "심장은 항상 싸우는 웰남 인민의 심장과 하나로 고동치고 있다"며 "미제 침략자들을 완전히 소멸할 때까지 어떤 어려운 환경 속에서도 언제나 웰남 인민과 함께 싸워 나갈 것"이라고 표현한 것처럼, 1960년대 중반 북한-북베트남 연대에 대해, 북한 측은 베트남과 항미전쟁에서 "생사를 같이하는" 운명공동체로 인식하였다.

이러한 정치적인 공동연대로서 북한 정부는 1965년에 전국적으로 전 인민에게 베트남전쟁을 적극 지원하자는 운동을 펼쳤으며, 북한 내부에서는 미국에 저항할 준비가 다 되었다고 여러 차례에 걸쳐 발표하였다. 북한의 노동계급은 베트남 지원 운동에 열정적으로 참여하게 되었다. "싸우는 영웅적 월남 인민을 힘껏 도와주자!"라는 구호는 당시 북한의 많은 공장에서 자주 볼 수 있는 것이었다.[154] 제일 인상적이고 대표적인 활동은 바로 베트남의 응우옌반쪼이(Nguyễn Văn Trỗi)[155] 전사와 그가 북한에서 '만능 근로자'가 된 이야기이다. 쪼이는 1940년 2월 1일 베트남 중부 꽝남(Quảng Nam)성(省) 디엔반(Điện Bàn)현에서 출생한 열사이다. 그는 1954년 제네바 협정 체결 이후 사이공(Sài Gòn)으

tối cao Triều Tiên hưởng ứng bản tuyên bố ngày 22.4.1966 của QH nước VNDCCH." [제3 베트남국립자료센터, 국회 문서군, 폴더 1587호, "1966년 4월 22일 베트남민주공화국 국회의 선언에 대한 조선민주주의인민공화국 최고인민위원회의 옹호."]

154 「싸우는 영웅적 월남 인민을 힘껏 도와주자!, 각지 공장, 기업소들에서 집회를 가지고 월남 인민을 적극 지지 성원할 것을 결의」, 「공동의 원쑤 미제를 짓부시는 마음으로, 신의주 법랑 철기 공장에서」, 『로동신문』 1965년 3월 17일.

155 북한어 발음으로 '느구옌 반 트로이'.

로 이주하여 한 전구 제조공장에서 전기공으로 근무하다가, 무장특수 별동대를 조직해 무장혁명운동에 가담했다. 1964년 5월 미국에서 맥나마라 국방부장관이 이끄는 군사조사단을 남베트남에 파견하자, 쪼이는 이를 습격하기로 자원해 꽁리(Công Lý) 다리에서 수류탄을 던지려는 순간 체포돼 수감되었다. 이 소식을 듣고 베네수엘라의 공산주의자 게릴라 단체(Armed Forces of National Liberation, 스페인어: Fuerzas Armadas de Liberación Nacional, FALN)는 쪼이의 자유와 납치된 미국 공군 중령 마이클 스모랜(Michael Smolen)의 석방을 거래하기도 하였다. 스모랜은 무사히 풀려났지만, 쪼이는 수감 중 갖은 고문과 함께 온갖 회유에도 불구하고 죽음을 각오하고 비밀을 폭로하지 않아 결국 1964년 5월 9일 밤 10시 총살형에 처해졌다. 베트남이 선전한 내용에 따르면, 사형 집행 직전 쪼이는 "카인 정권 타도! 베트남 만세! 호찌민 만세"를 소리 높여 외쳤다고 한다. 남베트남민족해방전선은 그의 혁명정신과 투쟁성을 높이 평가해 남베트남 혁명의 인민당원으로 추인하고 1등 훈장을 추서했다.

흥미로운 것은 당시 응우옌반쪼이에 대한 이미지가 베트남에서만 존속된 것이 아니었다는 점이다. 즉 북한에서도 쪼이를 칭송했으며 북한 근로자와 인민들의 마음속에서도 그가 돈독하게 살아 있었다는 것이다. 응우옌반쪼이의 혁명정신과 투쟁성에 대한 「쪼이처럼 산다」라는 작품은 중요한 부분이 번역되어 2회 연속으로 『로동신문』에 2면에 걸쳐 게재되었다. 평양 라디오 방송국도 신문 내용을 다시 방송했고, 북한의 대학생과 청년단은 1965년 10월 15일에 그의 희생을 위한 추념식 행사를 평양에서 개최했다.[156]

156 「그처럼 살자」, 『로동신문』 1965년 9월 19일, 20일; Báo Nhân dân, 17.10.1965, "Sinh viên, thanh niên Triều Tiên mitting tưởng nhớ anh

응우옌반쪼이의 사망 이후 각 계급의 북한 인민들은 쪼이에 대한 이야기에 감동을 받았으며, 미국에 대한 증오를 행동으로 변혁시켜 베트남 인민의 투쟁을 적극적으로 지원하겠다고 하였다. 김일성은 함흥 전기공장을 방문하여 "베트남 인민은 미국 때문에 피를 흘리고 있다. 우리는 베트남 인민 한 명이 전사한 것이 조선 인민 한 명이 전사한 것이고, 미국이 북베트남에 폭탄 하나를 투하한 것은 북조선에 폭탄 하나를 투하하는 것처럼 간주한다. 우리는 최대한으로 가능한 모든 것을 노력해서 베트남 인민의 승리를 도와줘야 된다"라고 말하였다고 한다. 북한 노동자들은 자신이 "베트남전 지원군 명단에 이름을 올렸을 뿐만 아니라, 지원 요청이 승인될 때까지 생산계획 목표를 세우고 그것을 초과 달성하는 것이 응우옌반쪼이를 위해 복수하는 일"이라고 여겼다.[157]

이런 배경으로 북한 노동자 계급은 쪼이의 희생에 대한 복수를 하기 위하여 공장에서 증산운동을 일으켰다. 함흥공업지구에 있는 한 기계공장의 노동자들은 자신들의 조합에 응우옌반쪼이라는 이름의 구성원을 올려서 쪼이를 대신해 일하겠다고 제의했다. 쪼이를 위해 복수한다는 명목하에 그들이 목표한 생산량보다 더 많은 성과를 달성하겠다는 것이다. 그리하여 1965년 1월 10일 쪼이는 북한의 노동자가 되었다. 또한 어떤 공장에는 응우옌반쪼이라는 이름을 가진 기계도 있었다. 김보학이란 노동자가 '응우옌반쪼이를 위한 복수 수첩'을 만들어 그 수첩에 매일 자기 업무를 기록했다. 하나의 업무를 끝내면 같은 노동자

Nguyễn Văn Trỗi." [「조선의 대학생, 청년들 응우옌반쪼이 영웅 추념식 행사」, 『인민신문』, 1965년 10월 17일.]

157 Báo Nhân dân, 17.10.1965, "Nguyễn Văn Trỗi ở Triều Tiên". [「조선에서의 응우옌반쪼이」, 『인민신문』 1965년 10월 17일.]

계급이었던 남베트남 열사 쪼이를 위한 복수가 되었으며, 이것은 미군을 죽이는 것과 같았다.[158]

북한 노동자들은 왜 자신의 업무를 완성하는 것이 베트남을 돕고 미군을 죽이는 것이라고 생각했을까? 북한은 베트남에서 미국이 패배할 경우 한반도에도 영향을 미칠 것이라고 인식했는데, 이는 다시 말하면 미국이 베트남에서 고전하면 할수록 남한 내 미국의 기반이 약화될 것이며 동시에 조선 혁명의 가능성이 그만큼 커진다는 논리였기 때문이었다.[159] '응우옌반쪼이' 이야기가 북한에서 형성된 맥락도 동일했다. 쪼이와 같은 남베트남 인민이 전투 과정에서 희생된 것은 베트남의 해방과 통일을 위해 아시아와 세계의 평화, 그리고 북한을 비롯한 사회주의 진영을 보호하기 위함이라는 것이다. 즉 베트남 혁명 지원은 조선 혁명을 돕는 것이라 강조했다. 동시에 이는 조선 혁명이 어떠한 성과를 거두면 곧 베트남 혁명을 지원한다는 말이었다. 북한 인민들은 북한 내에서 사회주의 성과를 늘린 것이 북조선 혁명 승리의 기반이 되는 것이며, 이로써 남조선 혁명 승리에 기여하고 남조선에서 미국이 패배하게 될 것이라고 보았다. 더 나아가 이는 남베트남에서도 미국이 패배하게 만들어 남베트남 혁명의 승리에 기여할 것이고, 궁극적으로 이것이 결국 응우옌반쪼이를 위한 복수라고 생각했다. 따라서 김보학 노동자는 생산 목표를 세운 이후 7개월 만인 1965년에 '응우옌반쪼이 기계'로 200%의 생산계획을 달성했다(그림 3-2 참조). 그리고 그는 이러한 200% 생산계획 달성이 미군 2,000명을 죽임으로써 남조선과 남베트남 해방을 한 단계 더 진전시키는 것으로 생각한다고 설명했다. 즉 그는 '조선 혁명'과 '베트남 혁명'이 같은 전선이며, 베트남이

158 위의 자료.

159 조진구, 앞의 논문, 254쪽.

〈그림 3-2〉 '응우옌반쪼이' 기계 앞에서 새로운 기술혁신안을 논의하고 있는 평양전선공장 '월남 지원 작업반' 노동자들

출처: 『로동신문』 1965년 3월 17일.

든 조선이든 혁명투쟁의 성과가 이루진다면 그것은 공동의 승리라고 인식한 것이다. 결국 북한 지도부는 '조선 혁명'과 '베트남 혁명'을 연결시켜 베트남이라는 요인을 적극 활용하여 경제생산력을 높이려 했다. 그리고 이러한 북한 지도부의 동원 방식은 노동계급의 애국심 및 국제적 연대성을 형성·교육시키는 바였다.[160] 따라서 북베트남에 대한 지원, 남베트남을 위한 복수, 그리고 국제혁명 단결 등과 같은 명목은 당시 노동자들의 협력을 동원할 수 있는 것이었으며, 북한의 지도부가 제시한 방식에 완벽히 들어맞는 것이었다.

한편, 병진노선의 중요한 부분인 국방 강화는 베트남전쟁 확대 위협에서 출발했으며, 북한은 이 역시 베트남전쟁과 관련한 명목으로 삼아 인민들의 지지를 얻으려고 했다. 김일성은 국방력 강화의 필요성

160 김일성은 1966년 10월 5일 조선로동당대표자회에서 노동계급의 애국심 및 프롤레타리아 국제주의 사상과 국제적 연대성을 강화해야 한다고 밝혔다.

에 대해 설명하며 다음과 같이 베트남에 대한 정세를 중요하게 언급하였다.

> 최근 년간에 우리 당은 제국주의자들의 격화되는 침략책동에 대처하여 국방력을 더욱 강화하는 데 특별한 관심을 돌리지 않으면 안 되었습니다. … 미 제국주의자들은 아시아에서 침략책동을 더욱 로골화하는 길에 들어섰습니다. 그들은 웰남민주공화국을 반대하여 바크보(Bắc bộ-통킹)만 사건을 도발하고 남부웰남에서 침략전쟁을 대대적으로 강화하였으며 동남아시아와 극동 및 기타 지역에서 긴장상태를 더욱 격화시켰습니다. 이러한 정세에 대비하여 우리 당은 이미 1962년에 소집되였던 당중앙위원회 제4기 제5차 전원회의에서 경제건설과 국방건설을 병진시킬 데 대한 방침을 제기하고 경제건설을 개편하는 한편 국방력을 더욱 강화하기 위한 일련의 중요한 대책을 세웠습니다. 그 후의 사태발전은 우리 당이 취한 대책이 전적으로 정당하였다는 것을 증명하고 있습니다. 우리는 당의 결정을 집행하기 위한 투쟁을 통하여 국방력을 훨씬 더 강화함으로써 제국주의자들이 미쳐 날뛰는 조건에서도 우리 조국의 안전을 튼튼히 보위할 수 있게 되었습니다.
>
> 오늘 미 제국주의자들의 침략행위는 더욱 강화되고 있으며 그들의 전쟁확대음모는 더욱더 로골화되고 있습니다. 남조선의 박정희 도당은 미제의 지시에 따라 새 전쟁을 적극 준비하고 있을 뿐 아니라 이미 웰남에서의 미제의 침략전쟁에 직접 가담하고 있습니다. 정세는 한층 더 긴장되었으며 우리나라와 아시아의 전반적 지역에서 전쟁의 위험이 증대되고 있습니다.
>
> 조성된 정세에서 우리는 사회주의경제건설을 계속 추진시키면서 이와 병행하여 국방건설을 더욱 강력히 진행하여야 하겠습니다. 우리의 방위력을 철벽같이 다져야 하며 원쑤들의 임의의 불의의 침공에 대처

할 수 있도록 만단의 준비를 하여야 합니다. 물론 이렇게 하자면 많은 인적 및 물적 자원을 국방에 돌려야 할 것이며 이것은 우리 나라의 경제발전을 일정하게 지연시키지 않을 수 없을 것입니다. 그러나 우리는 인민경제의 발전 속도를 좀 조절하더라도 조국보위의 완벽을 기하기 위하여 응당 국방력을 강화하는 데 더 큰 힘을 돌려야 합니다.[161]

그뿐만 아니라, 1960년대 중반 북한에서 응우옌반쪼이의 혁명정신이 인기를 끄는 교육적 모범이 된 것처럼, 베트남의 항미전쟁 경험은 북한에 영웅적인 모범이 되어 북한 인민을 격려하였는데, 이 역시 한국전쟁에 대한 분위기 재현에 중요한 역할을 했다. 같은 맥락에서 당시 북한 학생들은 1965년부터 '조월친선학급'을 설정해 '월남의 애국청년들을 명예학생'으로 등록하는 활동을 전개했다. 1965년 3월 평양외국어대학 불어과, 사범대, 건설대학 건축공학과, 의학대학 의학부 등 평양시내 각급 학교의 학생들은 '조월친선학급'을 만들어 '월남의 애국청년들을 명예학생'으로 등록하고 '월남 형제들과 싸우는 심정으로' 학과 학습에 더한층 열성을 발휘하였다. 한 학급 모임은 다음과 같이 베트남에 대한 심정을 보여 줬다.

오늘 형제 같은 월남 인민과 청년 학생들의 머리 위에 폭탄과 기총사격을 퍼붓고 있는 미제는 바로 지난 전쟁 시기 우리의 부모 형제들을 잔인하게 학살하고 우리에게서 보금자리와 배움터를 빼앗은 그 저주받을 인간 백정들이다. 우리는 미제 승냥이들이 지금으로부터 15년 전에 우리의 어린의 가슴에 틀 씌운 그 모진 고통과 불행을 오늘 또다시 월남

161 김일성, 「현정세와 우리 당의 과업」(1966년 10월 5일), 『김일성저작집』 20 (1965. 11~1966. 12), 조선로동당출판사, 1982, 378-381쪽.

형제들에게 강요하려는 것을 결코 보고만 있을 수 없다. 월남 인민들과 청년 학생들의 정의의 투쟁을 적극 지지 성원한다.[162]

또한 평양의학대학 의학부 4학년 학생들은 월남의 애국청년 응우옌반쪼이를 명예학생으로 등록하고 월남 학생들과의 친선적 연대를 더욱 강화할 결의를 다졌다.

이처럼 북한 지도부는 북베트남에서의 미국 폭격을 북한에서의 한국전쟁과 같은 분위기로 재현하고 반미(反美)의식을 확대시켰다. 결과적으로 북한은 1960년대 중반부터 전민무장화·전국요새화·전군간부화·전군현대화 배정에 성공하였다. 또한 같은 시기 북한의 재정지출 구성에서 군사비는 급격히 증가되었는데, 이 현상도 당시 지도부의 병진노선 공식화를 반영한 것이었다.[163] 아울러 전쟁에 대비해서 사회를 군사화하고 1967년부터 김일성 중심의 유일지도체계를 추구하면서 북한 사회는 광범한 개인숭배 캠페인 속으로 빠져들어 갔다.[164] 즉 베트남이라는 요소는 1960년대 중반 김일성을 중심으로 한 북한 지도부의 정권유지를 위한 정책 수립 및 강화에 큰 영향을 주었다.

베트남전의 확대로 인한 위기에서 북한의 두 번째 선택은 대남정책의 강화였다. 이는 남한의 남베트남 파병이 가져온 위협에 대한 대응이었다. 전술했듯이 남베트남 파병으로 인한 당시 남한 사회에서의 반공의식 강화는 북한이 주도하는 '남조선 혁명'에 방해되는 것이므로 북한에 위기감을 고조시켰다. 1950년대 말 남베트남에서 혁명역량이

162 「〈조월친선학급〉을 설정하고 월남의 애국 청년들을 명예 학생으로 등록」, 『로동신문』 1965년 3월 19일.

163 한모니까, 「1960년대 북한의 경제·국방병진노선의 채택과 대남정책」, 『역사와 현실』, 2003 참조.

164 이종석, 『새로 쓴 현대 북한의 이해』, 역사비평사, 2000, 81쪽.

크게 파손될 위기에 처하자, 북베트남은 남베트남 혁명 강화 방침을 결정하였다. 이러한 역사를 고려해 보면 북한도 이와 비슷한 상황에서 충분히 그러한 선택을 할 수 있었다.

그러나 당시 남한의 남베트남 파병은 북한에 위기만이 아닌 기회로 작용할 수도 있었다. 북한 지도부는 전쟁 동원에 대해 남한 사회가 불만을 가지게 될 것을 기대했기 때문이었다. 특히 당시 남한의 상황은 1965년 한일협정 체결로 복잡했다. 1964년 한일협정 반대 시위는 4·19혁명 이후 가장 큰 반정부 시위로, 주한 미국대사관은 이 시위로 박정희 정부가 무너질 가능성이 있다고 판단할 정도였다.[165] 이렇게 심각한 정치·사회적 갈등과 혼란 속에서 남한 내부 정세는 북한에 '베트남식 민족해방전쟁'의 전개에 적합한 것으로 해석될 수 있는 소지를 다분히 가지고 있었다.[166] 김일성은 1966년 10월 열린 제2차 '조선로동당 대표자회'에서 북한의 남조선 혁명 및 조국통일의 임무를 더욱 강조했다. 김일성은 "현재 단계에서 조선로동당의 가장 큰 임무는 조국통일 및 전국적인 혁명의 승리"라고 강조했으며, "남조선의 혁명조직들과 혁명가들은 혁명의 결정적 시기를 앞당기며 미제의 식민지 통치를 분쇄하기 위하여 사상적 및 조직적 역량을 부단히 강화하여야 하며, 폭력적 및 비폭력적인 모든 형태의 투쟁에 군중을 준비시켜야 할 것"이라고 역설했다.[167]

당시 남베트남의 정치가 혼란스러웠던 만큼 남민전의 움직임은 활발했다. 1965년 남베트남 전 영토의 5분의 4와 1,000만 명 이상의 주

165 박태균, 앞의 책, 23쪽.

166 강광식, 앞의 논문, 190쪽.

167 「조선로동당 대표자회의에서 한 김일성동지의 보고」, 『로동신문』 1966년 10월 6일; Báo Nhân dân, 10.10.1966, "Hội nghị cán bộ Đảng Lao động Triều Tiên." [「조선로동당 대표자회의」, 『인민신문』 1966년 10월 10일.]

민들이 이미 남민전의 기치하에 '해방'되어 속한다고 했는데, 북한 정부에 이러한 '승리'는 거대한 고무적 모범이 된다는 것이었다.[168] 김일성은 1965년 10월 10일 '조선로동당 창건 스무돐 경축대회'에서 베트남의 유격전쟁 경험을 배워야 된다고 발표했다.

> 우리는 또한 다른 나라들의 혁명전쟁 경험에서 배워야 하며, 특히 지금 벌어지고 있는 웰남 인민의 해방전쟁과 아프리카, 라틴아메리카 나라들의 혁명적 유격전쟁의 경험들을 잘 배워야 하겠습니다.[169]

이 시기에 북한의 지령과 자금을 받은 남한의 공산주의자들에 의해 '통일혁명당'이 지하에서 조직되었는데, 이 조직은 반미·반정부적인 분위기를 조성하는 데 상당히 기여했을 것으로 보인다.[170]

실제 베트남전쟁기 북베트남 정부 지도하에 남베트남 내에서 수립된 남민전의 존재는 '남조선의 혁명'에도 의미가 있었다. 북한 정부가 오직 북베트남 정부와만 관계를 맺었던 것은 아니었다. 전술했듯 북한은 1960년대 초반부터 남민전과도 관계를 맺었는데, 남베트남에

168 TTLTQG3, Quốc Hội, Hồ sơ số 1581, "QH các nước: Anbani, Ba Lan, Bungari, Cămpuchia, CHDC Đức, Hungari, Liên Xô, Mông Cổ, Rumani, Tiệp Khắc, CHDCND Triều Tiên, Trung Quốc hưởng ứng lời kêu gọi ngày 10.4.1965 của QH Việt Nam lên án đế quốc Mỹ mở rộng chiến tranh xâm lược Việt Nam." [제3 베트남국립자료센터, 국회 문서군, 폴더 1581호, "1965년 4월 10일 베트남 국회가 미국의 베트남침략 전쟁 확장을 규탄하는 것에 중국, 조선민주주의인민공화국, 체코슬로바키아, 루마니아, 몽골, 소련, 헝가리, 독일민주공화국, 캄보디아, 불가리아, 폴란드, 알바니아의 옹호."]

169 김일성, 「조선로동당 창건 스무돐에 즈음하여」(1965년 10월 10일), 『김일성저작집』 19(1965. 1~1965. 10), 조선로동당출판사, 1982, 518쪽.

170 강광식, 앞의 논문, 190쪽.

서 혁명운동을 하던 남민전은 1966년 6월부터 북한으로 상주대표단을 파견하면서 북한과 정식 외교관계를 맺기 시작하였다.[171] 북한이 남민전에 대한 관심을 가지고 외교관계를 맺은 이유는, 베트남전쟁과 비슷하게 '남부혁명'을 촉진하기 위해 남한 내에서 '혁명운동'을 양성하고, 게릴라 투쟁을 일으키는 것이 목적이었기 때문이었다고 볼 수 있다.

한편, 이 시기에 북한은 한반도에서 공격적 대남정책을 수행했는데, 기존 연구에서는 북한이 북베트남을 도와주기 위해 한반도에서 분쟁을 일으킴으로써 남한군 전투부대가 더 이상 빠져나가지 못하게 한 것이라고 파악하였다.[172] 이는 역시 '조선 혁명'과 '베트남 혁명'이 연결된다는 북한 지도부의 논리에서 나온 것으로 볼 수 있다. 지금까지 밝혀진 자료로는 북한과 북베트남 사이에 어떠한 이야기들이 오갔는지 알기는 어렵다. 그러나 1967년 북베트남은 언론을 통해 남북한의 교전을 보도하였다. 당시 북베트남의 『인민군대 신문』에는 1967년 1월 19일 남한의 해군 초계함 당포함(56함)이 북한 해안포에 격침당한 것에 대해 "조선에서 박정희 도당의 새로운 실패는 베트남 인민을 열광하도록 감동시켰다. …"라는 평가가 실렸다. 또한 당시 남한이 계속 남베트남에 전투부대를 파병할 계획을 전개하고 있으며, 심지어 공군을 파병할 계획을 하고 있다고 비판했다. 즉 북베트남이 이 사건에 기뻐한 이유는 남한이 '조·월'의 공동의 적이기 때문이었다는 것이다. 또한 북한의 이러한 전공은 1966년 말 남한의 도발행동에 경고한 것이라고 했다.[173]

171 Báo Quân đội nhân dân, 30.6.1966, "Mặt trận Giải phóng Miền nam Việt Nam cử đoàn đại diện thường trú tại nước CHDCND Triều Tiên." [「남베트남해방전선이 조선민주주의인민공화국에 상주대표단을 파견」, 『인민군대신문』 1966년 6월 30일.]

172 박태균, 앞의 책, 35-36쪽.

173 Báo Quân đội nhân dân, 23.1.1967, "Quân đội nhân dân Triều Tiên bắn

여기서 주목받은 점은 바로 남한 공군을 파병할 계획이 있다는 것이었다. 실제로는 베트남 파병 과정에서 남한 공군은 파병되지 않았으며, 따라서 이 같은 남한 공군의 베트남 파병 관련 내용은 기존에 알려지지 않았다. 도대체 어떻게 된 일일까?

당시 남베트남 정부의 자료를 통해 보면 남한 정부의 공군 병력 투입 의사는 확인된다. 구체적으로 1965년 8월 10일부터 13일까지 남베트남 외교단이 남한을 방문했는데, 외교단의 방문 목적은 남한의 외교활동 경험에 대해 수련을 받는 것이었고, 이 시점은 남한군 파병 시기와 일치했다. 외교단은 기자회견을 열었고, 남한 국방부장관 김성은, 국방부차관 강서룡 등과 긴 시간 면담했다. 남베트남의 보고에 따르면, 파병을 앞둔 상황에서 김성은 장관이 남베트남의 시국에 높은 관심을 보였고, 남베트남에서 남한군과 베트콩의 대규모 전투 기회를 놓치지 않기를 희망한다고 했다. 또한 강서룡 차관은 남베트남 정부가 남한 공군을 파병해 달라는 요청을 하지 않은 것을 비난했으며, 외교단이 남베트남 정부에 이를 전달해 달라고 말했다. 외교단은 이것이 공군에 대한 차별 같은 것이 아니라, 단지 남베트남의 공력이 아직 충분하지 않기 때문이라고 설명했다.[174]

파병의 명분에 크게 기여한 요인이 남베트남 정부의 요청이었기 때문에, 남한 측에 공군 파병 요청은 중요했다. 남베트남이 공군 파견

chìm một chiếc tàu của bọn Pắc Chung Hy xâm phạm vùng biển Bắc Triều Tiên." [「북조선 영해에 침범한 박정희도당의 선박이 조선군대에 의해 격침」, 『인민군대 신문』 1967년 1월 23일.]

174 TTLTQG2, Phông Phủ Thủ tướng VNCH, hồ sơ 20980, "Quan hệ Việt Nam-Đại Hàn 1965", 13.8.1965. [제2호 베트남 자료 센터, 베트남공화국의 수상부 문서군, 폴더 20980호, "1965년 베트남-대한의 관계", 1965년 8월 13일.]

을 요청하지 않았음에도 남한의 공군 파병 용의에는 변함이 없었고, 이에 대한 지속적 논의가 있었다. 이와 관련한 남한 언론의 추이는 주목할 만하다. 1966년 5월 처음으로 공군 파월에 대한 보도가 있었다. 김종필 공화당 의장은 5월 10일 남한 공군의 월남전 투입이 고려되고 있는 것으로 안다고 말했다. 그는 기자회견에서 "우리 공군은 미국 측이 비행기와 장비를 제공할 경우 조종사만을 파월하기를 희망하고 있다"면서, "공군에서 이런 고려를 하고 있는 것은 육해군과 해병대가 월남전에 투입되고 있으므로 공군의 참여의식이 발로된 것으로 안다"고 말했다.[175] 그러나 김성은 장관과 정일권 국무총리는 더 이상의 파월 계획이 없으며, 공군 파월에 대한 박 공군참모총장 등의 발언은 개인적인 의욕이라며 공군 파월 가능성을 전적으로 부인했다.[176]

그런데 1966년 7월 주월한국군사령관 채명신 중장은 "태극기를 단 한국 공군이 월남전선에서 한국군 지상작전을 지원하게 되면 장병들의 사기가 높아질 것이고 공지협동작전상 한국 공군 파월의 필요성이 충분히 인정된다"고 말하여 주목을 받았다.[177] 남베트남이 공군 투입을 요청하지 않았음에도 주월한국군 차원에서 공군 투입 필요성을 제기한 것이다. 그리하여 김성은 장관은 1967년 1월 "우리 공군 당국이 전투조종사를 파월할 것을 희망해 왔고 파월 계획을 검토해 본 사실을 시인"하지만, "공군 파월은 일종의 모험이며 바람직한 일이 못된다"는 견해를 밝혔다.[178] 그러나 이게 끝이 아니었다. 정일권 국무총리가 남베트남 방문 기간 중 끼 남베트남 수상과 비밀회담을 했고, 여

175 「공군 파월 고려 중」, 『경향신문』 1966년 5월 10일.

176 「정총리 언명 "공군 파월 없다"」, 『동아일보』 1966년 5월 11일.

177 「공군 파월은 필요, 67연초까지 신무기 장비」, 『경향신문』 1966년 7월 21일.

178 「공군 파월은 모험」, 『경향신문』 1967년 1월 5일.

기서 남한의 공군 파병이 중점적으로 검토되었음이 드러났다.[179] 9월 채명신 사령관은 '주월한국군 창설' 2주년을 맞아 국군의 전투경험을 쌓고 국방력을 강화하기 위해서도 공군 조종사의 파병이 절대적으로 필요하다고 다시금 강조했다.[180] 또한 1968년에 채 사령관은 '월남 전황과 정세' 보고를 통해 남한의 지상군 병력 증가, 공군과 지상군의 협동작전의 필요성, 공군 전투력 강화 및 훈련 경험을 위해 공군 파병이 필요하다는 주장을 국방부에 정식으로 제기하였다. 그러나 1967년 남북 간 위기가 고조되어 다음 해 청와대 습격사건과 푸에블로호 납치사건이 발생했고, 남한은 더 이상 베트남에 파병할 수 없었다.[181] 이로써 남한 공군 병력의 투입은 불가능해졌고 더 이상 논의의 대상이 되지 않았다.

이와 같이 당시 북한의 대남공격 정책이 정말 북베트남을 도와주기 위해서였는지 아닌지 정확하게 알 수 없으나, 휴전선에서 남북 간의 교전이 급증하고 남북 간 위기가 고조되어 남한이 더 이상 베트남에 파병할 수 없었던 것은 사실이었다. 중요한 점은 원래 북한의 '남조선 혁명 지원'이라는 인식은 북한체제가 남한보다 훨씬 우월한 역량을 지녔다는 판단에서 비롯된 것이며, 북한의 대남전략에서 허울 좋은 명분뿐일지라도 남북한 체제의 역량 격차가 드러났다는 것이다.[182] 즉 1960년대 남조선 혁명 지원과 같은 북한의 대남정책 강화는 남한의 남베트남 파병에 북한이 선택한 대책임과 동시에, 자기 나름대로 체제에 대한 자신감을 보여 줄 수 있는 것이었다. 따라서 이는 북한 지도부

179 「해·공군 파월 검토」, 『동아일보』 1967년 2월 17일.

180 「채명신 주월군사령관 주장 "공군 파월 긴요"」, 『동아일보』 1967년 9월 15일.

181 박태균, 「한국군의 베트남 참전」, 『역사비평』 특집 2: 박정희 집권기 재조명, 2007, 300쪽.

182 이종석, 역사문제연구소 기획, 『북한의 역사 2』, 59쪽.

가 정권 유지를 위한 정책을 수립하고 강화하는 과정에서 활용한 일종의 전략으로 볼 수도 있다.

마지막으로, 베트남전 확대로 인한 위기에 북한의 세 번째 선택은 자주노선이었다. 김일성은 1966년 조선로동당대표자회에서 "국제공산주의운동의 현정세는 우리들로 하여금 자주성과 독자성을 더욱 확고히 견지할 것을 요구하고 있습니다"라고 발표하였다. 실제로, 1960년 중반에 북한은 북베트남을 적극적으로 지지하면서 베트남 지원과 관련해 중국을 비판하였는데, 이러한 경향은 북한의 자주노선을 제일 잘 보여 준 것이었다.

구체적으로는, 중국이 베트남 지원 규모를 감축했으며, 베트남에 파병된 중국군이 '중국인민지원공정대'로서 주로 방공, 공사, 후방지원을 하는 역할이었고 일부는 수송을 담당하였다는 점, 무엇보다 공식 파병 대신 비밀 파병의 형식을 택하여 미국과의 충돌을 피하려 했던 점을 들 수 있다. 이와 같은 중국의 전쟁 회피 노력은, 베트남전쟁을 '혁명 역량과 반혁명 역량 사이의 투쟁'[183]으로 규정한 북한의 입장과는 배치되는 것이었다.[184] 또한 북한은 베트남 지원에 관해서 중국이 소련과 합의를 해야 한다는 입장을 숨기지 않았다. 김일성은 베트남 지원 문제에 소련과 중국의 의견이 갈리고 있다는 점을 다음과 같이 지적했다.

> 사회주의 나라들은 웰남민주공화국이 미제의 침략을 받고 있는 조건에서 미제와 더욱 날카롭게 맞서서 투쟁하여야 하며 웰남 인민을 지

183 박태호, 『조선민주주의인민공화국 대외관계사 2』, 평양: 사회과학출판사, 1987, p. 28; 이상숙, 「1960년대 중반 북한-중국의 갈등과 북한의 자주노선」, 161쪽에서 재인용.

184 이상숙, 위의 논문, 161쪽.

원하기 위하여 모든 힘을 다하여야 할 것입니다. 여기에서는 어떠한 동요와 소극성도 있을 수 없습니다. 모든 사회주의 나라들은 응당 힘을 합쳐 싸우는 웰남 인민을 지원하여야 할 것이며 공동으로 미제의 웰남 침략을 파탄시켜야 할 것입니다. 그러나 오늘 사회주의 진영 나라들은 호상간의 의견 상이로 하여 미제의 침략을 반대하고 웰남 인민을 지원하는 데에서 일치한 보조를 취하지 못하고 있습니다. 이것은 싸우는 웰남 인민을 괴롭히고 있으며 공산주의자들에게 있어서 참으로 가슴 아픈 일입니다.[185]

즉 김일성은 중국과 소련의 합의가 이루어지지 않고 있음을 지적했는데, 이는 베트남 지원에서 소련과의 협력을 거절한 중국에 대한 간접적 비난으로 이해할 수 있다. 이후 북한과 중국의 관계는 점차 냉각 국면으로 접어들었으며, 1966년에 들어서면서 중국 문화혁명의 극단적인 성격과 백두산 영유권에 관한 문제로 갈등은 더욱 악화되었다.[186] 문화혁명의 열풍 속에서 문화혁명 지도자들과 홍위병들은 중립적거나 친소적인 당을 모두 반중국적으로 간주하여 북한 지도부를 수정주의자로 몰아붙였다.[187] 이런 상황에서 북한은 1966년 8월 12일 자 『로동신문』에 "자주성을 옹호하자"라는 장문의 논설에서 "…우리 당은 현대 수정주의와 교조주의 및 종파주의를 반대하여 마르크스-레닌

185 김일성, 「현정세와 우리 당의 과업」(1966년 10월 5일), 『김일성저작집』 20 (1965. 11~1966. 12), 조선로동당출판사, 1982, 378-379쪽.

186 중국은 1965년 한국전쟁 당시 원조의 대가로 백두산 부근의 북한 영토를 요구함으로써 1967년에서 1969년 사이 북한과 몇 차례 영유권 분쟁을 일으켰다. 정진위, 『북방삼각관계』, 법문사, 1987, 147쪽; 이미경, 「국제환경의 변화와 북한의 자주노선 정립: 1960년대 시기를 중심으로」, 『국제정치논총』 제43권 2호, 2003, 279쪽에서 재인용.

187 이미경, 위의 논문, 279쪽.

주의의 순결성을 고수하기 위해 투쟁할 것이다…"라며 수정주의와 함께 중국공산당의 교조주의적인 태도를 비판하면서 자주노선을 분명히 하였다.[188]

여기에 한 가지 주목할 점이 있다. 소련과 대결에 몰두하고 베트남전에 소극적으로 대응한다며 중국을 비난한 북한이 당시 북베트남 지원 문제와 관련해서는 소련 쪽으로 기울었다는 점이다. 구체적으로, 1965년 2월 코시긴은 북한을 방문하고, 베트남에 대한 소련의 군사원조를 침이 마르도록 칭찬하면서, 미국은 침략 국가이며 동시에 과거 스탈린을 반대한 것은 잘못된 것이라고 인정하고 이후 다시는 스탈린을 비판하지 않을 것이라고 설명하였다.[189] 1965년 6월 소련은 북한주재 소련대사를 교체하였는데, 김일성은 신임 소련대사 고르차코프(Gorchakov)를 접견할 때 매우 감격하며 베트남의 팜반동(Phạm Văn Đồng) 수상이 자신에게 소련의 베트남에 대한 지원은 이미 중국을 능가하였다고 했는데 이는 자신에게 "깊은 인상"을 남겼다고 말하였다.[190] 그리고 1965년 7월 베트남의 부수상 레타인응이(Lê Thanh Nghị)가 베트남의 전쟁 지원을 요청하러 형제 사회주의 국가들을 방문하는 과정에서 김일성과 회담했는데, 김일성은 소련의 베트남 지원에 대해 의견을 표명했다. 김일성은 중국 지도자들과 달리 소련의 베트남 지원에 긍정적인 태도를 표했으며, 그 지원의 의도가 허위가 아니라고 숨김없이 역설했다. 또한 김일성에 따르면, 평양에 있는 소련대사는 소

188 위의 논문, 280쪽.

189 중국외교부당안관, 109-02833-03, 34-37쪽, 109-03640-02, 96-97쪽; 션즈화, 앞의 책, 765쪽에서 재인용.

190 Note about the Introduction visit of the Soviet Ambassador Gorchakov, June 10, 1965, https://digitalarchive.wilsoncenter.org/collection; 션즈화, 위의 책, 765쪽에서 재인용.

련이 북베트남을 적극적으로 지원하고 있다고 하며 북베트남 군사지원 항목들까지 자신에게 보여 줬다고 했다. 즉 소련의 성의가 보인다는 뜻이다. 그리고 김일성은 흐루쇼프가 북한에도 군사력 지원을 중단시켰다가 이제(1965년) 다시 지원하겠다고 한 데에 북한은 소련의 성의를 거절하지 않았다고 하면서, 북베트남 정부도 가능한 한 소련의 지원을 받으라고 조언하였다.[191] 실제로 1960년대 중반 북한과 북베트남은 중국에 종속된 관계를 벗어나려고 했고 소련과 관계를 개선하려 했기 때문이다. 북한은 1964년 말부터 『로동신문』에서 소련의 신체제에 대한 직접적인 비판을 자제하고 "통일과 단결을 위해 형제당과 형제국의 내부 문제에 대한 간섭과 분열 책동은 철저하게 일소되어야 한다"고 지적하며 신중하게 대소관계 개선의 조건을 제시하기도 했다.[192] 북한 지도부 역시 후르쇼프의 실각을 대소관계 개선의 기회로 보았던 것이다.[193]

북한과 소련의 관계회복 과정에서 가장 먼저 활발해진 것은 경제관계였다.[194] 1960년대 초중반은 양국 관계가 악화되어 있었기 때문에 북한은 소련에 원활하게 경제지원을 받을 수 없었으나, 양국 관계의 회복은 이 문제를 자연스럽게 해소시켰다. 양국은 1966년 6월에

191 "Lê Thanh Nghị, 'Report on Meetings with Party Leaders of Eight Socialist Countries'", 1965, History and Public Policy Program Digital Archive, 8058-"Báo cáo của Phó Thủ tướng Lê Thanh Nghị về việc gặp các đồng chí lãnh đạo của Đảng và Nhà nước 8 nước xã hội chủ nghĩa năm 1965", Phủ Thủ tướng, Vietnam National Archives Center 3 (Hanoi). Obtained by Pierre Asselin and translated by Merle Pribbenow, CWIHP, Woodrow Wilson International Center. https://digitalarchive.wilsoncenter.org/document/134601.

192 조진구, 앞의 논문, 236쪽.

193 위의 논문, 235쪽.

194 이종석, 『북한-중국관계 1945~2000』, 245쪽.

1967~1970년도 상품 상호납입에 관한 협정과 어업분야에서의 협조에 관한 의정서에 조인했으며, 경제적 및 기술적 협조에 관한 협정도 체결했다.[195] 즉 북한의 대중·대소 정책은 1965년부터 1968년까지 완전 중립이 아닌 다소 소련 쪽으로 기운 중립 성향을 보였다.[196]

이러한 노선이 주창되는 1960년대 중반, 북한의 대외환경은 중소 분쟁과 베트남전의 확대, 남한정세의 변화 등으로 위기가 가중되고 있었다. 그러나 이 시기에 북한은 사회주의 건설과 국가 노선에서 자기 색깔을 갖기 시작했다. 대외적으로 자주노선을 천명하고 사상적으로 주체사상을 제창한 것이다.[197] 특히 내부적으로는 정치적 안정을 보이고 있었다. 북한은 성공적으로 전후 복구과제를 마친 상태에서 지도자 김일성을 중심으로 하는 단일지도체계를 구축하는 한편, 사회주의적 개조의 완성과 함께 비약적인 경제성장을 통해 안정된 정치체제를 운영하고 있었다.[198]

정리하자면, 1960년대 중반 북한이 체제를 견고히 하는 과정에서는 베트남이 중요하게 작용했는데, 첫째는 베트남전쟁의 변동과 관련된 것이었다. 전술했듯이 베트남전쟁의 확대로 위기의식을 느낀 북한은 정치노선을 전환했는데, 이 과정에서 김일성 중심의 북한 지도부가 정권 유지에 성공하였다. 즉 베트남전쟁은 김일성 체제의 공고화 과정에서 '귀중한' 배경으로 작용했다. 둘째로 북한·북베트남 유대관계에서 비롯한 북한·북베트남의 공동 반미의식이 견고화되었다. 1960년대 중반 북한·북베트남의 공동유대의식은 북한에서 어느 때보다 강조되

195 『조선중앙연감 1966~67』, 평양: 조선중앙통신사, 1968, 3394쪽; 이종석, 『북한-중국관계 1945~2000』, 245쪽에서 재인용.

196 정규섭, 앞의 책, 98쪽.

197 이종석, 역사문제연구소 기획, 『북한의 역사 2』, 26쪽.

198 이미경, 앞의 논문, 285쪽.

었는데, 이로써 북한 인민들은 반미의식을 더욱 내면화할 수 있었다. 더불어 북한 지도부는 북베트남에 대한 지원, 남베트남을 위한 복수, 그리고 국제혁명 단결 등과 같은 명목으로 당시 북한 인민들의 협력을 끌어냈다. 결국 북한 체제를 견고히 하는 과정에서는 정당한 명목 및 동기가 필요했는데, 여기서 베트남전쟁의 변동 및 북한·북베트남의 공동유대의식이 중요한 역할을 했다. 그러므로 김일성의 권력 공고화와 그의 주체 노선이 수립되는 과정에서 베트남은 간과할 수 없는 요인이었다.

4. 북한의 베트남전 지원

1) 물자 지원

1960년대 중반부터 북한은 베트남에 전쟁자금 및 여러 무상원조를 제공했으나, 현재까지 베트남 내부에서는 이에 대한 연구가 소략하고, 한국에서의 연구들은 주로 제3자의 자료(구 공산권 국가 및 한국의 자료)를 바탕으로 진행되어 그 한계가 뚜렷하다. 그런데 제3 베트남국립자료센터(Trung tâm lưu trữ Quốc gia 3)에 소장 중인 베트남전쟁 시기 북베트남 정부와 북한 정부의 합작 및 북한·북베트남 관계에 관한 자료들을 통해 베트남에 북한이 지급한 지원금 및 상품 등의 상황을 확인할 수 있다.

구체적으로 제3 베트남국립자료센터의 '수상부 문서군(Phông Phủ thủ tướng), 폴더 9235호'는 "1955~1973년 베트남과 조선민주주의인민공화국의 경제, 과학 기술 관계 총괄"이라는 문서로, 북한과 북베트남의 부채 관계와 과학기술 합작, 경제원조에 대한 것이다. 문서 내용 중에 경제원조에 대한 부분은 1950~1970년대 북한·북베트남 관계의 특징을 규명하는 데 가장 중요한 내용이다. 그 문서의 내용에 따르면, 북

〈표 3-1〉 1965~1968년 북한의 베트남 무상지원 금액 (단위: 백만 루블)

연도	금액
1955~1964	없음
1965	12
1966	7
1967	5.3
1968	5.7
1965~1968(4년 합계)	30

출처: 제3 베트남국립자료센터, 수상부 문서군, 폴더 9235호; 도미엔, 「1975년 베트남전 종전과 북한정부의 대응: 베트남 자료를 중심으로」, 『이화사학연구』 제48집, 2014, 100쪽에서 재인용 및 일부 수정.

베트남에 대한 북한의 무상지원은 1965년에 시작되었다. 해당 문서에는 1965~1973년에 이르는 동안 연도별 북한의 지원액에 대한 정확한 통계가 나와 있다. 북베트남 정부는 북한의 지원을 4년 단위로 나누어 총 2단계로 파악하고 있다. 즉 1965년부터 1968년까지의 4년이 1단계, 1969년부터 1973년까지는 2단계이다. 1960년대 중후반 북한·북베트남 관계의 진전을 잘 보여 준 북한의 베트남 무상지원 1단계 양상이 〈표 3-1〉에 제시되어 있다. 〈표 3-1〉에서 보듯 1965년의 지원 금액은 1,200만 루블이었다. 1965~1968년의 지원 금액은 3,000만 루블에 이르렀는데, 북베트남 정부는 이를 높은 지원 수준으로 평가했다. 북한의 북베트남 무상지원은 1970년대까지 진행되었으나, 전체 연도를 놓고 봤을 때 1965년의 1,200만 루블이 가장 고액이었고, 해당 연도가 1965~1968년 총지원액인 3,000만 루블에서 40%를 차지하고 있다. 다시 말해 1965년 지원액이 베트남전쟁기 북한이 베트남에 지원한 최고 지원 금액이었다.[199]

199 TTLTQG3, PTT, Hồ sơ 9235, "Tình hình tổng quát về Quan hệ Kinh tế,

제3 베트남국립자료센터가 소장하고 있는 북한의 북베트남 지원 관련 자료는 1965년에 발행된 문서들이 제일 많으며, 특히 그중에는 1965년 북한·북베트남 간의 경제지원에 대한 협정과 관련된 문서가 존재한다. 실제로 그동안 북한과 베트남 자료에 접근하기가 어려운 문제로 북한이 북베트남에 경제·기술적 원조를 제공했다는 문서 자체는 전혀 발굴되지 않았다. 기존 대부분의 연구들은 『로동신문』을 통해 간단하게 1965년 7월 16일 평양에서 북한이 북베트남에 '경제적·기술적 원조를 제공하는 협정'이 조인되었다는 언급만 했기 때문에 협정의 자세한 내용은 알려져 있지 않다.[200] 따라서 여기에서는 기존 연구의 한계를 극복하기 위해 베트남국립자료센터가 소장하고 있는 자료를 중심으로 1965년 북한·북베트남 간의 경제지원에 대한 협정을 분석한다.

우선, 1965년 북한의 무상지원 협정의 제목은 "조선민주주의인민공화국의 베트남민주공화국에 경제 및 기술 지원에 대한 베트남민주공화국과 조선민주주의인민공화국 간의 협정"이었다.[201] 협정 체결 배경은 북한·북베트남의 유대관계 강화를 위한 것이며, 북베트남의 '항미'전쟁을 적극적으로 지원하기 위한 것이었다. 즉 이 협정의 성격은 경제·기술 지원에 대한 것이었다고 하는데, 북베트남이 미국에 투쟁하

Kỹ thuật-Khoa học giữa Việt Nam-CHDCND Triều Tiên 1955~1973." [제3 베트남국립자료센터, 수상부 문서군, 폴더 9235호, "1955~1973년 베트남과 조선민주주의인민공화국의 경제, 과학 기술 관계 총괄."]

200 1965년 7월 16일 북한이 북베트남에 경제적·기술적 원조를 제공하는 협정이 조인되었다고 언급한 연구로는 조진구, 앞의 논문, 241쪽; 이상숙, 「1960년대 중반 북한-중국의 갈등과 북한의 자주노선」, 164쪽 등이 있다.

201 TTLTQG3, UBKHNN, Hồ sơ 17635, "Hiệp định giữa Việt Nam-Triều Tiên về hợp tác văn hoá và trao đổi hàng hoá, trả tiền, viện trợ kinh tế và kỹ thuật cho Việt Nam năm 1965." [제3 베트남국립자료센터, 국가계획위원회 문서군, 폴더 17635호, "1965년 베트남과 조선민주주의인민공화국의 문화 합작 및 상품 상호 납입, 베트남 기술·경제 지원에 관한 협정."]

기 위한 이유가 강조되었다.

1965년 북한의 북베트남 지원에 관한 세부 내용은 설비, 물자, 기술적 원조였다. 협정에서 협상된 물자는 철강, 자동차, 철도, 의료설비(주로 약품), 부교, 조선소와 방공 토굴 등이었다. 지원 물자 중에 조선소와 방공 토굴이 포함되었는데, 이는 단순한 물자가 아니었기 때문에 북한 측은 필요한 물자 및 설비 외에 기술자[202]도 같이 파견해서 설계·설치 작업까지 지원하기로 하였다. 이러한 북한의 전문가와 기술자들이 베트남에서 작업을 하는 과정에서는 '조선말' 통역사가 필요했고, 1965년부터 '조선말' 통역사에 대한 요구가 늘게 되었다. 이에 북베트남 정부는 더 많은 통역사를 북한으로 파견해 언어 교육을 실시하였다.[203]

사실상, 1965년 "조선민주주의인민공화국의 베트남민주공화국에 경제 및 기술 지원에 대한 베트남민주공화국과 조선민주주의인민공화국 간의 협정" 체결 이전 북베트남 정부는 북한 정부에 먼저 지원 요청을 보냈으며 요청하는 사항도 함께 보냈다.[204] 당시 북베트남 정부의 수상 팜반동(Phạm Văn Đồng)은 북한의 수상 김일성에게 지원 요청 문서를 발송하며 요청한 이유 및 배경에 대해, 미국의 베트남전쟁 확

202 이신재의 『북한의 베트남전쟁 참전』(국방부 군사편찬연구소, 2017, 215쪽)에는 북한이 1964년 말부터 베트남 토굴작업을 돕기 위해 약 400~500명 규모의 1개 대대 공병을 파견했다고 서술되어 있다. 그런데 이 내용은 베트남의 자료상으로는 확인되지 않은 것이다. 따라서 베트남에서 방공 토굴을 파는 것에 지원한 북한 인력은 베트남 측이 정의한 대로, 즉 기술자로 정의하는 것이 더 적확하다.

203 TTLTQG3, PTT, Hồ sơ 1649, "Công văn về việc phân phối phiên dịch tiếng Triều Tiên." [제3 베트남국립자료센터, 수상부 문서군, 폴더 1649호, "조선말 통역사 할당에 대한 공문."]

204 조선소와 방공 토굴과 같은 물자 및 설비가 요청한 목록에 포함되었다.

대와 북베트남 폭격으로 당시 북베트남은 사회주의를 건설하면서 동시에 미국과 전투해야 하는 매우 절박한 상황이었기 때문에 군사 및 경제적 요구가 급격히 늘었고, 따라서 북베트남 인민과 정부는 목표를 이루기 위해 최대한 노력하는 한편으로 사회주의 국가들의 지원을 요청하는 것이라고 설명하였다. 그러면서 특히 북한 정부가 과거부터 현재까지 조국통일 사업에서 항상 북베트남 정부와 인민을 정신적·물질적으로 지지해 왔다고 강조하였다.

주목할 점은 북베트남 정부가 북한 정부에 요청한 물자를 금액으로 산정하면 800만 루블이었다는 것,[205] 즉 1965년 북한 정부는 북베트남 정부가 요청한 사항들을 대다수 수용했을 뿐 아니라 요청한 금액보다 400만 루블을 더 지원했다는 것이다. 이렇게 추가 금액을 지원하면서 북한 지도부는 베트남 문제에 최대한 높은 관심을 표명하며, 북베트남 정부에 가능한 한 최고 수준의 적극적인 지지 입장을 보여 주려고 했다. 양국 간의 협정 내용과 그 자세한 내용은 다음과 같다.

조선민주주의인민공화국의 대(對)베트남민주공화국 경제 및 기술 지원에 대한 베트남민주공화국과 조선민주주의인민공화국 간의 협정

공동의 적-침략 미 제국에 대한 투쟁 과정에서 양국의 긴밀한 단결

205 TTLTQG3, PTT, Hồ sơ 8098, "Vv đàm phán và kí kết nghị định thư, hiệp định trao đổi hàng hoá và thanh toán viện trợ kinh tế năm 1965 với Triều Tiên." [제3 베트남국립자료센터, 수상부 문서군, 폴더 8098호, "1965년 베트남과 조선민주주의인민공화국의 경제 지원 청산, 상품 상호납입에 관한 담판과 협정."]; UBKHNN, Hồ sơ 17636, "Tài liệu v/v Triều Tiên viện trợ thiết bị và vật tư cho Việt Nam trong hai năm 1965-1966." [국가계획위원회 문서군, 폴더 17636호, "1965~1966년 조선민주주의인민공화국의 베트남 물자 및 설비 지원에 관한 자료."]

전투 우대 및 합작 관계를 강화하기 위하여, 영웅적 베트남 인민의 항미 전쟁을 적극적으로 지원하기 위하여, 베트남민주공화국 정부와 조선민주인민공화국 정부는 다음과 같이 협약한다.

제1조. 조선민주인민공화국 정부는 〈부록 1〉의 설비·물자·기술 원조를 베트남민주공화국에 무상으로 지원한다.

제2조. 조선민주인민공화국 정부는 제1조의 항목들을 1965년부터 1967년까지 인도한다.

제3조. 조선민주인민공화국 정부가 베트남민주공화국에 인도한 설비·물자들은 조선민주인민공화국의 화폐-원으로 산정한다.

제4조. 조선민주인민공화국 정부는 조선소 건설과 방공 토굴 조성과 관련하여 〈부록 1〉에서의 설비 및 설계의 제공을 담당한다. 또한 이 과정에서 필요한 인원의 기술자를 베트남민주공화국에 파견하여 기술적인 도움을 제공하며, 베트남민주공화국은 기술자에게 필요한 작업 조건을 마련하도록 한다.

제5조. 조선민주인민공화국 정부의 설비·물자의 인도 방식은, 철도를 이용할 경우 조-중 국경까지 운송을 담당하며, 그 이후 베트남민주공화국까지의 운송은 베트남민주공화국에 의해 진행된다. 수로를 이용할 경우에는 조선항구에서 인도한다.

제6조. 협정 시행과 관련된 문제는 양국의 유관 기관들이 담당한다.

제7조. 본 협정에 따른 양국 간의 산정을 위하여 베트남민주공화국의 외상은행과 조선민주인민공화국의 무역은행은 공동으로 특별 지원 계좌를 만든다. 또한 계좌 관리 및 산정 법규에 대한 별도의 합의를 이루도록 한다.

본 협정은 체결 날짜부터 효력이 발생한다.

본 협정은 1965년 7월 16일 평양에서 원본 두 개(베트남어, 조선어)로 작성되며, 두 개의 원본은 모두 동일한 효력을 지닌다.

〈부록 1〉 1965~1967년 북한의 북베트남 설비·물자·기술 원조

I. 설비 및 물자

상품	기준	단위	수량	인도 기간	비고
부교	25톤	미터	1,000	1966년 말	
철도	24kg/m	킬로미터	100	상동	
철도 스위치	24kg/m	세트	100	상동	
납		톤	400	1965~1966년 말	
함석		톤	200	1965년 말	
철강		톤	20,000	1965~1966년 말	
비료		톤	40,000	상동	
구리철사		톤	200	1966년 말	
페로실리콘		톤	200	1965~1966년 말	
발동기	28-125Kw	개	100	1966년 말	
변압기	560-1,800KvA	개	200	1967년 말	
자동차	Thang Loi 58	대	200	1965~1966년 말	
자동차 부품	Thang Loi 58	년	2년	1966년 말	
트랙터	28마력	대	300	상동	
트랙터 부품	28마력	년	2년	상동	
발전기	10-50Kw	개	100	상동	
충전기	3-5Kw	개	50	상동	
용접기		개	25	상동	
선박 모터	60-100 마력	개	300	상동	
디젤기관	10-30 마력	개	200	상동	
약품과 의료기		천 루블	100	상동	

II. 건축물

상품	기준	단위	수량	인도 기간	비고
조선소(뗏목)	매년 목재 예인선 30개 생산, 40개 수리 가능	공장	1	1966~1967년 말	
조선소(선박)	매년 예인선 20개(250마력) 생산, 선박 40개(300톤) 생산, 예인선 20개 수리 가능	공장	1	뗏목 조선소 완공 이후부터	
방공 토굴		개	2	1965~1966년 말	설비, 설계, 기술자 제공
지하 공장		개	1	1966~1967년 말	상동

출처: 제3 베트남국립자료센터, 국가계획위원회 문서군, 폴더 17635호, "1965년 베트남과 조선민주주의인민공화국의 문화 합작 및 상품 상호 납입, 베트남 기술·경제 지원에 관한 협정."

2) 공군 파견

미국의 북베트남 공격 시작 이후 북한 정부는 북베트남으로 공군을 파견했다. 1966년부터 북한이 북베트남에 파견한 공군병력은 총 384명이었고, 그중에 전투기 조종사들이 모두 96명이었다는 것이 베트남 사료에 나타난다.[206] 그러나 북한의 공군 파견에 관해 한국과 베트남, 미국의 연구성과는 서로 불일치하는 점이 많다. 또한 북한의 공군 파견에 대해서는 북한과 북베트남 정부가 각각 발표한 자료가 있는데, 양측 자료의 일부는 서로 일치하지 않았다. 따라서 각 정부의 입장, 각 연구성과의 불일치한 점을 밝히고, 특히 베트남의 연구성과와 새로 발굴된 자료들을 통해 어떠한 사실을 추출할 수 있는지 검토할 필요가 있다.

(1) 공군 파견 결정 및 목적

북한과 북베트남 자료에서 불일치하는 점이 두드러지게 나타나는 부분은 북한의 공군 파견 결정 및 목적에 대해 서술한 부분이다. 북한의 자료에 근거한 한국의 연구성과에서는, 북한은 북베트남으로부터 공군 지원 요청을 받아 당 정치위원회에서 내부적으로 이 문제를 논의한 후 파병 규모를 1개 비행연대로 결정했다고 한다.[207] 또 공군 파견의 동기가 반미전선에서 국제적인 의무로 북베트남을 지원하려는 의도였

206 응우옌티마이화, 앞의 책, 317쪽; TTLTBQP, Sổ công tác của Đại tướng Văn Tiến Dũng-quyển 15. [베트남국방부자료센터, 반띠엔중 장군의 임무 메모지, 제15권.]

207 정기종, 『운명』, 평양: 사회과학출판사, 1973, 275쪽; 이신재, 앞의 책, 93쪽에서 재인용.

다는 것이다.[208]

이에 대해 베트남의 국방부 자료, 베트남 공군의 기록 등을 포함한 모든 자료 및 연구성과들은 모두 북한 정부가 먼저 공군 참전을 제안했으며, 이유는 미군과의 실제 전투 경험을 향상시키기 위함이었다고 서술했다. 베트남 국방부 자료에 따르면, 1966년 9월 21일 베트남노동당 중앙군사위원회 회의에서 베트남 방공(防空) 공군사령관 풍테따이(Phùng Thế Tài)는 전투를 위해 북한이 자원 공군부대 파견을 제안했다고 보고했으며, 중앙군사위원회의는 논의한 후 회의에서 의장을 맡은 보응우옌지압(Võ Nguyên Giáp) 장군에게 결정을 위임했다. 지압 장군은 북한의 제안이 승인되었다고 했으며, 베트남군이 북한의 공군과 협력해야 하지만 동시에 베트남의 주권(主權)을 지켜야 한다고 강조했다.[209] 또 베트남 국방부의 자료에 따르면, 1966년 9월 24일부터 30일까지 하노이에서 북한군 총참모장 최광을 단장으로 한 북한 대표단과 베트남 총참모장 반띠엔중(Văn Tiến Dũng)을 단장으로 한 북베트남 대표단이 공군 파견에 대한 6개 항이 포함된 협정을 체결하였다.[210] 미국의 프리브나오 역시 베트남 사료를 이용했기 때문에 전술한 내용과 비슷하게 서술했다. 그런데 북한과 북베트남 정부가 체결한 공군 파견 협정에 대한 문건에서는 정확히 누가 먼저 파병을 요청했는지 언급되어 있지 않다.

여기서 좀 더 명확하게 밝혀야 할 것이 있는데, 북베트남은 이미 중국과 소련에 공군 참전을 요청했고, 이것이 수용되지 않은 상황에

208 이신재, 위의 책, 55-61쪽.

209 TTLTBQP, Phông QUTƯ, Hồ sơ 433. [베트남국방부자료센터, 중앙군사위원회 문서군, 폴더 433호.]

210 TTLTBQP, Phông BQP, Hồ sơ 1119. [베트남국방부자료센터, 국방부 문서군, 폴더 1119호.]

서 북한에 먼저 요청했을 가능성이 높다는 점이다.[211] 베트남 측의 자료에 따르면, 당시 북베트남 정부가 소련과 중국에 공군 참전을 요청한 바가 없었다. 베트남 정부가 출판한 *Sách trắng 1979*(『백서 1979』)에는 북베트남과 비밀 군사협정을 체결했는데, 협정에 따라 1965년 6월 중국이 북베트남에 공군을 파견해야 했으나 중국이 공군력이 부족하다는 이유로 공군을 파견하지 않았다는 것이다.[212] 이 문건으로 북베트남과 중국 사이에서 중국의 공군 파견에 대한 협정이 체결되었다는 사실을 확인할 수 있지만, 북베트남이 공군 파견 요청을 먼저 했다는 사실은 확인되지 않는다. 그리고 북베트남 정부는 공군이 아닌 방공을 위한 부대, 사포, 미사일 등의 지원은 수용된 것을 인정했다.[213] 소련의 공군 요청과 관해서 러시아의 가이둑(Ilya V. Gaiduk)은 1960년 중반 소련이 먼저 북베트남으로 지원군을 보내겠다는 의사를 계속 표했으나, 북베트남 지도부는 이를 조심스러워했으며, 호찌민은 "소련의 지원군은 아직 필요 없다"고 말했다고 주장했다.[214] 가이둑은 북베트남이 소련의 지원군 파견을 걱정한 이유는 바로 중국 때문이었다고 주장했다. 북베트남과 중국은 비슷한 아시아식 사고방식을 공유하여 서로 가까

211 이신재, 앞의 책, 93쪽.

212 *Sự thật 30 năm Quan hệ Việt-Trung (Sách trắng 1979)*, Bộ Ngoại giao nước CHXHCNVN, pp. 44-46. [『베트남-중국 30년 관계의 사실(백서 1979)』, 베트남 외교부, 44-46쪽.]

213 Nguyễn Huy Toàn, Vũ Tang Bồng, Nguyễn Huy Thục, Nguyễn Viết Bình, Nguyễn Minh Đức, *Sự thật về những lần xuất quân của quân đội Trung Quốc và quan hệ Việt Nam-Trung Quốc*, Nxb Đà Nẵng, Đà Nẵng, 1996. [응우옌후이또안, 부땅뽕, 응우옌비엣빈, 응우옌민뜩, 『중국 군대의 출전에 대한 사실과 베트남-중국 관계』, 다낭: 다낭출판사, 1996 참조.]

214 Ilya V. Gaiduk, *The Soviet Union and the Vietnam War*, Chicago: I. R. Dee, 1996, p. 63.

운 사이였지만, 북베트남이 중국의 지원 목적을 의심했으며 중국의 지원군에 대한 거부감이 있었다는 것이다. 따라서 만약 북베트남 정부가 소련의 공군 파견 요청을 수용한다면 다른 사회주의 국가, 특히 중국의 공군도 승인이 불가피하기 때문에 소련의 파병 제안을 망설인 것 같다고 설명했다.[215] 또한 가이둑은 만약 북베트남이 파견된 소련군에 대한 지휘권이 베트남에 있다면 북베트남은 중국보다 소련의 지원군에 대한 거부감이 적었을 수밖에 없으므로, 소련 지원군의 참전이 그나마 나았다고 주장했다.[216] 실제로 베트남인들은 중국의 지배를 받은 역사가 있어 역사적인 자존심에서 '반중국' 의식을 항상 가지고 있었다.[217] 따라서 중국이 도움을 주고 있음에도 중국군이 베트남에 주둔한다는 것은 불편하고 두려운 것이었다.

베트남 공군들의 회고록 자료에 따르면, 그들은 전투 과정에서 북한 공군과 함께 전투한 것은 인정했지만 소련과 중국의 공군이 함께 전투하지는 않았다고 한다. 또한 소련과 중국이 공군 파견 제안을 했으나, 북베트남은 양국 공군의 참전으로 인해 베트남전쟁이 항미전쟁이 아닌 국제전의 성격으로 바뀔까봐 이 제안을 거부했다고 서술했다.[218] 실제로, 북베트남 지도부가 전쟁 중에 중·소의 지원을 요청한 과정은 간단하지 않았으며, 북베트남 지도부는 늘 심도있게 계산한 후 주동적으로 지원 제안을 먼저 요청하였다. 그리고 북베트남은 중·소의 지원에 대한 조건으로 베트남전쟁이 국제전의 범위로 벌어지지

215 위의 책, p. 38.

216 같은 곳.

217 중국과 베트남 사이의 문제들은 유인선의 『베트남과 그 이웃 중국, 양국관계의 어제와 오늘』에서 확인할 수 있다.

218 Phạm Phú Thái, *Lính bay, Hồi ký*, Nxb Hội nhà văn, Hà Nội, 2017, p. 244. [팜푸타이, 『공군, 회고록』, 하노이: 문학가회출판사, 2017, 244쪽.]

않게 하겠다는 점을 내걸며 지원을 받았다.[219] 미국 CIA는 1960년대 중반 150여 명의 소련 공군이 북베트남에 있다는 것을 주장한 바 있다.[220] 이에 대해 베트남 측은 소련이 베트남에 공군을 파견했으나, 그들은 전투 목적의 공군이 아니라 소련 군사고문단 소속 전문가들이며 북베트남 공군의 조종훈련을 담당했다고 하였다. 베트남전에 참전한 공군의 회상에 따르면, 베트남 공군 한 명과 소련 전문가 한 명이 같이 훈련하는 과정에서 미국 전투기의 공격으로 결국 추락했으며, 그 외에 소련 전문가들은 미 공군과 전투한 적이 없다고 강조했다.[221]

이상의 자료와 정황을 종합적으로 판단해 보면, 당시 북베트남 정부는 중국 공군이 베트남에 주둔하는 것을 원하지 않았으며, 많은 고민 이후 어쩔 수 없이 중국의 공군 참전, 그리고 동시에 북한을 포함한 다른 사회주의 국가의 공군 파견 요청이나 제안을 형식적으로 받아들여야 했다는 논리적 고리가 생성된다. 소련의 공군 훈련이 필요했기 때문에 소련의 제안을 수용했다는 가능성도 역시 제외할 수 없다. 그러나 결국 북베트남과 중국의 내외적 문제들로 인해 공군 파견은 협정대로 수행할 수 없었고, 소련 공군이 베트남전에서 조종훈련을 담당했으나 전투한 바가 없는 것은 현재까지 공개된 자료로 확인이 가능하다. 북한의 공군 파견에 관련한 문제는 중국의 공군 파견 문제와 같이 복잡한 성격과 과정을 거쳐 결정되어 전개된 것 같다. 북한과 북베트남 정부가 각각 다른 주장을 하는 것도 이 때문으로 볼 수 있다. 특히 북베트남 측은 북한의 공군 파견 목적에 관해 양측의 주장이 다른 것

219 응우옌반꾸엔, 앞의 논문 참조.

220 Gaiduk, 앞의 책, p. 61.

221 http://www.quansuvn.net/index.php?topic=26488.590;wap2(검색일: 2020. 8. 10.)

을 알고 있는 만큼 이 문제가 간단하지 않은 듯싶다. 베트남전쟁에 참전했던 많은 베트남 군인이 모인 한 포럼에 실린 내용에 따르면, 당시 북한 공군의 전투경험 습득을 위해 베트남전에 참전하기로 합의했다는 사실과 다르게, 북한 측은 베트남이 미국과 전쟁을 치르는 것을 도와준다는 명목을 강조하고 있었다고 한다. 한 참전 군인은 북한 공군이 베트남에서 벌인 전투를 그린 그림이 북한 공군 참전 부대에 설치되어 있었다고 회상했는데, 사실과 다르게 전투기 외부에 북한의 배지가 그려져 있었다고 지적했다.[222] 이처럼 자료상으로뿐만 아니라 비공식적 담화로도 북한의 공군 파견 결정과 목적에 대한 사실관계는 지금까지 계속적으로 논란의 대상이 되고 있다.

결론적으로 북베트남은 외국군대의 베트남 주둔을 피하기 위해 최대한 노력하였으나, 북한 공군의 베트남전 참전 요구를 수락하게 되었다. 따라서 북한 참전의 경우, 북베트남은 북한 공군이 베트남 전투장에서 전투 경험을 습득하기 위해 북한 정부가 베트남에 공군을 파견하였다는 것을 강조하였다. 그러나 이와 달리 북한은 국제의무로서 베트남이 미국과 전쟁을 치르는 것을 도와준다고 강조했는데, 이는 당시 북한 지도부가 자신들의 체제를 견고화하는 과정에서 베트남이 미국과 전쟁을 치르는 것을 도와준다는 명목 및 동원 계기를 강조한 것으로 볼 수 있다.

(2) 공군 파견 기간

북한 공군의 베트남 파견 기간에 대한 내용 역시 연구자들과 자료들

222 http://www.quansuvn.net/index.php?topic=1229.535;wap2(검색일: 2020. 8. 10.). 참고로, 사실상 북한과 북베트남의 협정으로 북한 공군이 베트남의 전투기를 사용한 것이었다.

사이에서 일치하지 않는 부분이 있다. 먼저 베트남 측 자료 중 북한 공군의 참전 사실을 기술한 자료는 베트남국방부자료센터에서 보관하고 있는 북한과 베트남 측의 협정 문건이 제일 정확하다. 이 문건에 따르면 북한 공군의 베트남 파견은 몇 차례 이루어졌다. 1차는 1966년 10월 말에서 11월 중에 MIG-17 1개 비행대대(대대당 베트남의 전투기 10대) 병력, 2차는 1966년 말에서 1967년 초까지 두 번째 MIG-17 1개 비행대대 병력, 3차는 1967년 중에 MIG-21 1개 비행대대의 파견이었다. 프리브나오는 이 협정 문건을 토대로 저술한 것이며, 북한 공군의 파견 기간에 대한 그의 주장은 베트남 측과 일치한다. 그 외에 북한 공군의 파견 사실을 기술한 자료 중에 베트남국방부자료센터에서 보관한 반띠엔중(Văn Tiến Dũng)[223] 장군의 기록이 있는데, 이 자료에 따르면 북한 공군이 정확하게 1966년 10월 20일부터 파견되었다고 한다.[224] 베트남의 연구자 응우옌티마이화(Nguyễn Thị Mai Hoa)는 이 자료를 이용해 역시 북한 공군 파견은 1966년 10월 20일부터라고 서술했다. 북한 공군의 파견 사실을 기술한 또 다른 두 가지 연구성과가 있다. 하나는 프리브나오와 우드로윌슨센터가 인용했던 연구인 2001년에 나온 베트남군사역사연구원의 *Lịch sử kháng chiến chống Mỹ cứu nước, 1954-1975, Tập V: Tổng tiến công và nổi dậy 1968*(『항미구국항전 역사, 1954-1975, 제5부: 1968년 총진공 및 봉기』)이다. 여기에는 북한의 북베트남 공군 병력 지원에 대한 내용이 있으며, 1967년부터 북베트남에 공군을 파견한 사실을 기술하였다.[225] 두 번째는 1996년에 다낭출판사에서 출

223 반띠엔중(Văn Tiến Dũng, 1917~2002)은 베트남인민군대 총참모의장(1953~1978), 베트남노동당중앙위원회 정치부의원 등을 지냈다.

224 TTLTBQP, Sổ công tác của Đại tướng Văn Tiến Dũng-quyển 15. [베트남국방부자료센터, 반띠엔중 장군의 임무 메모지, 제15권.]

225 Bộ Quốc phòng, VLSQSVN, *Lịch sử kháng chiến chống Mỹ, cứu nước, 1954-*

판된 저서 *Sự thật về những lần xuất quân của Trung Quốc và Quan hệ Việt Nam-Trung Quốc*(『중국 군대의 출전에 대한 사실과 베트남-중국 관계』)로 여기에서도 북한 공군이 베트남에 1967년부터 파견되었다고 기술했다.[226] 베트남 국방부 자료가 보여 준 대로 북한 공군이 1966년 10월부터 파견된 것이라면 그들이 준비 과정을 거쳐야 했을 것임을 고려해 볼 필요가 있다. 응우옌티마이화는 그들이 1966년 12월 15일에 첫 전투를 시작했고 1967년부터 적극적으로 전투에 참여했다고 하였다.[227] 베트남 연구에서 공군의 파견 시점이 동일하지 않은 이유는 여기서 찾을 수 있다. 한편, 이신재에 따르면 북한 측 자료에서 구체적인 공군 파견 일자는 확인되지 않는다. 그런데 『김일성전집』에 김일성이 1966년 10월 19일 파견 준비 중인 조종사들과 대화한 것이 기술되어 있고,[228] 이 일자는 베트남 측과 일치한다. 김일성의 방문은 조종사들이 출발하기 전 그들을 응원하기 위한 것으로 추정된다.

그렇다면 북한 공군은 언제 다시 북한으로 철수했을까? 그들이 베트남전쟁이 종결될 때까지 베트남에 주둔했을까? 이 부분에 대해 베트남 측은 동일하게 1969년이라고 기술했다. 베트남 측 자료를 보면, 우선 위에 언급한 자료인 반띠엔중 장군의 기록에서 북한 공군이 철수한 시점을 확인할 수 있다. 구체적으로, 1968년 12월 4일에 베트남노동당 중앙군사위원회 회의가 있었는데, 회의 목적은 당시까지(즉

1975, Tập V: Tổng tiến công và nổi dậy 1968, Nxb Chính trị quốc gia, Hà Nội, 2001, pp. 269-271. [국방부, 베트남군사역사연구원, 『항미구국항전 역사, 1954~1975, 제5부: 1968년 총진공 및 봉기』, 하노이: 국가정치출판사, 2001, 269-271쪽.]

226 응우옌후이또안, 부땅뽕, 응우옌비엣빈, 응우옌민뜩, 앞의 책, 70쪽.

227 응우옌티마이화, 앞의 책, 317쪽.

228 이신재, 앞의 책, 95쪽.

1968년 말) 베트남에 주둔한 외국 부대와 전문가들을 처리하는 방안을 논의하는 것이었다. 북한 공군 주둔 문제를 어떻게 해결할지도 같이 의논되었다. 회의는 북한 공군에 귀국을 제의하기로 결정했으며, 만약 미국이 다시 북베트남을 공격하더라도 베트남 측은 스스로 전투해서 북한의 도움을 받지 않겠다는 입장을 확실하게 표명했다. 응우옌티마이화 역시 이 문건을 토대로 북한 공군이 1969년까지 파견되었다고 주장하고 있다. 그 외에 베트남의 한 언론 기사 역시 북한 공군이 1969년까지 주둔했다고 했다. 기사는 북한 공군을 관리했던 장군을 인터뷰했으며, 그에 따르면 북한 공군이 1969년까지 베트남에 주둔했다고 한다.[229] 미국의 연구자 프리브나오는 이 기사 내용을 인용해서 북한 공군의 주둔 시점이 1969년까지였다고 주장하였다.[230]

이 책에서는 이에 대해 새로 발굴한 자료로 사실을 밝히고자 한다. 우선, 『호찌민 편년 소사』에 나온 호찌민의 일정을 보면, 1969년 2월 4일에 호찌민과 팜반동 수상이 북한 공군단이 귀국하기 직전 면담을 했다고 나와 있다.[231] 북한 공군은 베트남에서의 임무가 다 끝났다

229 Nguyên Nhung, Về "14 chiến binh Triều Tiên trên bầu trời Việt Nam", *TUỔI TRẺ CUỐI TUẦN*, 28.8.2008. [응우옌늉, 「베트남 하늘에서 싸운 조선의 14명 전사자에 대해」, 『주말 청년 신문』 2008년 8월 28일.] 북한 공군과 함께 전투한 판카익히(Phan Khắc Hy) 베트남 공군소장과 면담한 내용. http://tuoitre.vn/Tuoi-tre-cuoi-tuan/275879/Ve-%E2%80%9C14-chien-binh-Trieu-Tien-tren-bau-troi-Viet-Nam%E2%80%9D.html(검색일: 2019. 8. 10.)

230 Merle L. Pribbenow, "North Korean Pilots in the Skies over Vietnam," NKIDP, Woodrow Wilson International Center, 2011. http://www.wilsoncenter.org/publication/north-korean-pilots-the-skies-over-vietnam.

231 *Hồ Chí Minh Biên niên tiểu sử*, t. 10, Nxb Chính trị quốc gia, Hà Nội, 2009, p. 317. [『호찌민 편년 소사』 제10부, 하노이: 국가정치출판사, 2009, 317쪽.]

고 언급하기도 했다. 참고로 베트남에 파견된 북한 공군은 1968년 12월까지 5차례에 걸쳐 파견된 병사들이었는데,[232] 1968년 12월 전에는 북한 공군이 귀국하느라 호찌민을 방문한 것이 확인되지 않았다. 따라서 1969년에 북한 공군의 귀국은 완전한 철수로 이해할 수 있다.

한편, 베트남전쟁 전개 과정, 특히 미국의 북베트남 폭격과 이에 대항하는 베트남 공군의 전투 과정에서 나온 사실들은 다음과 같다. 미국은 1964년 말부터 북베트남, 하노이까지 폭격하기 시작했고, 미국의 폭격을 막기 위해 중국과 소련은 북베트남에 방사포 부대, 공병, 기타 군사전문가를 보냈다. 북한은 이런 상황에서 북베트남에 공군을 파견했다. 그러나 1968년 '뗏 공세(구정공세)' 이후 닉슨 대통령은 북베트남 폭격을 중단하겠다고 발표했고 북베트남과 평화협정 협상에 들어가기로 했다. 북베트남 정부가 일단 미군의 공습을 중단시키기 위해 평화회담에 응함으로써 1968년 5월 파리에서 예비접촉이 이루어졌다.[233] 1968년 11월 1일 대통령 선거에서 닉슨이 당선되어 미국 정부는 1969년부터 '베트남화(Vietnamization)' 정책을 추진하고 미군의 철군이 가능하도록 전쟁을 남베트남 정부에 맡겼으며, 특히 1969년부터 북베트남 폭격을 제한하였다. 이와 관련하여 인민군대출판사의 *Lịch sử không quân nhân dân Việt Nam (1955-1977)*(『베트남의 인민 공군 역사(1955~1977)』)에서는 공군의 탄생(1949~1959), 공군의 건립(1959~1963), 미 공군과의 전투 준비(1963~1965)로 시기 구분을 했으며, 특히 미 공군과의 전투 시기인 1965~1972년은 3단계(1965~1968, 1969~1971, 1972)로 나눴다. 1단계(1965~1968)는 미군과의 전투 기록으로 1968년 11월

232 TTLTBQP, Sổ công tác của Đại tướng Văn Tiến Dũng-quyển 15. [베트남 국방부자료센터, 반띠엔중 장군의 임무 메모지, 제15권.]

233 유인선, 『새로 쓴 베트남의 역사』, 418쪽.

호찌민은 미국의 북베트남 폭격에 "항쟁은 승리한다"고 발표했다. 『베트남의 인민 공군 역사(1955~1977)』에서는 1단계에서 승리로 종결된다고 인식했고, 2단계(1969~1971)로 접어들면 베트남 공군의 역량이 발전하고 공고화된다고 했다. 즉 2단계에 해당되는 시기에 북베트남 공군은 북베트남에서 미국과 거의 전투하지 않는다는 것이다. 구체적으로, 북베트남이 남쪽으로 무기를 지원하는 것을 막기 위해 이 시기 미국은 DMZ 지역(베트남 북위 17도선)과 그 주변 지역에 폭격을 완전히 중단하지는 않았으나, 하노이와 150km 정도 남쪽으로 떨어져 있는 타인화(Thanh Hoá)에서부터 북쪽 지역에는 폭격을 중단했기 때문에 북베트남 공군은 북베트남에서 미국과 거의 전투하지 않았다는 것이다. 즉 이 시기 미국은 타인화에서부터 북쪽으로 무선장동 비행기를 자주 보내 정찰을 했고, 해당 비행기를 막기 위해 북베트남 공군은 1969년에는 540회 이륙해 10기를 격추했으나, 1970년에 이르면 70회 이륙하였지만 격추한 적기가 없었다고 보고했다. 또한 1971년에는 적기가 보이지 않아 6회만 이륙했다고 기술했다.[234] 이처럼 북한 공군이 필요한 상황이 아니었음을 인지한 북베트남 측이 북한 공군에 귀국을 요청한 것으로 보인다. 북한 공군은 북베트남에서 2년 동안 전투경험을 쌓았고, 미국이 폭격을 중단한 시점부터 3년간 전투경험이 없는 채로 북베트남에 계속 주둔할 필요성은 거의 없었다.

또한 1968년 말부터 북베트남 지도부는 북한 공군뿐만 아니라 중국과 소련의 방사포 부대, 공병, 기타 군사전문가 등을 모두 철수시키

234 Tạ Hồng, Bộ Tư lệnh Quân chủng không quân, *Lịch sử không quân nhân dân Việt Nam (1955-1977)*, Nxb Quân đội nhân dân, Hà Nội, 1993, pp. 206-232. [따홍, 공군사령부, 『베트남의 인민 공군 역사(1955~1977)』, 하노이: 인민군대출판사, 1993, 206-232쪽.]

기로 결정했고 이를 제의했다.[235] 따라서 베트남 측에 따르면 소련의 군사전문가들은 1969년 초에 전원 철수했고, 중국의 경우 1969년 1월부터 단계별로 중국의 방사포 부대, 공병 등이 철수를 시작해 방공 부대는 1969년 초에 모두 철수했다는 것이다.[236] 1972년 4월부터 미국은 북베트남 폭격을 재개했는데,[237] 당시 북베트남 정부는 평화협정 체결 과정의 아주 중요한 단계에 들어가고 있었고 전 세계로 퍼져 가는 반전 운동의 효과를 이용하려고 했기 때문에 북한 공군의 참전을 재요청하기는 어려웠다. 따라서 1969년 이후 북한 공군이 베트남에 주둔하고 있었을 가능성은 더욱 낮아지며, 그들은 1969년 2월쯤 호찌민과 만난 이후 완전히 귀국했던 것으로 볼 수 있다.

이처럼 당시 북한의 북베트남 지원 과정과 베트남전 관여에는 베트남전쟁의 상황과 밀접한 관련이 있었음을 알 수 있다. 따라서 북한의 북베트남 지원 문제를 연구할 때 이에 관한 베트남 소재 자료에 대한 접근 및 베트남전쟁에 대한 이해는 필수적이다. 1960년대 중후반은 베트남전쟁 과정에서 중요한 시점이었고, 이 시기에 발생한 사건들은 북한·북베트남 관계의 전개 과정에서 중요하게 작용하였기 때문이다.

235 응우옌티마이화, 앞의 책, 312쪽.

236 응우옌후이또안, 부땅뿡, 응우옌비엣빈, 응우옌민뜩, 앞의 책, 70쪽.

237 미국은 북베트남과의 협상 과정에서 북베트남 폭격을 제한했는데, 양측의 의견 차이 등 때문에 평화협정은 체결되지 않았다. 평화협정 체결을 신속히 이루기 위해 미국은 1972년 4월부터 1972년 12월 말까지, 즉 평화협정 체결 직전까지 북베트남 폭격을 재개했다. 특히 미국은 1972년 12월에 대규모로 하노이를 공습했다.

3) 심리전 전문가 파견

북한은 심리전 공작 전문가들을 베트남에 파견했다. 반띠엔중(Văn Tiến Dũng) 장군의 기록에는 북한이 공군과 함께 1968년 12월까지 북베트남에 심리전 전문가 및 방송 전문가 35명을 파견하였다고 기술되어 있다.[238]

심리전의 대상은 남베트남전선에 있는 남한 병사들이었다. 북베트남은 베트남 정치국이 운영하는 라디오 방송을 통해 남한 병사들이 총을 버리고 전쟁터를 떠나 귀국할 것을 설득하는 심리전을 주로 펼쳤는데, 문제는 당시 베트남에서 한국말을 아는 사람이 많지 않았다는 점이었다. 이에 북한 정부의 지원으로 해당 방면의 전문가가 베트남에 파견되어 방송 편집 및 녹음 작업 등을 도왔다. 그 당시 방송 담당자인 응우옌녓띠엔(Nguyễn Nhật Tiến) 대령은 "북조선 전문가의 도움으로 방송의 내용이 더 다양해지고 실제적인 효과를 가져올 수 있었다"고 고백하였다.[239] 당시 베트남전쟁의 상황을 고려할 때 라디오 방송국은 북베트남 하노이에 있었다. 즉 북한 전문가들 일부가 북베트남에서 활동하고 있었다.

한편, 북한의 심리전 전문가들 중 일부는 남베트남으로 파견되어 활동한 것으로 확인되었다. 베트남 국방부 사료를 중심으로 작성된 레득하인(Lê Đức Hạnh)의 박사학위논문에 따르면, 북한 전문가들의 도움으로 1968년 이후 남베트남 전장인 제5군구(한국군이 전투하는 지역)에서

238 TTLTBQP, Sổ công tác của Đại tướng Văn Tiến Dũng-quyển 15. [베트남 국방부자료센터, 반띠엔중 장군의 임무 메모지, 제15권.]

239 Báo Quân đội nhân dân, 28.4.2010, "Nhớ ngày "tác chiến" trên làn sóng." [「방송으로 한 "작전" 날 기억한다」, 『인민군대 신문』 2010년 4월 28일.]; 국방부, 베트남군사역사연구원, 앞의 책, 271쪽.

의 심리전 활동이 더 활발히 진행되었다고 한다.[240] 북한 전문가들은 이 지역에서 활동한 베트남해방전선의 구성원들에게 자신들은 아이를 잃은 베트남 어머니들의 편지를 한국말로 번역하는 일을 한다고 말했다. 이러한 편지들이 남한군 측에 분배되면 남한군의 인정(人情)과 모성애를 유발해 설득할 수 있다는 것이다. 사실상 1968년 '뗏 공세' 이후 이 지역에서 심리전이 강화되었는데, 이것은 당시 북베트남 지도부의 지시에 따라 이뤄졌다. 북베트남 국방부서의 「1969년 남조선의 전투상황 보고」라는 자료에 따르면 1969년 남베트남에서 전투하는 남한군과 미군 사이에 갈등이 생겼으며, 특히 남한군의 전투의지가 약해져 남한군에 대한 심리전술이 강화된다면 남한군의 중립적 경향을 더 확대할 수 있다는 것이 정보국의 주장이었다.[241] 따라서 북베트남 정부는 1969년 북한 공군에 철수를 요청했으나, 파견된 심리전 담당 전문가들의 경우 계속 주둔할 필요성이 대두되었기 때문에 1970년대까지 베트남에 머물 수 있었던 것으로 추측이 가능하다. 베트남 제3 자료센터의 '수상부(Phủ Thủ tướng)' 문서군에서 베트남전쟁 시기 북베트남에 도움을 준 북한 전문가에 대한 공적(功績) 훈장 수여 제의 및 그 명령 관련 문서(1960년, 1965년, 1966년, 1967년, 1969년, 1970년, 1971년, 1974년)들이 포함된 자료들을 발굴했다. 여기서 1970년대 훈장을 수여받은 '북한 전문가'들은 베트남에 파견된 북한의 심리전 전문가들로 추정된다.

240 Lê Đức Hạnh, "Cuộc chiến đấu của quân và dân ta chống quân Hàn Quốc trên chiến trường Quân khu 5 (1965-1973)", Luận án Tiến sỹ, Viện Lịch sử Quân sự Việt Nam, 2014, pp. 150-155. [레득하인, 「제5군구전투장에서의 한국군과 전쟁(1965~1973)」, 박사학위논문, 베트남군사역사연구원, 2014, 150-155쪽.]

241 TTLTBQP, Phông Cục Tác chiến, HS 3149. [베트남국방부자료센터, 작전문서군, 폴더 3149호.]

전술했듯 1969~1971년, 특히 1970~1971년 사이에 북베트남에서 북한과 미군의 교전 기록은 존재하지 않는다. 따라서 북한 공군은 전공(戰功)이 없는 상황이므로 이들이 훈장을 받았을 가능성은 매우 낮다.

북베트남에 심리전 전문가가 필요했던 이유는 '인민전쟁'의 경험에 따른 것이었다. '항불전쟁' 과정에서부터 심리전이 강조되어 왔고, 이어진 '항미전쟁'에서 북베트남 지도부는 지속적인 심리전 활동을 전개했다.[242] 게다가 베트남전쟁의 성격은 남베트남의 게릴라전 방식이었기 때문에 남베트남 인민들의 지지가 중요했고, 베트남공화국(즉 남베트남)의 군인을 북베트남 쪽으로 항복시키는 설득도 필요했다. 따라서 북베트남에는 '적에 대한 선전운동'을 운영한 부서가 당연히 생겼으며, 제5군구의 부서가 미군과 남한군에 대한 선전운동을 포함한 심리전 활동을 담당했다. 제5군구에서는 베트남인으로 구성된 심리전 요원들이 영어·한국어 교육을 받았는데, 이는 제일 효과적인 선전 방법이 양쪽 언어로 된 전단 및 선전용 그림, 책자 등의 분배였기 때문이었다. 북베트남과 남베트남(제5군구)에 북한의 심리전 전문가들이 파견된 배경은 여기에 있다. 전쟁이 종결된 이후 베트남전쟁 승리 요인들 중 하나로 심리 전술이 중요한 역할을 수행했다는 것은 이미 공인된 바 있다.[243]

실제로, 베트남에서 실종된 남한군이 북한에 생존해 있었다는 것이 언론을 통하여 보도되었는데, 이는 당시 북한과 북베트남의 긴밀한 관계, 그리고 북한의 심리전 공작과 관련이 있는 것으로 볼 수 있다.

242 Lê Văn Cừ, "Công tác địch vận trong cuộc kháng chiến chống thực dân Pháp (1945-1954)", Luận án Tiến sỹ, Viện Lịch sử Quân sự Việt Nam, 2015. [레반끄,「항불전쟁시 적에 대한 선전 작업(1945~1954)」, 박사학위논문, 베트남군사역사연구원, 2015.]

243 레득하인, 앞의 논문, 148-150쪽.

구체적으로, 남한군이 베트남으로부터 철수한 직후인 1973년, 주베트남 남한군 사령관은 기자회견을 열어 남한군 포로는 단 한 명도 없었다고 선언했으며, "민간인 2명만이 지난 1968년 사이공 외곽 지역에서 납치되어 월맹에서 병사했다는 보고를 미국 측으로부터 받았다"고 말했다.[244] 그리고 국방부는 베트남에서 8명이 실종됐다고 발표했다. 김인식 대위(태권단 소속, 1971년 7월 14일), 유종철 일병, 정준택 하사(1967년 5월 7일), 안삼이 상병(청룡3대대, 1969년 7월 27일), 이용선 병장(청룡본부중대, 1969년 12월 2일), 조준범 중위(100군수사, 1972년 3월 29일), 박승렬 병장(맹호1연대, 1965년 11월 3일), 안학수 하사(건설지원단, 1967년 3월 22일) 등 8명이 실종됐다는 것이었다. 국방부는 "이들은 모두 비전투 중 근무지를 이탈, 행방불명이 된 자들"이며, 베트콩(즉 남베트남민족해방전선군)에 의해 석방된 유종철 일병만이 전투 중에 부상당해 포로가 된 것으로 안다고 덧붙였다.[245] 이 중 외무부 문서에 '박성렬'로 되어 있는 박승렬과 안학수의 경우, 처음에는 '자진월북'으로 관리되다가 최근에는 베트콩의 포로가 된 뒤 북한 군사고문단원에 의해 납북됐다는 사실이 밝혀졌고, 이후 납북-국군포로로 인정받았다는 것이 알려졌다. 김인식 대위는 북한방송 등에는 나오지 않았지만 북한으로 갔을 것으로 추정하고 있고, 정준택 하사는 행방불명자로 분류하고 있다.[246]

베트남에서 실종된 남한군이 북한에 생존해 있는 것은 당시 북한과 북베트남의 긴밀한 관계로 볼 때 가능한 일이다. 남한군은 작전 중에 베트콩에게 붙잡히거나 납치됐으며, 그들은 곧 북베트남으로 이송

244 박태균, 앞의 책, 302쪽.

245 위의 책, 303-304쪽.

246 「국방부, 베트남전 실종자 박성렬 병장 국군포로 인정」, 『오마이뉴스』, 2009년 9월 30일. http://www.ohmynews.com/NWS_Web/view/at_pg.aspx?CNTN_CD=A00 01227456(검색일: 2019. 8. 10.)

되었을 것이다. 북베트남의 당시 신문에서는 1967년 3월 27일 평양에서 안학수 하사 환영식이 열렸다고 보도하였다. 기사에는, 평양 인민 2만여 명과 북한의 인민위원회 부의장 및 베트남대사관, 남베트남민족해방전선 위원회 대표자가 참석한 이 환영식에서 안 하사는 미제의 침략전쟁을 비난하면서 이 전쟁에서 많은 고통을 겪었다고 고백했다고 한다. 그리고 "남조선군에게 가장 좋은 길은 바로 미군에게 총을 쏘아서 남베트남민족해방군으로 건너가 조국 북조선에 귀국하는 것"이라고 하였다.[247] 박성렬 병장의 경우, 하노이에서 1967년 4월 24일 총을 버리고 항복한 박 병장을 주베 북한대사에게 인계했다는 것이다. 이러한 인도정책으로 박성렬 병장은 도움을 받았고 전쟁의 위험에서 벗어나 조국으로 귀국할 수 있는 기회를 잡았다고 했다. 그는 남베트남민족해방전선의 인도정책과 베트남 인민에게 감사의 마음을 표시한다고 하였다.[248] 이처럼 남한군이 남베트남민족해방전선에 항복했다는 이야기는 당시 북베트남과 북한이 협력한 심리전의 결과로, 선전을 목적으로 이뤄진 것으로 파악할 수 있다.[249]

247 Báo Nhân dân, 30.3.1967, "Nhân việc anh An Hác Xô chạy sang hàng ngũ quân Giải phóng Miền nam Việt Nam và trở về tổ quốc." [「안학수씨가 남베트남해방군에 항복해서 귀국한 것을 맞이하여」, 『인민신문』 1967년 3월 30일.]

248 Báo Quân đội nhân dân, 25.4.1967, "Bàn giao hàng binh Păk Xưng Y-ơn cho đại sứ quán CHDCND Triều Tiên." [「조선민주주의인민공화국 대사관에 박성렬 항병 인계」, 『인민군대 신문』 1967년 4월 25일.]

249 그런데 이와 같은 실종자 외에 남한군 포로는 단 한 명도 없었다는 주장은 믿을 수 있을까? 이에 대한 답을 찾기 위해 연구자 레득하인(Lê Đức Hạnh)과 인터뷰를 했다. 2015년 베트남군사역사연구원 부원장이었던 레득하인은 베트남전쟁 남한군의 참전에 관한 주제, 특히 베트남해방군과 남한군과의 전투 과정에 대한 정보나 분석을 제시할 수 있는 연구자로 알려져 있다. 그는 당시 베트남해방군과 남한군의 전투 과정에서 남한군 포로가 발생한 것

4) 북한의 지원에 대한 북베트남의 평가

이러한 북한 정부의 지원을 통해 볼 때, 당시 북한·북베트남의 정치적 유대관계가 긴밀했다는 것은 명백하다. 그렇다면 북베트남 측은 당시 북한·북베트남의 연대성에 대해 어떻게 인식했으며, 북한의 지원에 대해 어떻게 평가했는가? 관계의 연대성은 한쪽만의 지탱으로는 이루어질 수 없기 때문에 북베트남의 인식 역시 중요하다.

우선, 북베트남 역시 한반도의 1960년대 중반 상황이 베트남과 비슷한 정치적 공통점이 있다고 여겼다. 북베트남 정부는 한일협정과 이에 따른 군사적 동맹 형성이 북한과 다른 사회주의 나라를 공격하고 있다고 생각하였기 때문에 베트남 인민이 북한을 절대적으로 지지하고 있다고 발표하였다.[250] 실제로 1965년 7월 북베트남 대표단의 방북

을 알고 있었으나, 포로들이 민간인들에 의해 살해되어 실종되었다고 주장하였다. 특히 1968년 이후 남한군이 전투장에서 탈출해서 미국과 일본의 배로 베트남에서 떠난 경우가 있다고 말했다. 참고로, 미국 포로의 경우 전쟁 과정에서 다음과 같은 이유로 실종되기도 하였다. 첫 번째, 미군들이 남베트남에서 작전 중에 베트콩에게 붙잡힌 이후 북베트남으로 이송되는 과정에서 병증 또는 고문으로 죽은 것이다. 두 번째, 미군 특히 공군은 북베트남 폭격 중에 추격으로 죽거나 낙하하고 나서 민간인에게 붙잡혀 죽임당한 경우도 있었다. 실제로 베트남전 중에 실종된 미군의 가족들이 베트남에 포로가 아직 있다고 하여, 이에 대한 해답을 찾기 위해 베트남 정부의 허락을 받아 베트남 현지조사 작업과 전쟁에 참여한 당사자들과 인터뷰 작업을 하기도 했으나, 베트남에서 살고 있는 미군 포로를 찾게 된 경우가 현재까지 전무하다. PBS 방송, 다큐멘터리 〈Vietnam War〉, Ken Burns & Lynn Novick(2016년 12월 5일 12:00:00 방영), "The Fear Went Away."

250 Báo Nhân dân, 27.11.1965, "Bộ ngoại giao ta tuyên bố về việc chính phủ Nhật-bản và chính quyền Nam Triều-tiên trao đổi văn kiện phê chuẩn hiệp ước Nhật-bản-Nam Triều-tiên." [「일본과 남조선 정부가 일본-남조선 협상 승인 문서를 교환한 것에 대한 우리 외교부의 발표」, 『인민신문』, 1965년 11월 27일.]

한 달 뒤에는 북한과 북베트남의 '친선협회'가 결성되었다. 북한·북베트남 친선협회가 결정된 배경은 1960년대 중반 베트남전쟁의 변화와 동시에 한반도에서의 한일협정 체결, 그리고 이에 대한 양국의 근심과 연대의식 강화의 필요성과 연관이 있다. 또한 북베트남에는 미국과의 전쟁을 이미 경험했던 북한의 역사가 1960년대 중반부터 더욱 중시되어 당시 북베트남의 전쟁과 유사한 점을 발견하였다.[251] 특히 *Cuộc chiến tranh giải phóng của Nhân dân Triều Tiên chống đế quốc Mỹ xâm lược*(『조선 인민의 항미조국해방전쟁 역사』)는 한국전쟁 시기에 김일성이 발표한 연설에 대한 것으로, 1966년에 베트남 'Sự Thật(사실)' 출판사가 김일성의 발표문들을 수집해서 번역하고 책으로 편집한 것이다. 책 머리에는 당시 '베트남·조선 친선협회'의 하휘지압(Hà Huy Giáp) 회장이 한국전쟁 과정을 요약하고, 이를 당시 베트남전쟁의 상황과 비교하여 북한·북베트남 공동연대의식을 나타낸 것이 실려 있다. 그는 북한 인민이 항미전쟁에서 얻은 경험들은 북한뿐만 아니라 미 제국주의에 대한 다른 민족해방운동에도 이론적·실무적 의미와 가치가 있는 귀한 것이라고 서술하였다. 미국의 남베트남 해방과 북부 수호 업적은 예전 북한의 항미전쟁과는 역사적 배경이 다르지만, 북한과 북베트남 모두 미국이라는 공동의 적이 있기 때문에 북한의 경험이 베트남에 특히 중요하다고 강조했다. 저서는 북한이 과거에 미국을 이겼고, 베트남의 상황은 1950년대 한반도의 상황보다 유리한 점이 있기 때문에 베트남

251 북한이 겪었던 '항미조국해방전쟁'에 대한 책들이 출판되었다. Viện nghiên cứu Lịch sử thuộc viện Hàn lâm khoa học nước CHDCND Triều Tiên, Lê Anh-Hồ Phan-Võ Nam dịch, *Lịch sử cuộc chiến tranh chính nghĩa giải phóng tổ quốc của nhân dân Triều Tiên*, Nxb Quân đội nhân dân, Hà Nội, 1965. [조선민주주의인민공화국 역사연구원, 레아인·호판·보남 옮김, 『조선 인민의 조국해방전쟁역사』, 하노이: 인민군대출판사, 1965.]

역시 북한처럼 미국을 이길 수 있다는 자신감을 보였다. 물론 북한이 미국을 이겼다는 것은 당시 베트남 사람의 생각을 온전히 반영했다기보다는 선전을 목적으로 하여 서술된 것으로 볼 수 있는데, 이는 미국과 전쟁 중인 베트남인들에게는 격려의 의미가 있었다. 마지막으로 하휘지압은 다음과 같이 헌정사를 썼다.

> 베트남과 조선은 미국이란 공동의 적이 있기 때문에, 미국과 전투한 북한의 경험은 베트남에 큰 의미가 있다. 이 작품은 베트남과 조선의 관계를 더 긴밀하게 만들기 위한 것인데, 이 작품을 통해서 조선 인민의 항미전쟁을 이해할 수 있고 이를 베트남의 경우와 연관지을 수 있다.[252]

즉 당시 북베트남에도 북한이라는 동맹국은 어느 나라보다도, 어느 시기보다도 역사적·정치적으로 가장 가까운 형제였다.

한편, 북한의 북베트남 지원에 대한 평가는 베트남 국방부의 베트남군사역사연구원이 출간한 *Lịch sử kháng chiến chống Mỹ cứu nước, 1954-1975, Tập V: Tổng tiến công và nổi dậy 1968*(『항미구국항전 역사, 1954-1975, 제5부: 1968년 총진공 및 봉기』)에서 확인할 수 있다. 북한의 북베트남 지원에 대한 평가는 중국·소련의 지원에 대한 내용과 비교하면 단출했지만, 전반적으로 베트남전쟁의 과정을 정리하고 베트남 정부의 공식적 입장을 보여 주는 역사서로서 가치를 지닌다. 책의 제5부에서는 베트남전쟁 승리의 원인이 군사적 및 외교적 요소를 결합한 것이며, 외교적으로 북베트남이 사회주의 형제들의 지원을 받게 되었다

252 Kim Nhật Thành, *Cuộc chiến tranh giải phóng của Nhân dân Triều Tiên chống đế quốc Mỹ xâm lược*, Nxb Sự thật, Hà Nội, 1966, p. 3. [김일성, 『조선 인민의 항미조국해방전쟁역사』(번역자 미상), 하노이: 사실출판사, 1966, 3쪽.]

는 내용을 서술하고 있다. 즉 북한과 같은 사회주의 국가들이 북베트남에 많은 지원을 했다고 서술하였고, 김일성이 북한은 베트남 통일을 위해 "최후까지 가능한 모든 지원을 제공"할 것이라고 한 점을 언급하였다. 베트남전쟁 당시 북한의 군인들과 청년들은 북베트남 인민을 위해 헌혈을 했고, 북한은 베트남에 공군을 파견했을 뿐만 아니라, 해당 기간에 북한 공군이 미국 전투기를 사격한 적도 있다고 했다. 그 외에 남한 병사들의 투항과 귀순을 설득하기 위해 심리전 전문가도 파견하였다고 공식적으로 인정하였다.[253]

베트남 인민 및 당, 정부는 항상 북한 정부의 귀중한 지원 및 국제적 연대를 존중한다고 밝혔다. 북베트남을 보호하고 미국과 전쟁을 수행하는 데 전투하고 희생된 북한 공군들에 대해 북베트남 정부는 정중히 감사하는 마음으로 그들의 공적을 선양하고 고귀한 훈장을 추서하였다.[254] 또한 이들의 묘소를 세웠으며 베트남 인민의 '고국 항미전쟁'을 위한 그들의 공적을 기록한 묘비를 만들었다. 북한 공군 전사자는 총 14명으로, 이들의 묘소는 현재 베트남 박장(Bắc Giang) 지역에 있다(그림 3-3).

북베트남 공군은 북베트남에서 복무하던 북한 공군에 대해 좋은 인상을 받았던 이야기들을 다수 남겼다. 팜푸타이(Phạm Phú Thái) 중장의 회고록에서는 북한 공군이 MIG-17, MIG-21 전투기 조종술이 정확하고 뛰어나서 이에 대해 존경스러운 마음을 가졌다고 서술하였다.[255] 또 다른 공군의 회상에 따르면, 북한 공군은 교전 시 용감하고 대담했으며, 북한 공군이 전사하면 매장할 때 꼭 잉어를 준비하는 것

253 국방부, 베트남군사역사연구원, 앞의 책, 269-271쪽.
254 응우옌후이또안, 부땅뽕, 응우옌비엣빈, 응우옌민뜩, 앞의 책, 71쪽.
255 팜푸타이, 앞의 책, 243-245쪽.

〈그림 3-3〉 베트남 박장(Bắc Giang)에 있는 북한 공군 전사자의 묘소
출처: 저자 촬영.

이 인상적이었다고 하였다. 이처럼 북베트남 군인들은 북한 공군이 전투에 임하는 자세를 존경하고 선양할 만한 것으로 인식하였으며, 북한 공군에 특별한 관심을 가졌다.[256]

256 http://www.quansuvn.net/index.php?topic=26488.190;wap2(검색일: 2020. 8. 1.)

결론적으로 그동안의 협력관계를 바탕으로 새로운 정치변동을 맞아 북한은 베트남에 원조하였으며, 이로써 상호협력 관계를 강화하기도 했다. 미국이 북베트남 폭격을 시작한 시점부터 양국은 더욱더 비슷한 역사적 경험을 갖게 되어, 당시 양국의 공동 반미의식은 어느 때보다도 강조되었으며 유대관계도 깊어졌다. 따라서 1960년대 중반의 북한·북베트남 관계는 '밀월관계'라는 단어로 규정할 수 있겠다.

제4장

북한·북베트남의 관계 이완

(1968~1974)

1. 1968년 한반도 안보위기와 북한·북베트남 관계의 동요

1960년대 말에 접어들며 북한과 북베트남의 관계는 변화하기 시작했다. 그 변화 과정은 시간이 흐를수록 점점 뚜렷해졌는데, 1960년대 말에는 북한과 북베트남의 최고 지도자급 인사들이 상호 방문을 중단하였다. 이는 양국의 공동반미전선에 대한 이질적인 인식이 반영된 것이었다.

관계 변화의 첫 번째 신호는 1968년 1월 23일 푸에블로호 사건에서 북한의 위대한 '승리'에 대한 북베트남의 반응이었다. 북한 무장공비의 청와대 습격 시도가 실패한 지 이틀 뒤 북한은 또 한 번의 충격적인 사건을 일으켰다. 이번에는 미국 군함을 나포한 것이다. 북한은 전투기와 경비함을 이용해 원산 앞바다를 항해하던 미 해군 소속의 푸에블로호를 강제로 나포했다. 이 사건으로 한반도의 위기는 6·25전쟁 이후 최고조로 치달았다. 사건 직후 미국은 승무원 송환을 위해 가능한 모든 수단을 강구했다. 유엔에 제소하고 소련에 협조를 요청하는 등 외교적 조치와 항공모함 엔터프라이즈호를 동해로 급파하는 등 군사적 대응을 병행했다. 드디어 양국 협상으로 양측은 사건의 해결에 합의한 후 1968년 12월 23일 판문점에서 마지막으로 만났다. 북측이 준비한 문건에 미국 대표 길버트 우드워드(Gilbert H. Woodward) 장군이 서명했다. 이후 승무원들은 함장 부처(Rose Bucher) 중령을 선두로 '돌아오지 않는 다리'를 통해 송환되었다. 북한은 승무원이 송환된 다음 날인 12월 24일 자 『로동신문』에 이 사건을 대대적으로 보도했다. 핵심은 미국에 대한 '북한의 승리'라는 것이었다. 미국 대표가 성명한 '사죄문'도 함께 게재했다. 이른바 승리의 '증거'라는 것이었다.[1] 북한은 한국전쟁 승리 이후 다시 찾아온 푸에블로호 사건의 승리를 적극 활용하였다. 북한은 사건이 종결된 이후에도 계속해서 승리의 분위기를 이어가고자 했다.[2]

푸에블로호 사건에 대한 북베트남의 반응은 북한의 기대에 미치지 못했다. 물론 북베트남은 언론을 통해 사건을 보도하였다. 당시 언론은 1·21사태에 대해서는 언급한 바 없으며, 푸에블로호 사건이 일어난 직후 이 사건에 대해서만 다루었다.[3] 1968년 초반까지만 북베트남은 이 사건에 관심을 가져 당시 북베트남의 『인민군대 신문』을 통해 다음과 같은 평가를 했다.

> 베트남 인민들은 최근의 남베트남 혁명에서의 승리(1968년 1월 베트남의 '뗏 공세'와 같은 남베트남 혁명의 승리라는 뜻)로 아주 기쁜 분위기와

1 이신재, 『한권으로 읽는 북한사』, 오름, 2016, 249-254쪽.

2 이신재, 『푸에블로호 사건과 북한』, 선인, 2015, 200쪽.

3 실제로 당시 국제사회와 사회주의 진영도 청와대 습격 사건에 대해 북한을 부정적으로 보아 지지하지 않았다. 푸에블로호 사건의 경우 미국이 북한 영해에 침입했을 가능성이 있기 때문에 소련, 중국과 사회주의 진영은 미국을 비난했으며, 여기서 북한은 그나마 정치적 지지를 받을 수 있었다. Balázs Szalontai, "In the Shadow of Vietnam: A New Look at North Korea's Militant Strategy, 1962-1970", *Journal of Cold War Studies* 14: 4, Fall 2012, pp. 160-161.

함께 조선에서 미국의 새로운 실패로 베트남 인민은 만족한 감정을 감추지 못했다. 미국을 엄히 징계한 조선 인민군의 의견과 완전히 동의하는 것이다.

또한 "항미공동전선에서의 조선과 베트남 형제국의 전공 및 승리는 서로 응원하고 연결하는 효과가 있다"고 평가했는데, '조선 혁명'이란 한반도에서 미국을 몰아내는 것이었고 이는 당연히 베트남전쟁에 대한 지원을 의미했다.[4] 그런데 북한에서는 푸에블로호 사건 해결 과정과 그 이후에도 계속해서 승리 분위기를 이어가게 된 반면, 북베트남에서는 그렇지 못했다. 실제로 푸에블로호 사건 이후 북한은 미국이 푸에블로호 사건을 통해 북한에 대한 새로운 침략전쟁 준비를 강화하고 있다고 규탄한 바였다. 특히 북한 정부는 7월 25일 이와 관한 비망록을 발표했으며 세계 각국으로부터 지지를 얻고자 했다.[5] 북베트남 언론이 8월 3일 북한 정부의 비망록에 대해 보도했으며, 북베트남 정부는 5일 미국을 반대하고 북한의 입장을 지지한다고 발표했다.[6] 그런

4 Báo Quân đội nhân dân, 2.3.1968, "Vụ tàu gián điệp Pu-ê-b-lo và chân tướng đế quốc mỹ." [「밀탐 군함 사건과 미제의 진상」, 『인민군대 신문』 1968년 3월 2일.]; Báo Quân đội nhân dân, 25.1.1968, "Hải quân Triều Tiên bắt giữ 1 tàu do thám của Mỹ xâm phạm vùng biển Triều Tiên." [「조선 해군은 조선 영해를 침범한 미국의 밀탐 군함을 체포한다」, 『인민군대 신문』 1968년 1월 25일.]

5 「조선민주주의인민공화국 정부비망록, 조선정전협정을 파괴유린하고 새 전쟁 도발에 광분하고 있는 미제침략자들의 범죄책동에 대하여」, 『로동신문』 1968년 7월 26일.

6 Báo Quân đội nhân dân, 3.8.1968, "Chính phủ Triều Tiên tố cáo đế quốc Mỹ chuẩn bị chiến tranh mới chống Miền bắc Triều Tiên." [「조선 정부는 미국이 북조선에 새 전쟁을 준비하고 있는 것을 고발한다」, 『인민군대 신문』 1968년 8월 3일.]; Báo Quân đội nhân dân, 6.8.1968, "Chính phủ ta

데 당시 푸에블로호 사건이나 사건 해결 과정과 관련한 것은 북베트남에서 특정하게 언론 보도한 대상이 아니었다. 1968년 9월 27일 자 『인민군대 신문』을 통해 푸에블로호 사건을 보도하였는데, 이번에는 『로동신문』의 기사 내용을 간단하게 요약한 것이었고, 미국과 북한 측은 아직도 협상이 안 된다는 내용이었다.[7] 이 사건이 종결되자 『인민군대 신문』은 푸에블로호에 대한 미국 정부의 사과 이후 북한 정부가 푸에블로호의 선원을 석방하였다고 했으며, 미국의 "굴욕적인 패배", "조선인민의 승리"라는 내용으로 한 번만 보도했다.[8] 이후 푸에블로호 사건에 대한 북베트남의 보도는 없었다.

주목할 점은, 1960년대 말 동구 공산권의 자료를 살폈을 때 이 사건에 대해 당시 평양에 있는 루마니아대사가 남베트남민족해방전선의 대표 부응옥호(Vũ Ngọc Hồ)와 회담을 한 것이다. 그의 보도에 따르면, 1·21사건과 푸에블로호 사건에 대해 베트남 외교관들(민족해방전선 대표단, 베트남민주주의공화국 대사)은 북한 동지들에게 냉담한 태도를 보였다. 또한 북한이 "전망도 없이 적절한 혁명적 근거도 없는 우발적 행동(푸에블로호 사건)"으로 국제 여론의 관심을 끌어 같은 시기 일어난 베

tuyên bố về việc đế quốc Mỹ tăng cường chuẩn bị chiến tranh xâm lược mới ở Triều Tiên." [「미국이 북조선에 새 전쟁을 준비하고 있는 것에 대한 우리 정부의 선포」, 『인민군대 신문』 1968년 8월 6일.]

7 Báo Quân đội nhân dân, 27.9.1968, "Mỹ phải xin lỗi Triều Tiên nếu muốn thủy thủ tàu Pu-ê-b-lo được trả lại tự do." [「푸에블로호에 선원의 석방을 원하면 미국은 조선에 사과해야 된다」, 『인민군대 신문』 1968년 9월 27일.]

8 Báo Quân đội nhân dân, 25.12.1968, "Sau khi chính phủ Mỹ xin lỗi về vụ tàu gián điệp Pu-ê-b-lo, chính phủ Triều Tiên đã quyết định trục xuất các thủy thủ trên tàu", "Thắng lợi của nhân dân Triều Tiên, thất bại nhục nhã của giặc Mỹ." [「푸에블로호에 대한 미국 정부의 사과 이후 조선 정부가 선원을 석방하기로 결정했다」, 「조선 인민의 승리, 미국의 굴욕적인 패배」, 『인민군대 신문』 1968년 12월 25일.]

트남전의 영향력을 약화시켰기 때문에 북한·북베트남 관계가 나빠졌다고 생각하였다.[9] 사실상 1·21사태와 푸에블로호 사건으로 한반도에서 위기가 한창 치솟은 바로 직후인 1968년 1월 30일에는 사이공을 비롯한 남베트남 주요 도시에 게릴라들이 나타났다. 농촌지역에서 활동하던 게릴라들이 명절날 도시를 일제히 공격한 것이다. 베트남에 있는 남한군 기지도 공격을 받았다. 이른바 '베트남 뗏 공세(구정공세)'로 불리는 이 전투는 10여 일쯤 지나서 대부분 진정되었다. 두 사건은 같은 시기에 일어났기 때문에 많은 학자는 북한이 이 시점에 푸에블로호를 나포한 이유 중 하나가 미국의 군사력을 한반도에 분산시켜 베트남을 도우려는 것이었고, 1·21사태의 관심을 다른 곳으로 돌리기 위해서였다는 것으로 분석했다. 지금까지 밝혀진 자료로는 1·21사태와 푸에블로호 사건의 시점에서 북한과 북베트남 사이에 어떠한 이야기들이 오갔는지 알기는 어렵지만, 베트남이 보여 준 태도를 통해 북한의 움직임은 뗏 공세와는 무관한 것으로 볼 수 있다. 북한은 한반도에서 '제2의 베트남전쟁'을 수행하려 했다기보다는, 남조선 혁명이라는 자신의 독자적이고 구체적인 이해에 따라 '제2의 한국전쟁'을 수행하려 했던 것 같다. 즉 북한의 대남 군사 도발은 남조선 혁명에 유리한 남한 정세가 도래할 것이라는 행위였다는 것이다.[10] 또한 김일성은 북베트남을 지원한 것이 아니라, 오히려 국제적 관심이 베트남으로 향하는 것을

9 결국 베트남 외교관들은 건강을 문제로 귀국하여 북한의 인민군대 창건 기념일인 2월 8일 기념 행사에 참석하지 않았다. "February 16, 1968, Telegram From Pyongyang To Bucharest, Top Secret, No. 76.044, Regular", *The Two Koreas and the Vietnam War*, Document Collections, CWIHP, NKIDP. Woodrow Wilson International Center. http://digitalarchive.wilsoncenter.org/document/113957.

10 김진환, 「베트남전쟁 시기 북한의 대외정책」, 『사회와 역사』 제105집, 2015, 58쪽.

막고, 김일성 자신이 국제적 관심을 받기 위해 도발을 저질렀다는 주장도 제기되고 있다.[11]

실제로 1960년대 후반부터 미국에서 베트남 정책에 대한 비난 여론이 확대되었고, 이 시점에 북베트남은 국제적 여론의 중요성을 어느 때보다 실감했으며, 표방한 전쟁 정책에 '외교적 전선'을 추가하여 '외교적 전선, 군사적 전선, 정치적 전선'을 결합했다.[12] 북베트남은 이렇게 국제적 관심을 끌고자 했으나, 이 시점에 터진 북한의 푸에블로호 사건은 그들의 목적을 달성시키는 데에 방해가 되었고, 이에 불편함을 나타낸 것으로 볼 수 있다. 게다가 뗏 공세는 북베트남 지도자들이 기대한 만큼 군사적 의미가 없었다는 사실도 고려해야 할 것 같다. 현재까지 베트남 역사학계는 베트남의 항미전쟁 역사에서 뗏 공세의 중요성이 컸으나, 그것이 베트남해방군[13]의 단점을 드러냈다고 본다. 본래 베트남해방군은 주로 산과 숲에서의 전투만 행하여 도시라는 전투 공간에 대한 경험이 없었기 때문에 뗏 공세에서 적지 않은 피해를 입었다는 것이다.[14] 사실 북베트남 지도자들은 뗏 공세를 통해 베트남의 완전한 통일을 희망했다.[15] 그러나 뗏 공세에서 제대로 진행된 것은 초

11 이신재, 『한권으로 읽는 북한사』, 257쪽.

12 Nguyễn Đình Lê, *Lịch sử Việt Nam 1954-1975*, Nxb Giáo dục, Hà Nội, 2010, p. 199. [응우옌딘레, 『베트남의 역사, 1954~1975』, 하노이: 교육출판사, 2010, 199쪽.]

13 주력부대(베트남중앙노동당의 남베트남중앙국(Trung ương cục Miền nam)이 관리함)와 지방부대(省급 베트남노동당위원회가 관리함), 유격대(무기가 장비된 일반 시민들이며 社급 베트남노동당지부가 관리함)를 포함한 '인민군대'의 명칭.

14 응우옌딘레, 앞의 책, 168쪽.

15 PBS 방송, 다큐멘터리 〈Vietnam War〉, Ken Burns & Lynn Novick, 2016년 12월 5일 12:00:00 방영, "At Great Cost."

기 소부대의 공격뿐이었고, 도시 봉기는 일어나지 않았다. 또한 케산(Khe Sanh) 기지에 부대를 파견해 미군의 수비가 허술해진 틈을 이용해서 후에(Huế)[16] 장악에 성공한 것을 제외하고는 혁명세력의 대부대 도시 진압은 대부분 교외 방어선에서 저지당했다.[17] 1973년 베트남 노동당 중앙위원회에서는 뗏 공세의 전략적 의미를 확인하였으나, 뗏 공세 가운데 가장 성공적이었던 후에 점령에 대해서도 부정적인 평가를 내렸다. 후에를 25일간 확보한 것은 중소 도시에서는 쓸모없는 희생만을 내었다고 한 것이다.[18] 실제로 이 사건 이후 베트남해방군은 회복하지 못할 정도로 전투력에 큰 피해를 입었고 군사적 의미도 얻을 수 없었다. 따라서 북베트남 정부는 뗏 공세의 외교적 효과에만 기대할 수밖에 없었던 상황이었다. 이러한 상황에서 북베트남은 자신들과 같은 시기에 일어난 북한의 '승리'에 대해 반가워할 수 없었다.

사실상 1960년대 후반부터 북베트남 측이 북한에 대한 비판을 주저하지 않았던 것이었는데, 이는 당시 북한이 공산주의 운동의 지도자로 선전하고자 하는 노력과 관련이 있다. 당시 중국은 문화대혁명에 심취해 있었으므로 북한에도 기회의 문이 열렸고, 김일성도 새로운 역할을 시도하는 데 주저하지 않았다. 1967년 11월 김일성은 『로동신문』에 "미 제국주의를 반대하는 투쟁에 주되는 창끝을 돌리자"라는 제목으로 성명서를 내고 동남아시아, 쿠바, 라틴아메리카의 민족해방운동에 호소했다.[19] 1968년 7월에는 "세계 도처에서 미제침략자들의 각을 뜨자"라는 슬로건 아래 베트남과 북한이 함께 '미제침략자'의 다리

16 베트남 중부에 있는 도시이며, 베트남 마지막 왕조의 수도였다.

17 후루타 모토오, 박홍영 옮김, 『역사 속의 베트남전쟁』, 일조각, 2007, 99쪽.

18 위의 책, 101쪽.

19 빅터 차, 김용순 옮김, 『불가사의한 국가: 북한의 과거와 미래』, 아산정책연구원, 2012, 83쪽.

를 부러뜨리는 모습을 묘사했다. 같은 해 아르헨티나 출신 혁명가 체 게바라(Che Guevara)의 기일에 맞춰서는 김일성 자신이 아시아, 아프리카, 라틴아메리카의 대혁명을 이끌어 가고 있다는 내용의 논문을 발표했다.[20] 이처럼 자신을 '영웅'이라 하는 북한의 일련의 행동에 대하여 북베트남은 기분이 나쁠 수밖에 없었다. 북한이 전 세계의 공산주의자, 특히 아시아, 아프리카 및 라틴아메리카 민족해방운동 및 미 제국주의에 맞선 투쟁의 선두에 선다는 김일성의 발언에 대해 북베트남의 정치가들은 '민족주의 경연'이라고 비판했다.[21] 당시 평양에 있는 베트남대사와 남베트남해방전선의 대표에 따르면 북한이 사회주의 국가의 지원을 받기 위해 남한의 국경에서 공격을 개시함으로써 항미투쟁에서 북베트남과 북한이 동등한 위치에 있는 것처럼 선전했다고 하였다. 또한 베트남에서 베트남 인민은 미국과 남한군 5만여 명과 싸우고 있는 중이지만, 북한은 소련 전투기 조종 경험을 얻기 위해 조종사 20명 정도의 제한적 병력만을 베트남에 파견했다고 지적하였다. 비판의 핵심은 북한이 북베트남의 명성을 빌려 자신을 미국 제국주의와의 투쟁에서 선두라고 정의하고 미국의 위협을 과잉 선전했다는 데 있었다.[22] 앞에서 언급한 바와 같이 1960년대 중반 북한은 반미전선에서 국제적인 의무로 북베트남을 지원하는 차원에서 북베트남에 공군을 파견한다고 강조한 바 있다. 이에 세계적으로 자신을 '영웅'처럼 선전하는 북한의 일련의 행동을 지켜본 북베트남은 북한 지도자에게서 '기회주의'

20 위의 책, 84쪽.

21 Bernd Schaefer, North Korean "Adventurism" and China's Long Shadow, 1966-1972, Working Paper #44, CWIHP, Woodrow Wilson International Center for Scholars, Oct. 2004, p. 11. https://www.wilsoncenter.org/publication/north-korean-adventurism-and-chinas-long-shadow-1966-1972.

22 위의 자료, 12쪽.

를 느낄 수밖에 없었다.

이처럼 1960년대 말 북한의 '승리'에 대해 북베트남은 베트남에 대한 국제적 관심을 분산시키는 문제이며, 북한의 또 다른 '민족주의 경연'이라고 이해했다. 따라서 북베트남이 처음에는 푸에블로호 사건에 대해 보도하였지만, 이에 대한 국제사회의 관심이 높아져 상대적으로 베트남전쟁에 대한 관심이 줄어들자 그 불편함을 나타낸 것으로 볼 수 있을 것이다. 이후 이 사건에 대한 북베트남의 침묵은 그러한 실정을 반영한 것이다.

2. 북한의 북베트남 경제지원 감소

1960년대 말 북한과 북베트남이 맺었던 여러 협력 분야에 적신호가 켜졌는데, 가장 가시적이었던 것은 북한이 베트남 경제지원을 대규모로 축소한 것이었다.

사실상 1960년대 후반 북한의 베트남 무상지원 금액을 보면, 지원 시작점인 1965년의 지원금이 최고 지원 금액이었고 그 이후로는 계속 감소했다(그림 4-1 참조). 구체적으로, 북한의 북베트남에 대한 1966년, 1967년 지원 금액은 각각 700만 루블, 530만 루블로, 이는 1965년 지원 금액에 비해 2배 감소된 것이다. 북한의 지원이 감소한 상황에서 1967년 8월에 북베트남의 부수상 레타인응이(Lê Thanh Nghị)는 직접 북한에 가서 북한의 북베트남 지원 문제에 대해 김일성과 회담을 하였다. 북베트남 부수상이 김일성에게 베트남의 항미투쟁 상황을 열심히 설명한 이후 양국의 무상 경제지원협정이 체결되었다.[23] 1968년 북

23 Báo Nhân dân, 9.8.1967, "Thủ tướng Kim Nhật Thành hội đàm với phó

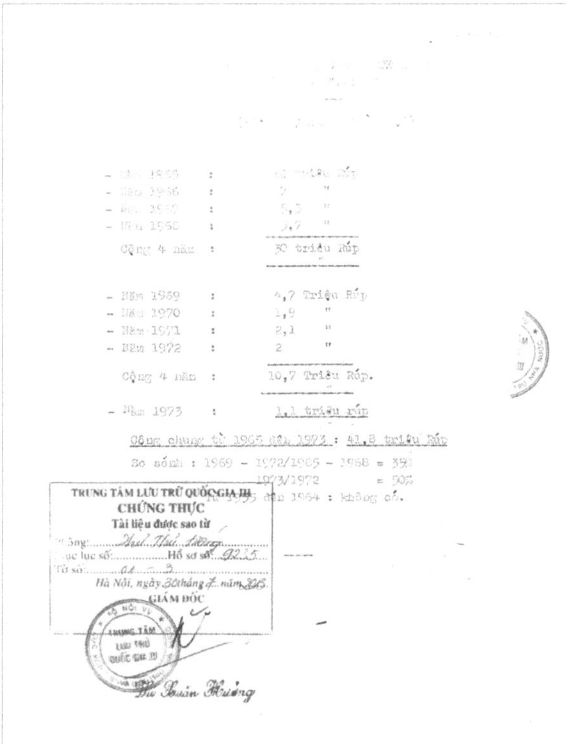

Cộng 4 năm : 30 triệu Rúp

– Năm 1969 : 4,7 Triệu Rúp
– Năm 1970 : 1,9 "
– Năm 1971 : 2,1 "
– Năm 1972 : 2 "

Cộng 4 năm : 10,7 Triệu Rúp.

– Năm 1973 : 1,1 triệu rúp

Cộng chung từ 1965 đến 1973 : 41,8 triệu Rúp

So sánh : 1969 – 1972/1965 – 1968 = 35%
1973/1972 = 50%
Từ 1955 đến 1964 : không có.

TRUNG TÂM LƯU TRỮ QUỐC GIA III
CHỨNG THỰC
Tài liệu được sao từ

Hà Nội, ngày 30 tháng 7 năm 2015.
GIÁM ĐỐC

〈그림 4-1〉
1965~1973년간 연도별 북한의 베트남 무상지원 금액(베트남어 원문)

한의 베트남 지원 금액은 570만 루블이었는데, 이는 1967년의 지원 금액보다 조금 올랐기에 북베트남이 노력한 결과로 볼 수 있다. 그런데 이 금액은 1966년의 금액만큼은 아니었고, 1965년의 금액과 비교해도 50%가 되지 않았다.[24]

thủ tướng Lê Thanh Nghị"; 12.8.1967, "Chính phủ ta và chính phủ Triều Tiên ký hiệp định về việc Triều Tiên viện trợ về kinh tế và quân sự không hoàn lại cho ta." [「김일성 수상과 레타인응이 부수상의 회담」, 『인민신문』 1967년 8월 9일; 「조선의 경제 및 군사 무상 지원에 대한 우리 정부와 조선 정부 간의 협정」, 『인민신문』 1967년 8월 12일.]

24 1965~1968년 북한의 베트남 무상지원 금액은 〈표 3-1〉 참조.

〈표 4-1〉 1969~1973년 북한의 베트남 무상지원 금액 (단위: 백만 루블)

연도	금액
1965~1968(4년 합계)	30
1969	4.7
1970	1.9
1971	2.1
1972	2
1969~1972(4년 합계)	10.7
1973	1.1
1974 이후	없음
총계 41.8	

주: 1969~1972/1965~1968 = 35%, 1973/1972 = 50%

출처: 제3 베트남국립자료센터, 수상부 문서군, 폴더 9235호; 도미엔, 「1975년 베트남전 종전과 북한정부의 대응: 베트남 자료를 중심으로」, 『이화사학연구』 제48집, 2014, 100쪽에서 재인용 및 일부 수정.

어찌되었든, 김일성이 공산주의 운동의 지도자로 선전하고자 하는 과정에서 베트남이란 요소를 이용한 것과 이처럼 북베트남에 대한 지원을 감소한 과정을 고려할 때, 북한 지도부가 1965년 북베트남 정부가 요청한 금액보다 400만 루블을 더 지원한 사실은, 베트남에 대한 국제적 의무와 책임을 보여 주기 위한 것이며, 더불어 자신들의 위신을 높이기 위한 것으로 이해해야 할 것이다.

북한의 대(對)베트남 경제지원은 1969년부터 크게 감소했다. 〈표 4-1〉에서 볼 수 있듯이 1969년 북한의 베트남 지원 금액은 470만 루블이었는데, 이는 1965년의 1,200만 루블에 비하면 40%에 불과했고, 1968년의 570만 루블과 비교하면 100만 루블이 줄어든 것이었다. 베트남에 대한 북한의 경제지원은 시간이 흐를수록 점점 감소했는데 지원 금액 감축이 1969년에 본격적으로 시작되었기 때문에, 해당 연도는 북한과 북베트남의 관계 변화에서 중요한 시점으로 보인다.

그리하여 북한의 대(對)베트남 경제지원은 1970년대에 급격히 줄어들었다. 전술했듯이 북베트남 정부는 북한으로부터의 지원을 4년 단위로 나누어 총 2단계로 파악하고 있다. 즉 1965년부터 1968년까지의 4년이 1단계, 1969년부터 1973년까지는 2단계였는데, 2단계에서 지원 금액이 낮아진 것을 확인할 수 있다. 2단계 지원액인 1,000만 루블은 1단계의 3,000만 루블에 비하면 30%에 불과했다. 특히 1973년 북한의 베트남 지원 금액은 110만 루블이었는데, 이는 1965년의 1,200만 루블에 비하면 9%에 불과했으며, 1972년의 200만 루블과 비교하면 절반으로 줄어든 것이었다. 실제로, 1973년에 팜반동(Phạm Văn Đồng) 북베트남 수상은 김일성에게 재정지원을 요청하는 공문을 보냈으나, 1973년 북한의 지원 금액은 여전히 최저인 110만 루블이었다.[25] 북한 정부의 베트남 무상지원은 1974년부터 중단되었다.

그러면 왜 북한은 대북베트남 경제지원을 축소한 것일까? 북베트남 정부는 북한의 지원 감소를 한반도의 분단으로 인한 정치적·경제적 문제 때문이라고 평가했다. 또한 북베트남 정부는 전쟁 당시 북베트남의 항미 통일정책에 대한 북한 정부의 입장·관점이 원조액 변화와 밀접한 관련이 있었다고 지적했다.[26] 즉 북한의 원조액을 통해 베트

25 TTLTQG3, PTT, Hồ sơ 9233, "Công hàm của Thủ tướng Phạm Văn Đồng gửi Thủ tướng Kim Nhật Thành yêu cầu CHDCND Triều Tiên viện trợ kinh tế, quân sự cho Việt Nam năm 1973." [제3 베트남국립자료센터, 수상부 문서군, 폴더 9233호, "팜반동 수상이 김일성 수상에게 1973년 재정지원을 요청하는 공문."]

26 TTLTQG3, PTT, Hồ sơ 9235, "Tình hình tổng quát về Quan hệ Kinh tế, Kỹ thuật-Khoa học giữa Việt Nam-CHDCND Triều Tiên 1955-1973", "Bổ sung Tình hình tổng quát về Quan hệ Kinh tế, Kỹ thuật-Khoa học giữa Việt Nam-CHDCND Triều Tiên 1973-1979." [제3 베트남국립자료센터, 수상부 문서군, 폴더 9235호, "1955~1973년 베트남과 조선민주주의인민공

남의 통일 문제에 대한 북한의 관심도를 확인할 수 있다. 이와 관련해서는 이하에서 밝히도록 한다.

3. 통일 방식에 대한 상호 견해차

1960년대 말 북한·북베트남 관계 변화의 또 다른 신호는 통일 방식과 관련이 있다. 양국은 통일 방식에서 이견이 있었고 예전과 다른 모습을 보여 줬다.

구체적으로, 1960년대 말부터 북베트남의 통일정책에 대한 북한의 태도는 달라지기 시작했다. 뗏 공세 이후 미국에서 반전운동이 격렬해졌고, 존슨은 당시까지의 베트남 정책을 재검토하고 전쟁을 축소하는 방향으로 전환했다. 그는 북베트남 폭격의 즉각적인 제한과 함께 평화협상에 응할 것임을 밝혔다. 북베트남 정부도 일단 미군의 공습을 중단시키기 위해 평화회담에 응함으로써 1968년 5월 파리에서 예비접촉이 이루어졌다.[27] 한편으로 남베트남과 캄보디아에서는 계속해서 전투들이 벌어지고 있었다. 즉 1960년대 말 북베트남의 통일정책은 북쪽에서는 평화협정을 시작하고 남쪽에서 소규모의 전선을 유지하는 것이었다. 북베트남의 통일 목표는 예전과 다르지 않았으나 방법적으로 유연한 전략을 택한 것이었다. 북베트남은 이 방식을 "전투하면서 협상한다(vừa đánh vừa đàm)"고 표현했다.

북한의 경우 베트남의 전쟁 방식을 참고해 1960년대 중반부터

화국의 경제, 과학 기술 관계 총괄", "1973~1979년 베트남과 조선민주주의인민공화국의 경제, 과학 기술 관계 총괄: 보충."]

27 유인선, 『새로 쓴 베트남의 역사』, 이산, 2002, 418쪽.

1969년까지 공격적 대남정책을 추진했으나, 1960년대 말부터 북한은 남베트남의 혁명 방식에 더 이상 매혹되지 못했다. 북한의 대남 도발이 남한 정부의 불신감을 조장했을 뿐만 아니라, 당과 군에서 강경한 대남 혁명노선을 주도했던 빨치산 출신 장군들의 숙청이 이어졌기 때문이었다.[28] 또한 이때부터 북한은 남한과 남베트남의 정치적 상황이 다르다는 것을 인정했으며, 남한과 남베트남의 통일 잠재력 및 능력에 차이가 있다는 것도 받아들였다. 북한 외무성 부상 김재봉은 1969년에 "남한과 남베트남에서 당파투쟁의 조건과 일반적으로 애국적인 세력의 투쟁 조건은 다르다. 남한에는 정글이 없으며 은폐에 유리한 조건이 없다. 또한 당분간 남한에는 혁명적 상황이 없으며 단지 숙성된 단계에 있다. 당분간은 남베트남인민해방전선과 비교할 만한 정치적 군사조직이 존재하지 않는다"고 발표하였다. 또한 북한의 상황 판단에 따르면, 남한과 남베트남에서 미군이 동시에 주둔하고 있긴 하지만, 당시 남한에서의 미군의 역할과 활동은 남베트남의 그것과 다르다고 했으며, 남한의 정권은 남베트남보다 강하다고 주장했다. 따라서 남베트남과 남한에서의 당파 및 당파투쟁의 범위와 조직을 동일시할 수도 없다고 지적하였다.[29] 1960년대 초중반에 북한 지도부가 남베트남의 혁명을 그들이 주도하는 '남조선의 혁명'과 하나의 전선으로 인식하였고 남베트남 혁명의 성과를 '남조선의 혁명'에 선전적으로 유리한 영향을 주려고 했던 것에 비해 1960년대 말에 그 인식을 바꾼 것이다. 심

28 조진구, 「중소대립, 베트남 전쟁과 북한의 남조선혁명론, 1964-68」, 『아세아연구』, vol. 46, no. 4, 2003, 254쪽.

29 "January 28, 1969, Report, Embassy of Hungary in North Korea to the Hungarian Foreign Ministry", *The Two Koreas and the Vietnam War*, Document Collections, CWIHP, NKIDP, Woodrow Wilson International Center. http://digitalarchive.wilsoncenter.org/document/116681.

지어 북한은 "조선노동당은 남한과 남베트남 상황을 동일시하려는 국내외의 모든 시도에 반대한다"고 밝혔다.[30] 즉 그전의 북한·북베트남 관계 전개 과정에서 양국의 공통점을 강조한 반면, 1960년대 말 북한 정부는 양측의 차이점을 계속 제기하고 공통점을 부정하는 것을 주저하지 않았다. 북한 측은 남베트남의 혁명을 자신들이 주도하는 '남조선의 혁명'과 동일한 하나의 전선으로 인식했던 태도를 바꾸었다.

또한 북베트남 정부는 북쪽에서 1968년부터 1973년 초까지 미국 정부와 협상을 진행하였는데, 이 평화협정 체결 과정에서 북한 정부는 베트남의 투쟁 및 사회주의 건설에 대한 관심이 줄어들게 되었다. 특히 북베트남의 평화협정에 대한 정책 변경에 대하여 주변의 사회주의 국가들은 긍정적 반응을 보였으나, 북한의 경우 처음에는 이에 대해 그다지 좋은 평가를 하지 않았다. 이는 동구 공산권의 자료를 통해 확인되는데, 헝가리의 1971년 10월 20일 자 보고에 따르면 헝가리 대표단은 북한 방문 동안 여러 차례 비공개적 및 공개적 장소에서 베트남에 대한 지지 의지를 표시했다. 특히 그들은 베트남 사람과 미국과의 회담이 베트남의 문제를 해결할 수 있는 유일한 방법이라고 강조했다. 그러나 헝가리 대표단은 북한 정부가 이에 별 관심이 없었고, 심지어 북한이 헝가리 대표단의 발표문을 신문에 실을 때 베트남 평화협정에 대한 부분을 뺐다고 주장했다.[31] 실제로 1971년 10월이라는 시점은 평화협정의 결정적 결과가 도출되었을 때라고 볼 수 있으며, 해당 결과에 대해 주변 사회주의 국가들은 긍정적 반응을 보였지만, 북한의

30 위의 자료.

31 "October 20, 1971, Memorandum, Hungarian foreign ministry", *The Two Koreas and the Vietnam War*, Document Collections, CWIHP, NKIDP, Woodrow Wilson International Center. http://digitalarchive.wilsoncenter.org/document/116612.

냉담한 태도는 부자연스러운 것처럼 평가하고 있음을 볼 수 있다. 발라즈 살론타이에 따르면, 당시 북한·북베트남의 느슨한 관계의 대표적인 신호는 바로 평화협정에 대한 북한의 냉담한 태도였던 것이다. 살론타이는 북한의 냉담한 태도가 전쟁을 종식시키기보다는 베트남인들이 미국의 폭탄 아래 생존하고 죽어야 한다는 입장을 채택한 것과 다르지 않다고 주장했다. 그는 북베트남에서 B-52 폭격기를 더 많이 사용할수록 푸에블로호 사건과 같은 긴급 상황에서 미국이 한반도에 배치할 수 있는 비행기가 줄어든다고 했다. 또한 국가 이기주의(national egoism)가 외교에서 기본적 규칙이지만, 당시 김일성은 이 원칙을 극단적으로 적용했다고 지적했다.[32] 살론타이에 따르면, 김일성이 베트남전에 지원한 목적은 베트남을 도와주는 것보다는 미국이 베트남전에 빠져들어 한반도 문제에 신경을 쓰지 못하게 하는 것이었다. 북한 입장에서는 북베트남과 미국이 평화협상을 체결한다면 베트남전이 곧 종결되고 미국의 군사적 개입이 한반도 쪽으로 향할 상황이 온다는 것이다. 살론타이는 북한이 이기적으로 북베트남과 미국의 협상에 불편한 태도를 보이고 베트남에 지원을 줄인 것은 이러한 이유 때문이라고 설명했다.[33] 북한이 왜 베트남 평화협정에 냉담한 태도를 보였는지 뒤에서 확인하겠지만, 베트남과 미국의 협상에 대한 당시 중국·소련의 입장을 같이 분석해서 문제를 거시적으로 접근해야 할 것이다. 그러나 살론타이가 언급한 것처럼, 북베트남이 미국과 협상에 들어간 과정에 대해 북한의 부정적 태도는 뚜렷했으며, 이는 북한·북베트남 관계의

32 Balázs Szalontai, "How the North Korean-Vietnamese Friendship Turned Sour", 1 November 2017, *North Korea News*. https://www.nknews.org/2017/10/how-the-north-korean-vietnamese-friendship-turned-sour/.

33 Szalontai, "In the Shadow of Vietnam: A New Look at North Korea's Militant Strategy, 1962-1970", pp. 150-155.

변화에서 중요한 문제였던 것으로 볼 수 있다.

그러면 북베트남은 1960년대 말 북한의 통일 방식을 어떻게 봤는가? 북베트남은 역시 북한의 통일정책에 변천이 있는 것으로 판단했다. 평양에 있는 남베트남인민해방전선 대표들은 북한 정부가 한동안 무장투쟁으로 남한을 해방시키는 과제를 다시 포기한다고 했으며, 이로써 북한이 통일의 적절한 시기를 놓쳤다는 의견을 루마니아 및 헝가리 대사와 공유했다. 그리고 베트남 대표들은 북한 정책이 변한 이유를 추정하기도 했다. 그들은 북한 지도부가 남한과 북한 간의 세력 균형을 의식하게 되었든지, 아니면 미국이 또 하나의 새로운 베트남을 한반도에서 원하지 않았다는 것을 북한이 의식했기 때문이라고 설명했다. 베트남 대표들은 1968년 푸에블로호 사건 이후 북한이 미국에 맞서 전쟁을 수행하기 위한 모든 군사적 방안, 특히 무기 생산도 준비했으나, 소련이 북한의 무기 생산 과정에 필요한 자료를 제공해 주지 않았던 것이라고 덧붙였다.[34] 베트남의 경우에는 1960년대 중반 통킹만 사건과 미국의 북베트남 폭격 이후 북베트남은 소련으로부터 군사적 지원을 받기 시작했다. 물론 소련의 지원 범위는 북베트남이 미국의 폭격에 대항하기 위한 것에 한하며, 남베트남 무력통일까지는 아니었다. 그러나 북베트남에 소련의 군사적 지원 자체는 베트남의 통일혁명에 큰 의미가 있었으며, 실제 소련이 지원한 무기와 장비들은 남베트남 전투장에서도 사용하게 되었다. 이러한 양상과 다르게 1960년대 후반 한반도의 안보 긴장 문제, 특히 푸에플로호 사건 시 미국과 소

34 "June 3, 1968, Report, Embassy of Hungary in North Korea To The Hungarian Foreign Ministry", *The Two Koreas and the Vietnam War*, Document Collections, CWIHP, NKIDP, Woodrow Wilson International Center. http://digitalarchive.wilsoncenter.org/document/111275.

련은 모두 한반도에서 전쟁을 회피하고 외교로 문제를 해결하기로 했다. 따라서 베트남의 입장으로 볼 때, 당시 미국의 전쟁을 명목으로 한 북한의 방안은 달성될 수 없었으며, 결국 북한은 무장투쟁을 통한 남한 해방의 가능성이 없다는 것을 자각했다는 것이다.

그리고 1970년대 북한의 통일정책에 대한 북베트남의 입장 역시 비판적이었다. 앞에서 언급한 바와 같이, 1960년대 말 북베트남의 통일정책은 북쪽에서는 평화협정을 시작하고, 남쪽에서는 소규모의 전선을 유지하는 것이었다. 즉 북베트남의 통일 목표는 예전과 다르지 않았으며 "전투하면서 협상한다(vừa đánh vừa đàm)"는 유연한 전략을 펼친 것이었다. 북한은 1960년대 중반부터 1969년까지는 베트남의 전쟁 방식을 참고하여 공격적인 대남정책을 추진했으나, 자신들에게 남베트남인민해방전선과 비교할 만한 정치적 군사조직이 존재하지 않으며, 남한과 남베트남의 정치적 상황이 다르다는 것 역시 인정했고, 남한과 남베트남의 통일 잠재력 및 능력에 차이가 있다는 것도 받아들였다.

이후 1970년 초부터 북한은 남북대화를 모색하기 시작하였다. 북베트남은 북한이 남북대화를 추진하고, '7·4공동성명'을 발표한 것에 반대했다. "남북공동성명은 긴장완화에 유용하기는 하지만 남한 혁명세력에게는 해로운 것이다"라는 발언과 함께 그 이유를 "혁명세력들을 무장해제시키기 때문"이라 발언했다.[35] 또한 주북한 베트남대사 레

35 "Telegram from Hungary Embassy in Pyongyang to the Ministry of Foreign Affairs," Jul.10.1972, Christian F. Ostermann and James F. Person eds., *The Rise and Fall of Détente on the Korean Peninsula, 1970-1974* (Document Reader), North Korea International Documentation Project, Woodrow Wilson International Center 2010, 872면; 홍석률, 『분단의 히스테리』, 창비, 2012, 259쪽에서 재인용.

동(Lê Đông)은 1973년 동독의 외교관과의 대화에서 북한의 통일 방침에 대해 비판했다. 그는 북한의 통일정책에 성과가 나지 않는 이유는 북한이 남한 정세를 제대로 평가하지 못하고 있기 때문이라고 지적했다. 그리고 김일성이 제시하는 고려연방제 안에 대해서도 실효성이 없다고 평가했다.[36]

그 외에 베트남 대사 레동은 동독 외교관과의 대화에서 북한의 '독재'는 북한뿐만 아니라 공산주의 세계운동에도 나쁜 영향을 끼친다고 다음과 같이 비판하였다.

> 누군가가 자신을 위대한 수령이라고 한다면 그것은 잘못된 것입니다. 조선민주주의인민공화국에서의 개인숭배는 이 국가의 내부 개발과 명성에 대한 손해뿐만 아니라 공산주의 세계운동에도 손해를 줍니다. … 대부분 인민들은 외국인들과 대화하기를 두려워합니다. 개인숭배가 가족 숭배로 확장된 이 사실이 사람들 사이에 불만이 생기고 그 이상 문제들의 증가로 이어진 것입니다. 김일성 주석의 아들은 몇 주 전에 조선노동당 중앙위원회 조직 및 선전담당 비서로 임명되었습니다. 김일성의 딸은 청년협회의 비서로 일하며, 김일성 부인의 남동생은 평양시 행정위원회 차관입니다. …[37]

동독 측은 북한 정부가 1973년 평화협정 이후 베트남의 투쟁 및 사회주의 건설에 대해 응분의 관심을 가지지 않았다고 했으며, 베트남

36 "Conversation with the Ambassador of the Democratic Republic of Vietnam (DRV)" October 31, 1973, *Inter-Korean Relations*, Document Collections, CWIHP, NKIDP, Woodrow Wilson International Center. https://digitalarchive.wilsoncenter.org/document/114277.

37 위의 자료.

대사의 이와 같은 입장이 당시 북한·북베트남 사이에 여러모로 쌓인 불만에서 나온 것이라고 추가로 평가하였다.[38]

이처럼 1960년대 말 북한과 북베트남은 통일 방식에 대해 이견이 있었고 이로 인해 양국 관계에 변화가 있었다는 것을 동구 공산권의 자료와 베트남의 자료를 통해 확인하였다. 1960년대 말부터 변화된 베트남과 북한의 관계는 1970년대 들어와 시간이 흐를수록 느슨해졌다. 특히 1970년대 후반에 양국 관계가 가장 약화되었다는 사실은, 1970년대 전반 양국 간 관계 악화가 진행되어 온 결과였다. 또한 이를 통해 1970년대 전반은 양국 관계에서 중요한 시기였음을 확인할 수 있다.

4. 북한·북베트남 관계에서의 중국 변수

1960년대 말부터 북한과 북베트남의 관계 변화에 부정적 영향을 준 또 하나의 변수는 바로 중국이었다. 이미 언급한 바와 같이 중국은 북한과 북베트남의 관계 형성·전개에 중요한 교량 역할을 했으며, 베트남전쟁기 북한·북베트남 관계를 분석하려면 북·중·베 삼각관계를 반드시 살펴야만 한다. 따라서 베트남전쟁의 주요 시점인 1960년대 말 북한과 북베트남의 관계 변수로서 중국을 살펴야 할 필요성은 더욱 부각된다.

우선, 역사적으로 형성된 베트남과 중국의 양면적 관계는 '우호와 갈등'이라는 단어로 규정할 수 있다. 그동안 밀고 당겼던 길항관계의 역사에 기초해 중국·북베트남 관계는 베트남전쟁에서 그 정점을 찍었

38 위의 자료.

던 것이다.[39] 전술했듯이 북베트남은 제네바 합의에서 중국에 대한 의구심을 품었으며, 베트남전쟁 동안 그 의구심이 사라지지 않았다. 특히 1960년대 말 들어와서 북베트남은 중국의 군사자문과 어긋남에도 불구하고 '1968년 뗏 공세(구정공세)'를 취했다. 사실 무장통일을 주장한 레주언(Lê Duẩn)은 1960년대 말 북베트남 정치와 전쟁 지도에 제일 중요하게 영향을 준 인물이 되었으며, 레주언은 1968년 뗏 공세를 통해 베트남의 완전한 통일을 희망했다.[40] 중국은 북베트남의 '뗏 공세'를 비판했고, 경화기·탄약·후방장비만을 지원하며 북베트남이 전쟁을 무력으로 조기 종결하는 것을 반대했다. 뗏 공세로 베트남은 4만 명의 인명손실을 입었고, 남베트남의 혁명역량도 크게 손실을 입었다. 중국은 베트남이 아직 통일전쟁에 대한 준비가 부족하다고 비판했고, 북베트남 원조 규모를 1968년을 기점으로 대폭 줄여버렸다.[41]

또한 1968년 뗏 공세 이후 북베트남이 미국과 협상에 들어갔을 때 중국이 이를 반대했다는 점도 양국의 갈등요소 중 하나였다.[42] 뗏 공

39 유인선, 『베트남과 그 이웃 중국, 양국관계의 어제와 오늘』, 창비, 2012, 283쪽.

40 당시 호찌민은 나이와 건강 관계로 정치·군사 전략을 짜는 데 적극적인 역할을 하지 못했다. 호찌민이 중국에 치료하러 갔을 때 북베트남 지도부가 '뗏 공세'를 결정했다. 원래 호찌민은 무장통일보다는 미군이 철수하기 위해 제네바 회담의 재개를 촉구하고, 미국과 전 세계의 반전 여론을 자극하며 북베트남의 동맹국들과 신중하게 협의해야 한다고 주장했다. 한편, 그는 베트남전 확전 이후 북부의 역할도 강화하는 결정을 확고하게 지지하고 있었다. 윌리엄 J. 듀이커, 정영목 옮김, 『호치민 평전』, 푸른숲, 2003, 792, 796, 810쪽.

41 *Sự thật 30 năm Quan hệ Việt-Trung (Sách trắng 1979)*, Bộ Ngoại giao nước CHXHCNVN, pp. 40-45. [『베트남-중국 30년 관계의 사실(백서 1979)』, 베트남 외교부, 40-45쪽.]

42 Qiang Zhai, "China's Crucial Role", Robert J. McMahon, *Major Problems in the History of the Vietnam War*, Boston, MA: Houghton Mifflin College 2008, p. 505.

세에서 미국이 전술적으로 승리했다고는 하지만 정치적으로는 큰 타격을 입었으며 베트남 정책에 대한 비난 여론이 빗발쳤기 때문에, 존슨은 3월 31일 북베트남 폭격의 즉각적인 제한과 함께 언제 어디서고 평화협상에 응할 것임을 밝혔다. 그리고 북베트남 정부가 일단 미군의 공습을 중단시키기 위해 평화회담에 응함으로써 1968년 5월 파리에서 예비접촉이 이루어졌다.

한편, 미국의 1968년 11월 대통령선거에서 공화당의 닉슨이 당선됨으로써 미국의 베트남 정책은 재평가되었다. 닉슨의 구상은 패배의 인상을 주지 않으면서 서서히 미군을 베트남에서 철수시키고, 그 공백은 남베트남 정부군의 증강으로 메우려는 것이었다. 그러기 위해 그는 북베트남 정부를 협상장으로 끌어내고자 했다.[43] 전술했듯이 베트남 측은 즉각 상황을 인지하고 1968년 말 중국의 공병과 북한 공군의 귀국을 요청했고 평화협정에 응했다. 실제로 미국의 격렬한 폭격으로 인해 1967년 1월 23~26일 열린 제13차 베트남노동당 중앙위원회는 베트남의 통일외교 정책은 "전투하면서 협상한다"는 것으로 논의했다.[44] 베트남 측에 따르면 중국은 다음과 같은 이유로 베트남의 새로운 통일정책을 반대했다. 즉 "전투하면서 협상한다"는 전략은 ① 베트남의 남북분단 상태 유지에 대한 오해를 만들고, ② 베트남 인민에게 평화에 대한 환상을 심어 주며, ③ 북베트남이 남베트남을 팔아먹는 것으로 오해를 만들고, ④ '수정주의의 나라'(즉 소련)가 북베트남에 압력을 준다는 것이다.[45] 그러나 북베트남 지도부는 이러한 전략을 고집했으며,

43 유인선, 『새로 쓴 베트남의 역사』, 418쪽.

44 Đảng Cộng sản Việt Nam, *Văn kiện Đảng toàn tập*, tập 28, Nxb Chính trị quốc gia, Hà Nội, 2003, p. 177. [베트남공산당, 『공산당 문건 전집』 제28권, 하노이: 국가정치출판사, 2003, 177쪽.]

45 *Hồ sơ quan hệ Việt-Trung trong giai đoạn chống Mỹ, cứu nước (3-1954 đến*

마침내 1968년 1월 제14차 베트남노동당 중앙위원회에서 총공세를 결정했다.[46] 북베트남은 뗏 공세의 정확한 결과나 상황을 파악하지는 못했으나, 이로 인해 회담에 유리한 조건이 성립되었다고 보았다. 그러나 중국 정부는 아직 미국이 군사적으로 유리하며, 회담 결과 역시 마찬가지일 것이라 주장하며 북베트남을 반대했다.[47] 또한 중국은 존슨의 평화협상 제안이 전쟁의 잠정적 휴식을 통해서 차후 전쟁을 확대하기 위한 것이라고 지적하였다.[48]

중국이 북베트남의 평화협상 수용을 반대하며 베트남에 대한 지원을 줄인 본질적 원인은 자국의 입장에 기인한 것이었다. 북베트남이 미국과 회담하는 것은 소련 쪽으로 기울어졌다는 의미이므로 중국은 자신들이 곤란해지는 것을 원치 않았기 때문이다. 당시 소련은 미국에 맞서 전쟁을 수행하는 북베트남을 돕고 있었지만, 미국과의 관계 악화는 원하지 않았고, 북베트남은 미국의 평화협정 제안을 찬성하였다.[49] 최근 베트남에서 이루어진 연구는 이미 1967년부터 소련이 북베트남에 미국의 협상 조건을 전달했고, 북베트남에 협상에 들어갈 것을 권유했음을 드러냈다. 1960년대 말 베트남전쟁에 대한 소련의 관점은 현상 유지였기 때문이다. 즉 소련은 미국의 북베트남 폭격 중단 문제를 먼저 해결하고, 그다음에 남베트남 문제를 해결하자는 것이다. 그

tháng 8-1973), Học viện Chính trị-Hành chính Quốc gia Hồ Chí Minh, p. 112. [호찌민 국립행정정치연구원, 『항미전쟁시 베트남-중국 관계에 대한 문서(1954. 3~1973. 8)』, 112쪽.]; 응우옌티마이화, 『사회주의국가들의 베트남항미구국항전 지원(1954~1975)』, 하노이: 국가정치출판사, 2013, 330쪽에서 재인용.

46 응우옌티마이화, 위의 책, 330쪽.

47 유인선, 『베트남과 그 이웃 중국, 양국관계의 어제와 오늘』, 406쪽.

48 *Peking Review*, Apil 4, 1968, pp. 14-15; 위의 책, 408쪽에서 재인용.

49 유인선, 위의 책, 410쪽.

리고 남베트남에서의 미군 철수 및 군사 문제를 먼저 해결하고, 그다음에 정치 및 통일을 해결하자는 것이다.[50] 북베트남은 실제로 1967년에 "전투하면서 협상한다"는 것을 논의했으나, 여전히 무력통일전쟁에 집중하고 있었기 때문에 처음에 미국과 적극적 협상에 들어간 일이 없었으며 적절한 때가 아니었다고 주장했다. 그런데 전술했듯이 1968년 '뗏 공세'에서 베트남 인민군이 큰 피해를 입었고, 또 미군의 북베트남 공습을 중단시키기 위해 1968년 5월부터 북베트남은 평화회담에 정식으로 참여했다. 그런데 중국에는 베트남 문제의 타협적 해결은 소련의 승리를 의미할 것이고, 그렇게 되면 동남아시아 지역에서 중국의 영향력 축소는 물론이고 미국과 소련이 세계를 공동 지배하게 될 것이었다. 그것은 마오에게는 전략적 '악몽'과 같은 것이었다. 따라서 중국은 베트남 문제에 대한 소련의 접근 방식을 미·소의 '결탁'으로 보고 그것을 막기 위해 북베트남과 미국 간의 협상 시작을 적극 반대했다.[51] 베트남 외교부에서 1979년 발행한 *Sách trắng 1979*(『백서 1979』)에 따르면, 중국 측은 베트남이 미국과 회담하는 것은 소련의 뜻에 따른 것이라고 하면서, 베트남에 다음 두 가지 중 하나를 택하라고 요구했다. 즉 "만일 미국에 이기려고 한다면 소련과의 관계를 끊어야 한다. 혹 미국과 회담을 성사시키기 위해 중국의 원조에 의존해 싸우고자 한다면 중국의 원조는 그 의미가 없어질 것이다"라는 것이다.[52] 즉 중국에는 미국과의 협상으로 북베트남 폭격이 중단되는 것보다 자국의 위신과 이

50 응우옌티마이화, 앞의 책, 328쪽.

51 김정배, 「베트남전쟁과 사회주의진영, 그리고 냉전체제」, 『역사와 경계』 76, 2010. 9, 27쪽.

52 *Sự thật 30 năm Quan hệ Việt-Trung (Sách trắng 1979)*, Bộ Ngoại giao nước CHXHCNVN, pp. 62-63. [『베트남-중국 30년 관계의 사실(백서 1979)』, 베트남 외교부, 62-63쪽.]

익이 더 중요했다.

1970년대 초 미국과 중국의 관계 증진은 중국과 북베트남 사이의 불신을 증폭시켰다. 앞서 언급한 바와 같이 중국은 1960년대 말 북베트남이 미국과 협상에 들어간 것에 대한 불편함을 표명하며 평화협상에 반대하였다. 그러나 중국은 1972년 닉슨의 중국 방문 이후 평화협상에 찬성하는 입장으로 돌아섰다. 한편 중국은 미국과의 교류에 앞서 북베트남에 대한 원조를 증가시켰다. 이에 대해 북베트남 정부는 이것이 자신들이 미국과의 평화협정을 조속히 체결하도록 유도하기 위한 중국의 의도라고 판단하였다.[53] 중국의 입장은 실제로 베트남 평화협정 체결 과정에 크게 영향을 미치지 않았다. 평화협상에 직접 참여한 미국의 국무장관 키신저의 *ENDING THE VIETNAM WAR*에 따르면, 미국이 중국과 접촉한 목적은 자신들의 제안대로 북베트남 정부가 평화협정을 체결하여 베트남전쟁을 끝내도록 하는 것이었으나, 북베트남 지도자들의 통일에 대한 의지는 늘 강했다고 언급했다.[54] 평화협정 결과 남베트남에서는 임시혁명정부[55]가 합법화되었고, 공산 측이 지배하고 있던 지역을 그대로 보존할 수 있었으며, 미군은 모두 철수했다. 결국 북베트남에 유리한 조건으로 체결된 평화협정과 미국의 베트남 철수는 중국과 미국 간이 아닌 북베트남과 미국 간의 협의 결과였다고 볼 수 있다.

평화협정 조인 후 얼마 되지 않아 북베트남과 중국의 관계는 다시

53 위의 자료, 45-55쪽.

54 Henry Kissinger, *ENDING THE VIETNAM WAR: A History of America's Involvement in and Extrication From the Vietnam War*, New York: Simon & Schuster, 2003 참조.

55 남베트남에서 혁명운동을 진행하던 남베트남민족해방전선에 의해 1969년 남베트남 임시혁명정부가 수립되었다.

악화되기 시작했다. 1973년 6월 초 북베트남 지도부는 중국을 방문하여 1974년의 원조 요청안을 제출했는데, 이는 81억 위안에 달하는 막대한 금액이었다. 저우언라이는 그것은 중국이 감당할 수 없는 비현실적 액수라며 25억 위안의 원조액을 제시했다.[56] 북베트남은 1970년대 초, 베트남에 대한 중국의 통일 지원이 감소되었고 마지막 통일 단계에서는 지원이 전무했다고 주장했다.[57] 실제로 중국은 베트남의 통일 문제에 대해 소홀했다. 중국이 추구한 장기적 노선은 '2개의 베트남'이 공존하는 현상유지 정책이었다. 중국이 '2개의 베트남'이 공존하는 정책을 유지한 이유는 유인선의 『베트남과 그 이웃 중국, 양국관계의 어제와 오늘』이라는 책을 살펴보면 자세히 알 수 있다. 이 책의 중·베 관계의 특징을 다룬 부분을 살펴보면, 중국이 베트남에 대한 정책에서 이와 같은 정책을 편 이유는 첫째, 중국은 미국과 대결하는 것을 원하지 않았고, 둘째, 중국은 인도차이나 지역 내 '골목대장'이었던 베트남의 힘이 확대되는 것을 차단하기를 원했기 때문이었다.[58] 북베트남 측에 따르면, 1973년 1월 평화협정 이후 중국은 베트남 북쪽의 국경 지역에서 영토 침입과 같은 도발을 통해 베트남의 통일 의지를 저해할 계획을 갖고 있었다. 또한 중국은 미군의 재개입을 유발할 것이라는 이유로, 베트남의 사이공 해방 및 통일에도 찬성하지 않았다.[59] 그리하여 베트남 통일에 대한 중국의 '원망'은 베트남 통일 이후 베트남에 대

56 유인선, 『베트남과 그 이웃 중국, 양국관계의 어제와 오늘』, 426쪽.

57 응우옌티마이화, 앞의 책, 337쪽.

58 유인선, 『베트남과 그 이웃 중국, 양국관계의 어제와 오늘』, 400-442쪽.

59 Nguyễn Thanh Lê, *Một tiêu điểm của cuộc chiến tranh tư tưởng phản cách mạng*, Nxb Sự thật, Hà Nội, 1983, p. 49. [응우옌타인레, 『반혁명전쟁의 초점』, 하노이: 사실출판사, 1983, 49쪽.]

한 적대 정책으로 표상되었다고 볼 수 있을 것이다.[60]

1960년대 말부터 북베트남과 중국 간에는 갈등이 생긴 반면, 북·중 관계는 개선되었다. 1960년대 들어 중소분쟁이 점차 심화되면서 북한은 자신들의 견해를 표명하기 시작했는데, 그 과정에서 1960년대 중후반(1964~1968년)에는 중국과 심각한 정치·외교적 갈등을 겪어야만 했다. 북한은 중국의 문화대혁명의 폭력주의를 비판했으며, 따라서 북한과 중국의 관계는 급격히 냉각되었다. 그러나 1960년대 말부터는 북한과 중국의 관계 조정이 추진되었다. 중·소 간에 전쟁도 마다하지 않은 격렬한 갈등이 계속되는 가운데 중국인들은 그들이 제국주의의 '두목'으로 저주해 왔던 미국과 대화를 시작하면서 문화혁명의 '광적인' 열기를 식혀 가고 있었다. 북한 역시 긴박했던 대외정세 속에서 추진되어 왔던 군사위의 노선에 제동을 거는 등 일련의 변신을 도모하고 있었다.[61] 북한 지도부는 1969년 6월 모스크바에서 개최되는 공산당 및 노동당의 국제회의에 불참했다.[62] 북한의 불참 결정은 이 대회의 의미를 부정하고 있던 중국에 북·중 관계 개선의 명분을 제공한 셈이 되었다.[63] 1969년 9월 10일 호찌민의 장례식에 참석한 최용건은 베이징에 들러 저우언라이와 회견하며 북·중 관계의 개선과 발전을 원한다는 김일성의 의견을 전했다. 중국 측은 이를 받아들여 9월 30일 중화인민공화국 건국 20주년 국경절에 참가하기 위해 중국을 방문한 최용건

60 *Sự thật 30 năm Quan hệ Việt-Trung (Sách trắng 1979)*, Bộ Ngoại giao nước CHXHCNVN, pp. 65-70. [『베트남-중국 30년 관계의 사실(백서 1979)』, 베트남외교부, 65-70쪽.]

61 이종석, 『북한-중국관계 1945~2000』, 중심, 2000, 249-250쪽.

62 김일성, 「아련 '다르알타흐리르' 출판사 총국장이 제기한 질문에 대한 대답」, 『로동신문』 1969년 9월 4일; 위의 책, 250쪽에서 재인용.

63 이종석, 위의 책, 250쪽.

을 마오쩌둥, 린뱌오 등과 함께 톈안먼 단상에 서도록 예우했다.[64] 또한 1969년 10월 1일 최용건이 돌연 톈안먼 성루에 나타나면서 중국과 북한 간의 '형제'적 우호관계 회복을 알리는 시발점이 되었다.[65] 1970년 3월 김일성은 정식으로 저우언라이의 북한 방문을 요청했고, 이는 4월 5~7일에 성사되었다. 7년 만에 이루어진 중국공산당 최고위급 인사의 북한 방문으로 북·중 관계는 회복되었다.[66] 미·중 간의 데탕트로 특징지어지는 1970년대 초에 북·중 관계는 약간의 이견이 있긴 하였으나 큰 변화를 보이지 않았다. 1979년 미·중 관계 정상화에도 불구하고 김일성은 중국의 정치·외교적 지원의 중요성을 인식했고, 1970년대 후반 계속하여 중국의 반패권주의와 자력갱생에 호의를 보이는 등 양국 관계를 돈독히 했다.[67]

북한의 베트남 지원이 감소한 시기 역시 1969년이었다는 점이 주목된다. 북베트남 정부의 자료에 따르면, 1969년 중국의 대(對)베트남 경제지원액은 1968년과 비교하면 40% 감소했다.[68] 또한 1970년대 초 중국 정부는 미국 정부와 관계를 개선하면서 베트남 문제를 고심했고 베트남의 통일 의지를 약화시키기 위해 지원을 줄였는데, 북한의 베트남 지원이 중단되었던 시기 역시 1973년이었다는 점에서 이에 주목할 필요가 있다.

64 와다 하루끼, 남기정 옮김, 『와다 하루끼의 북한현대사』, 창비, 2014, 175쪽.

65 션즈화, 김동길·김민철·김규범 옮김, 『최후의 천조: 모택동·김일성 시대의 중국과 북한』, 선인, 2017, 897쪽.

66 이종석, 앞의 책, 252쪽.

67 세종연구소 북한연구센터, 『북한의 대외관계』, 한울, 2007, 259-260쪽.

68 Sự ủng hộ và chi viện của Trung Quốc cho Việt Nam, phông Ban Đối Ngoại Trung Ương, 1958-1991, đơn vị bảo quản số 1417. ["중국의 베트남 지지 및 지원", 중앙대외위원회 문서군, 1958-1991, 폴더 1417호.]; 응우옌 티마이화, 앞의 책, 332쪽에서 재인용.

북한과 북베트남의 내재적 문제 외에 베트남전쟁을 바라보는 북한의 관점 변화를 살필 때 중국이라는 변수는 간과할 수 없다. 북한은 1969년부터 외견상 친중국적 자세를 애써 드러내 보이며 중국의 지원을 얻어내려는 노력을 지속했으므로,[69] 베트남과 관련해서 당시 중국의 입장을 따라갈 수밖에 없었던 상황이기 때문이었다. 북베트남이 미국과 평화협상에 대한 정책을 바꾸는 것에 대하여, 북한 역시 중국처럼 처음에 그다지 좋은 평가를 하지 않았던 점은 1970년대 초반 북·중·베 삼각관계의 성격을 잘 보여 주고 있다. 그리고 이때 중국은 북베트남이 해외 지원에 의지하면 안 된다고 하며 앞으로 자립노선으로 가야 한다고 강조했다. 심지어 중국은 중국 영토를 통해 북베트남으로 가는 소련의 상품 운송을 제한하여 북베트남 정부는 추가 비용을 부담하며 다른 경로를 택해야 했다.[70] 그러나 소련의 베트남 지원을 중국이 저지하였다는 베트남의 비난에 대해서도, 북한 측은 중국 편에 서서 중국이 베트남 지원 물품을 막지 않았음이 확실하다며 반박했다.[71] 이는 1960년대 중반 당시 김일성이 베트남 지원에 대한 중국의 부정적 태도를 비판했던 점과는 완전히 반대의 모습이었다. 한편, 베트남 측은 중국의 문화혁명을 비판하였다가 곧 철회한 북한의 태도를 비난하면서, 북한 정부는 군사적 원조를 위하여 친중국 자세를 보이는 것이며, 이는 북한과 소련의 관계에 부정적 영향을 줄 수 있는 문제라고 지

69 김태운, 『북한의 한반도 주변 대4강 외교정책에 대한 이해』, 한국학술정보, 2006, 156쪽.

70 응우옌티마이화, 앞의 책, 332-333쪽.

71 "March 4, 1972, Report by Etre Sandor, Korean Opinion On Various Current Issues", *The Two Koreas and the Vietnam War*, Document Collections, CWIHP, NKIDP, Woodrow Wilson International Center. http://digitalarchive.wilsoncenter.org/document/123115.

적하였다.[72]

또한 1974년 파라셀군도 분쟁을 둘러싼 베트남·중국의 잠재적인 갈등과 이에 대한 북한의 입장은 당시 북·중·베 삼각관계의 성격을 잘 보여 준 것이다. 사실 베트남과 중국 관계의 갈등을 조장한 또 하나의 문제는 영토분쟁이었다. 파라셀군도(Paracel Island, 西砂群島, 베트남어 Quần đảo Hoàng Sa)는 프랑스가 인도차이나반도 점령 시 예속한 군도였으며, 프랑스가 베트남에서 철수한 이후 이 군도는 남베트남에 넘어갔다. 중국도 파라셀군도에 대한 영유권을 주장하고 있었다. 1959년 초 남베트남 정부가 파라셀군도의 한 섬에 군대를 상륙시켜 1961년에는 군도 전체를 꽝남(Quảng Nam)성에 속하는 것으로 했다. 1974년 1월 중국군은 무력으로 파라셀군도를 점령했다.[73] 남베트남 해군은 중국과 충돌로 큰 피해를 보았으며, 남베트남 정부는 즉각 유엔에서 중국에 항의했다. 당시 남한 정부도 불법으로 남베트남 영토를 점령한 중국을 반대했으며, 많은 보도를 통해 이 사건이 알려졌다.[74]

북베트남 정부는 당시 남베트남과 전쟁 중이었으며 공식적 반대나 항의가 없었다. 그러나 북베트남 정부는 이 사건에 대해 중국을 지지하기보다 협상을 통해 문제를 해결하도록 하라는 중립적 태도를 보였다.[75] 중국의 군도 점령 이후 북베트남 외교부장관은 헝가리대사에

72 "Conversation with the Ambassador of the Democratic Republic of Vietnam (DRV)" October 31, 1973, *Inter-Korean Relations*, Document Collections, CWIHP, NKIDP, Woodrow Wilson International Center. https://digitalarchive.wilsoncenter.org/document/114277.

73 유인선, 『베트남과 그 이웃 중국, 양국관계의 어제와 오늘』, 429쪽.

74 「파라셀군도에 중공인상륙, 월남·중공 영토 분쟁」, 『동아일보』 1974년 1월 17일; 「중공, 파라셀 군도 점령, 월남과의 영유권분쟁」, 『경향신문』 1974년 1월 21일; 「미, 월남에 안보리 소집 철회 설득」, 『동아일보』 1974년 1월 25일.

75 유인선, 『베트남과 그 이웃 중국, 양국관계의 어제와 오늘』, 430쪽.

게 파라셀군도 영유권이 베트남에 있다고 했으며, 베트남 측은 이에 대한 충분한 자료를 갖고 있다고 말했다. 그리고 다른 북베트남 외교관은 중국과 남베트남의 충돌은 북베트남을 포함한 베트남 전체의 문제라고 말했다.[76] 즉 북베트남 정부는 중국의 파라셀군도 점령을 자기와 연관이 있는 문제로 인식했다. 사실 1973년 말부터 중국과 북베트남 간의 영토분쟁이 발생했다. 베트남 외교부에서 1979년 발행한 *Sách trắng 1979*(『백서 1979』)를 따르면, 1973년 당시 북베트남은 전후 복구 사업의 준비를 위해 지하광물 탐사를 기획하고 같은 해 12월 중국에 통킹만(Vịnh Bắc bộ) 해상 국경을 설정하자고 제안했다. 그 당시 중국이 북베트남의 제안을 바로 거부하지 않았으나, 협상 과정에서 비협력적이고 거만한 강대국의 태도로 인해 양국의 해상 국경에 대한 협상은 아무 결과가 없었다는 것이다. 특히 베트남 측은 1974년 1월 파라셀군도에서 해전을 벌인 것은 중국이 베트남 영토를 침략할 의도가 있었던 것이라고 비판했다.[77] 즉 북베트남은 1974년 1월 작전이 베트남에 대한 중국의 첫 무력침략 행위라고 했지만, 당시 북베트남은 남부에서의 전쟁으로 아직 중국의 원조가 필요했기 때문에 그 정도에서 그쳤던 것이다.[78] 현재까지 베트남과 중국은 여전히 파라셀군도에 대한 영유권 분쟁을 벌이고 있다.

당시 중국의 파라셀군도 점령에 대해 대부분의 사회주의 국가들

76 Balázs Szalontai, "Im lặng nhưng không đồng tình", *BBC News*, 24.3.2009. [발라즈 살론타이, 「침묵하지만 동조하지 않는다」, 『BBC News』 2009년 3월 24일.] https://www.bbc.com/vietnamese/vietnam/2009/03/090324_paracels_hanoi_reassessment.shtml(검색일: 2020. 7. 10.)

77 *Sự thật 30 năm Quan hệ Việt-Trung (Sách trắng 1979)*, Bộ Ngoại giao nước CHXHCNVN, pp. 68-71. [『베트남-중국 30년 관계의 사실(백서 1979)』, 베트남 외교부, 68-71쪽.]

78 유인선, 『베트남과 그 이웃 중국, 양국관계의 어제와 오늘』, 430쪽.

은 침묵하거나 중국이 파라셀군도에 영유권을 가지고 있다는 발표를 하지 않았다.[79] 그러나 북한은 중국의 입장을 따라 파라셀군도가 중국의 영토인 것으로 봤으며, 오히려 남베트남군이 먼저 중국을 공격했다고 여러 차례 보도했다.[80] 전술했듯 북베트남은 공개적으로 발표하지 않았는데, 중국이 베트남 영토를 침해한다는 입장이었다. 그런데 이처럼 북한이 베트남과 관련해서 중국의 입장을 따라간 것을 통해 당시 북·중·베 삼각관계에서 북한은 분명히 중국에 기울었던 것을 알 수 있다.

종합적으로, 1960년대 말부터 북한과 북베트남의 관계가 느슨해진 이유에는 중국·북베트남 관계 악화, 북한·중국의 관계 회복과 관련이 있다고 볼 수 있을 것이다. 베트남전쟁과 통일 이후 중국이란 변수의 영향은 북한·북베트남 관계의 악화에 계속 작용하였다. 베트남 통일 이후 베트남에 대한 중국의 적대정책이 최고점에 이른 1979년 소위 '국경전쟁' 시기는 북한과 북베트남의 관계가 가장 악화되었던 때이기도 하다.[81] 즉 1970년대 말까지도 북한·북베트남 관계의 악화에서 중국의 역할을 간과할 수 없는 것이다.

79 Balázs Szalontai, "Hà Nội-Bình Nhưỡng qua thăng trầm thời chiến tranh lạnh", *BBC News*, 3.4.2019. [발라즈 살론타이, 「냉전 시기 기복을 겪은 하노이-평양」, 『BBC News』 2019년 4월 3일.] https://www.bbc.com/vietnamese/forum-47791308?fbclid=IwAR3dkGI2r7f8XMepV_0A0w5he_1KPcGkQXwA8ROilO9kbipsrK3NCoP-QPw(검색일: 2020. 7. 10.)

80 「중국외교의 대변인이 중국섬들에 대한 사이공괴뢰들의 침해 행위를 규탄하여 성명」, 『로동신문』 1974년 1월 16일; 「중국의 신화통신이 중국 서사군도에 대한 남부 웰남 사이공괴뢰동당의 군사적 도발을 규탄」, 『로동신문』 1974년 1월 22일; 「중화인민공화국 외교부가 중국 서사군도에 대한 남부 웰남 사이공괴뢰동당의 군사적 도발을 규탄하여 성명」, 『로동신문』 1974년 1월 23일.

81 이 점은 제6장에서 다시 논의할 것이다.

제5장

베트남전쟁 종결(1975)과 북한

1. 베트남 통일과 북한 정부의 양면적 반응

북베트남의 총공격이 1975년 3월 시작됐고 1975년 4월 베트남 통일이 확정된 상황에서, 김일성은 4월 18일 중국을 방문해 한반도 통일에 대해 적극적인 진술을 한 바 있었다(그림 5-1). 김일성은 "만일 적들이 무모하게 전쟁을 일으킨다면 우리는 전쟁으로 단호히 대답할 것이며 침략자들을 철저히 소멸할 것이다. …"라는 진술을 하였다.[1] 따라서 현재까지의 연구성과들은 대체적으로 김일성이 1975년까지 북베트남의 통일 방식에 고무되어 있었으며, 김일성이 남북한 무력통일에 대한 의지를 표명했다고 주장한다. 그러나 베트남전쟁 전개 과정에서 나타나는 북한과 베트남의 관계, 그리고 북·중·베 삼각관계를 고려한다면 기존

1 「조·중 두 나라 인민들의 전투적 단결은 아세아에서 제국주의 침략 세력의 멸망을 촉진시키는 강력한 요인으로 된다, 연회에서 하신 김일성동지의 연설」, 『로동신문』 1975년 4월 19일; "Summarized Evaluation of Kim Il Sung's Visit to the PR China (18 to 26 April 1975)", May 6, 1975, *China-North Korea Relations*, Document Collections, CWIHP, NKIDP, Woodrow Wilson International Center. https://digitalarchive.wilsoncenter.org/document/114125.

〈그림 5-1〉 1975년 4월 김일성의 중국 방문, 마오쩌둥과 상봉
출처: 『로동신문』 1975년 4월 19일.

의 시각은 재고할 필요가 있다.

1975년 4월 30일 북베트남의 공격 및 남베트남의 항복으로 베트남이 통일되자, 김일성과 정무원 총리 김일동은 남베트남 임시혁명정부 지도자들, 그리고 베트남민주공화국 정부에 축전을 보냈다. 하지만 북한 정부는 북한방송을 통해 1975년 베트남 통일을 언급하게 해 달라는 베트남 대사의 요청을 거절했다. 전반적으로, 베트남 정부는 북한 언론에 보도된 베트남 통일 관련 보도의 양과 질 모두에서 실망감을 감추지 못했다고 한다. 이러한 북한 정부의 소극적 태도는, 베트남 인민의 성공, 승리, 그리고 통일이 북한에서 폭넓게 이야기되는 것이 불편했기 때문이었다. 이와 관련해 주평양 베트남대사는 "북한 정부가 펼치는 통일정책의 타당성에 대해 인민들이 보일 수 있는 부정적인 반응과 의심을 두려워했기 때문"이었다고 지적했다.[2]

2 Report from the GDR Embassy in the DPRK, "Note about a Conversation with the Ambassador of the Democratic Republic of Vietnam, Comrade Le Quang Khai, on 5 May 1976", May 6, 1976, *China-North Korea Relations*, Document Collections, CWIHP, NKIDP, Woodrow Wilson International Center. https://digitalarchive.wilsoncenter.org/document/114286.

또한 베트남의 통일과 관련해서 북한과 북베트남의 미묘한 갈등이 있었으며, 북베트남은 이 문제의 원인이 북한에 있다고 하였다. 즉 북베트남 측에 따르면 베트남이 주체사상 없이 '미제'에 승리할 수 있었던 방식과 그 사실이 북한 지도자들에게 '질투'를 일으키는 것이라고 하였다. 이와 동시에 북한 인민에게 베트남이 주체사상 없이도 통일을 이룰 수 있었다는 생각을 들게 하는 점 역시 북한 지도자들의 불안을 고조시킨 것이라 지적했다.[3]

이처럼 베트남 정부와 북한 정부는 베트남 통일을 바라보는 시각, 그리고 통일의 방법을 두고 대립하였다. 실제로 두 정부의 대립은 이 시점부터 시작한 것이 아니었다. 제4장에서 밝힌 바와 같이 1960년대 말, 특히 1970년대에 들어서면서부터 통일정책에 대한 양국의 입장이 불일치하는 양상이 나타나기 시작했다. 또한 북한은 남한과 남베트남의 정치적 상황이 다르다는 것과, 통일에 대한 양국(북한-북베트남)의 보유 역량, 능력이 달랐던 점 등을 인지했다.

흥미로운 점은, 북한은 베트남 통일을 언급하게 해 달라는 베트남 대사의 요청을 거절했으나 자신들이 정하는 방식으로 베트남의 승리를 찬양한 것이다. 베트남이 통일되자 5월 3일 평양에서는 5만 명이 모여 '베트남 인민의 승리 기념 행사'가 개최되었다.[4] 당시 『로동신문』의 기사들을 살펴보면, 남베트남의 붕괴, 혹은 베트남의 승리는 '영웅

3 Hungarian Embassy In Mongolia, Report, 2 March 1983, Subject: "Vietnamese Views About North Korean Policies", March 2, 1983, *The Two Koreas and the Vietnam War*, Document Collections, CWIHP, NKIDP, Woodrow Wilson International Center. https://digitalarchive.wilsoncenter.org/document/115830.

4 「반미구국투쟁에서 웰남 인민이 이룩한 위대한 승리를 열렬히 축하한다!」, 『로동신문』 1975년 5월 4일.

적 투쟁의 빛나는 결실, 위대한 승리'로서 북한에서 매우 중요한 사건이었다는 것을 확인할 수 있다. 그들에게 1975년은 베트남, 캄보디아, 라오스가 포함된 인도차이나 인민의 승리와 함께 세계혁명 발전에서 커다란 역사적 의의를 가지는 승리와 영광의 한 해였다. 또한 인도차이나 인민의 승리의 가장 큰 의의는 초강국이 타 민족을 탄압하는 시대가 이미 끝났다는 사실을 보여 준 데에 있었다.[5] 심지어 북한은 "위대한 주체사상의 혁명적 기치 밑에 해방과 자주를 위한 아시아 인민들의 혁명투쟁에서 빛나는 역사적 승리가 이룩되었다"고 했다.[6] 즉 북한 지도부는 북한에서 베트남의 통일에 대해 자유롭게 언급하는 것을 막았으면서도, 베트남의 승리에 따른 전 사회주의 진영과 주체사상의 승리를 선전·강조하는 기회를 놓치지 않았다. 즉 남베트남에서의 혁명 발생, 그리고 이에 더해 베트남의 총공격으로 베트남이 통일되었다는 결과보다는, 베트남에서의 미국 패배와 이에 따른 효과가 북한 정부에 의해 강조되었다. 통일이란 것은 당시 북한에는 완전히 불가능한 일이기 때문에 예민할 수 있었다. 반면에 선전한 대로 과거 한국전쟁 시 이미 미국에 승리했던 북한에는 이와 같은 베트남의 승리는 문제가 되지 않은 것 같다. 게다가 미국이 베트남에 패배하고 사회주의 진영이 전 세계에 승리한다는 것은, 당시 북한 인민의 희망과 당, 그리고 주체사상에 대한 신뢰감을 강화할 수 있는 선전효과로 충분하였다.

한편, 북베트남의 통일에 관한 중국의 입장은 역시 양국(중국·북베트남)의 관계가 작용한 것이었다. 제4장에서 언급했듯이 중국은 1973년에 북베트남의 통일 의지를 약화시키기 위해 지원을 줄였으며, 중국

5 「웰남전쟁의 교훈은 독립을 념원하는 인민들의 앞길을 가로막는 자들은 종적으로 패망한다는 것이다」, 『로동신문』 1975년 5월 2일.

6 조선중앙통신사, 『조선중앙년감 1976』, 508-530쪽.

의 지지 없이 1975년 베트남전쟁은 베트남 인민의 힘으로 종식되었다. 즉 기존에 알려진 바와 다르게 베트남이 통일되었음에도 이것이 북·중·베 간 연대의식의 강화에 큰 영향을 미치지는 못했다고 볼 수 있다. 그리고 북베트남과 마찬가지로, 1970년대 중반 중국은 한반도 통일 문제에 적극적인 관심이나 지원을 보이지 않았다.[7] 1975년 4월 방중 기간에 김일성은 첫 연설에서 주한미군의 철수를 강하게 요청했는데,[8] 중국은 미군 철수를 요청하는 동시에 박정희 정권을 비난하기는 했으나, 한반도 통일에 관해서는 중립적인 태도를 보였다. 중국은 한반도 통일이 1972년 발표된 3대 원칙[9] 및 1973년 발표된 5대 강령에 근거하여 평화적으로 달성되어야 한다고 선언했으며, 1973년 중반 이후 정체되어 있는 남북 간 대화를 지속하기를 표명했다.[10]

1970년대 초반부터 베트남 통일 문제에서 줄곧 '2개의 베트남' 정책을 견지한 것처럼, 중국은 한반도에서도 장기적으로 '2개의 조선'이 지속하고 공존하는 현상유지 정책을 견지했다. 따라서 김일성의 중국

7 김태운, 『북한의 한반도 주변 대4강 외교정책에 대한 이해』, 한국학술정보, 2006, 157쪽.

8 "On the Visit of a DPRK Party and Government Delegation Headed by Kim Il Sung to the PR China from 18 to 26 April 1975", April 29, 1975, *China-North Korea Relations*, Document Collections. CWIHP, NKIDP, Woodrow Wilson International Center. https://digitalarchive.wilsoncenter.org/document/114124.

9 '7·4 남북공동성명'의 통일 3원칙을 말한다.

10 "Note concerning a Conversation between Ambassador Everhartz with the Head of Department II in the DPRK Foreign Ministry, Comrade Choe Sang-muk, about the Visit by Comrade Kim Il Sung to the PR China", May 12, 1975, *China-North Korea Relations*, Document Collections, CWIHP, NKIDP, Woodrow Wilson International Center. https://digitalarchive.wilsoncenter.org/document/114127.

방문은 한반도 통일 문제에 별다른 변화를 일으키지 않았을 것이라 유추할 수 있다. 실제로 북한의 무력통일 입장 및 방안을 보여 주는 명확한 자료는 현재 없으며, 기존 연구들은 주로 베트남의 통일에 대한 영향, 그리고 김일성의 중국 방문을 근거로 한 북한의 무력통일 의도를 강조하고 있다. 그런데 이 책에서 분석했듯이 1970년대 중반 이전부터 베트남 정부와 북한 정부는 베트남 통일을 바라보는 시각에서 이견이 있었으며, 북한은 남한과 남베트남의 정치상황이 다르다는 것도 인지하였다. 그리고 김일성은 당시 베트남 통일 문제에 대한 중국·베트남의 관계 악화 과정, 그리고 중국의 '2개의 베트남', '2개의 조선'이 지속되고 공존하는 현상유지 정책 견지를 모르지 않았을 것이다. 내부의 투쟁의지가 외세의 방해 공작을 무력화할 수 있을 정도로 컸던 베트남과는 반대로, 북한은 당시 중국에 의존하고 있었기 때문에 중국의 지원 없이 무력전쟁을 실행에 옮길 가능성이 실제로 매우 적었던 것이다. 그렇기 때문에 역시 베트남의 통일과 김일성의 중국 방문은 북한의 무력통일 계획에 대한 직접적 증거로 연결시키기는 어렵다. 즉 1970년대 전반 북·중·베의 복잡한 관계와 베트남 통일의 실황을 고려한다면, 김일성이 베트남의 경우처럼 무력통일에 대한 지지와 지원을 얻고자 중국을 방문했다는 기존의 시각은 역시 재고할 여지가 있을 것으로 드러났다.

이상과 같이 1975년의 베트남 통일에 대한 북한 정부의 인식·대응은 양면성이 있었다. 그들은 대중적으로 베트남전쟁 승리의 결과를 강조하는 한편, 베트남 통일이 북한 내부에 미치는 영향력을 제한하고자 했다. 북한의 양면성은 이하에서 자세히 언급할 북한 정부의 내부 권력 변화와 밀접한 연관이 있다.

2. 북한의 통일정책 전환

1970년대 들어와 북한과 북베트남의 관계는 소원해졌으나, 당시 양국 정부는 공개적으로 서로를 비판하지는 않았다. 특히 내외부적 이유로 북한 정부는 1973년 베트남 평화협정 체결 결과를 찬양하는 입장을 취하고, 이와 함께 통일정책을 전환했다. 구체적으로는, 1970년대 중반 북한 정부는 무력통일 의도가 없다고 하면서 통일의 3대 원칙과 5대 강령을 강조했다. 이러한 통일 원칙은 1972년에 선포되었다. 이를 바탕으로 북한은 1974년 미국에 평화협정 체결을 제안했고, 1975년에는 국제무대에서 미군 철수 및 평화협정 체결을 강하게 요청했다. 북한은 한반도 통일방침에 대해 국제사회의 전적인 지지와 굳은 연대를 얻으려 했다. 이러한 북한의 통일정책은 베트남전쟁 종결 과정에서 북베트남 정부가 주창했던 것과 일부 유사한 것으로, 베트남전쟁에서 많은 영향을 받은 것이었다.

1) 북·미 평화협정 체결 요구

1970년대 중반 북한 통일정책의 내면을 평가하기 위해서는 베트남전쟁의 종결 첫 단계인 1973년 베트남 평화협정 때부터 살펴보아야 한다. 이 시기는 베트남 평화협정을 전후로 남북대화가 진행되던 기간이었는데, 이와 관련하여 1973년 3월 평양에서 열린 2차 남북조절위원회 회담에서 북측이 제시한 5개 항의 군사 제안이 주목된다.[11] 핵심은 남북 평화협정 체결에 대한 제안이었다. 또한 북한은 1973년 4월 6일 최

11 남북조절위원회, 『남북대화 백서』, 서울: 南北調節委員會, 1975, 48쪽.

고인민회의 명의로 '미국 의회에 보내는 편지'를 보내며 남한에서의 미군 철수 및 미국의 간섭을 중단할 것 등을 요청하였다.[12] 이 시기 북한이 미국에 유화적 태도를 취하고 직접적인 접촉을 제의한 것은 획기적인 사건이었다.[13]

실제로 베트남 평화협정 체결 직후 북베트남과 북한 정부 간의 회담이 급격히 많아졌다는 것을 확인할 수 있다. 특히 평화협정 체결에 참여해 국제적 인정을 받은 남베트남 임시혁명정부(PRG)의 응우옌티빈(Nguyễn Thị Bình) 외무장관은 1973년 4월 12일 공식적으로 북한을 방문했고, 6월 28일에는 팜반동(Phạm Văn Đồng) 북베트남 수상과 여타 관료들이 북한의 초대를 받았다. 당시 개최된 정부 회담에서 김일성은 "베트남의 평화협정은 거대한 승리이며 이는 북한의 승리로 여겨지며, 베트남 인민의 투쟁이 북한 인민의 투쟁에 큰 지원이 됨으로써 북한 인민의 조국통일 및 반(反)제국 사업에 중요한 기여를 하고 있다"고 언급했다. 그리고 양국 정부는 공동성명을 발표했는데, 주요 내용은 주한미군 철수와 한반도에서의 평화통일이 외세의 간섭 없이 남북한에 의해 이루어져야 한다는 것이었다.[14]

12 TTLTQG3, Quốc hội, Hồ sơ 2028, "Thư của UBTVQH Việt Nam hưởng ứng thư của Hội nghị nhân dân tối cao CHDCND Triều Tiên gửi QH và CP các nước đòi chấm dứt sự can thiệp của nước ngoài và xúc tiến hoà bình, thống nhất Triều Tiên năm 1973." [제3 베트남국립자료센터, 국회문서군, 폴더 2028호, "각 정부와 국회에 조선에 대한 외국의 간섭을 중단하여 평화와 통일을 요청하는 조선최고인민회의 편지에 대한 베트남국회상무위원의 지지 서한, 1973년."]

13 정규섭, 『북한외교의 어제와 오늘』, 일신사, 1997, 138쪽.

14 Báo Nhân dân, 21.4.1973, "Thông cáo chung về cuộc đi thăm hữu nghị Triều Tiên của đoàn đại biểu Mặt trận Dân tộc giải phóng và CPCMLT Cộng hòa Miền nam Việt Nam." [「남베트남 민족해방전선 중앙위원회 및 임시정부의 조선 방문에 대한 공동성명」, 『인민신문』 1973년 4월 21일.]

전술했듯 북한은 처음부터 베트남 평화협정에 대해 그다지 좋은 평가를 하지 않았으며, 1971년 말까지 평화협정의 결정적 결과가 도출되었을 때도 여기에 별 관심이 없었다. 그런데 1970년대 초반 『로동신문』의 기사들을 살펴보면, 1973년에 들어와서 베트남 관련 기사가 급격히 많아졌는데, 1973년 북한의 베트남에 대한 언급은 역시 평화협정과 관련한 내용이었다. 이처럼 북한의 베트남 평화협정에 대한 급격한 관심은 주목할 만한 일이었다. 특히 1973년 4월 4일 북한로동당 국제국장 김영남(金英男)은 평양에 있는 루마니아대사와의 회담에서 베트남 평화협정의 결과와 한반도 문제가 지니는 의미를 강조했다. 김영남은 남북조절위원회 회담에서 긴장을 완화하고 휴전을 평화조약으로 변환한다는 북측의 제안을 설명하면서, 평화협정을 통한 베트남전쟁 종결은 한반도 문제에 대한 정치적 해결책을 찾을 수 있는 기회를 주었다고 언급했다.[15] 실제로 북한이 남북조절위원회 회담에서 평화협정안을 제시하기 전, 중국의 외무장관 지펑페이(姬鹏飞)는 2월에 북한 외무부장관 허담과 회담을 하였다. 여기서 지펑페이는 베트남의 평화협정이 "세계의 인간들을 위한 큰 승리"라고 환영하며 베트남 평화협정을 한반도의 통일을 향한 중요한 본보기로 삼으라고 북한을 설득하였다.[16]

15 "Telegram From Pyongyang, No.061.113, Urgent, Secret", April, 4, 1973, *Demise of Detente in Korea, 1973-1975*, Document Collections, CWIHP, NKIDP, Woodrow Wilson International Center. https://digitalarchive.wilsoncenter.org/document/114046.

16 "Telegram, American Consul Hong Kong to Secretary of State (Hong K 01338)", Feb. 10, 1973, Christian F. Ostermann and James F. Person eds., *The Rise and Fall of Détente on the Korean Peninsula, 1970-1974* (Document Reader), NKIDP, Woodrow Wilson International Center 2010, p. 1158. https://www.wilsoncenter.org/publication/the-rise-and-fall-d%C3%A9

북한의 대미 접촉은 당시 베트남전쟁 상황으로 변화된 국제정세와 관련이 있다. 1972년 1월 당시 미국 대통령이었던 닉슨은 베트남에서 미군 7만 명을 추가로 철수시켜 6만 4,500명까지 감축한다고 발표했다. 동시에 닉슨은 베트남 평화회담의 성사에 관심을 기울였으며,[17] 1972년 2월 베이징을 공식 방문하여 베트남전 종결 문제를 해결하고자 했다. 따라서 1960년대 말 실패했던 평화회담은 1972년 7월에 재개되었다. 회담에서 미군의 완전철수를 결정한 미국은, 파리에서 전쟁을 끝내기 위한 협상에 들어갔다. 이러한 국제정세의 변화는 북한 지도부의 대미외교 전략에 영향을 줄 수밖에 없었다. 베트남전쟁과 관련하여 북한의 중앙통신사에서 발행하는 『조선중앙년감 1973년』을 살펴보면, "월남에서 전쟁을 끝내며 평화를 회복한 데 대한 협정과 그 이행정형"이라는 내용이 있다. 이 문서를 살펴보면 베트남 평화협정 체결과정이 나와 있고, 이로 인해 변화된 미국의 국제정세가 비교적 자세히 언급되어 있다.[18] 언급된 내용에 따르면, 평화회담에서 결정된 미군의 철수는 초강대국으로서의 미국이 전지전능한 힘의 한계를 경험하게 되었기 때문이라는 것이었다. 이는 미국이 아시아에서 전면적으로 무너져간 것이며, 또한 이 같은 세계적인 실패가 미국이 중화인민공화국을 중국 인민의 유일한 합법적 정부로 인정하게 된 맥락이라는 주장이었다. 북한이 대미협상에서 보인 자신감은 이러한 정세 인식에 기반한 것이었다.

이어서 북한은 1974년에 남한의 참여를 배제한 미국과의 단독 평화협정 체결을 제안했다. 1974년 3월 25일 북한은 북조선최고인민회

tente-the-korean-peninsula-1970-1974.

17 유인선, 『새로 쓴 베트남의 역사』, 이산, 2002, 421쪽.

18 조선중앙통신사, 『조선중앙년감 1973』, 99, 283-287쪽.

의 제5기 제3차 회의에서 미국 의회에 편지를 발송하는 것을 승인했는데, 이 편지에서 북한이 미국과의 평화협정을 체결하고자 하는 내용을 확인할 수 있다.[19] 편지에 따르면, 북·미 간 평화협정과 관련한 네 가지 조건이 제시되었다. 그 조건은 다음과 같다.

1. 쌍방은 서로 상대방을 침범하지 않을 것을 서약하고, 미국은 남조선 정권의 전쟁도발행동과 남조선 인민에 대한 파쑈적 탄압을 선동하지 않고 북과 남이 남북공동성명에 따라 자주적·평화적으로 조국 통일하는 것을 방해하지 않으며, 어떠한 형식으로도 조선의 내부에 간섭하지 않을 것
2. 쌍방은 무력증강, 한반도에 전쟁장비와 군수물자의 반입을 중지할 것
3. 남조선에 있는 외국군대는 '유엔군'의 모자를 벗어야 하며 가장 빠른 기간 내에 일체 무기를 가지고 모두 철수해야 할 것
4. 남조선에서 모든 외국군대가 철수한 후 조선은 그 어떤 외국의 군사기지나 작전기지로도 되지 않을 것

베트남전쟁 종결 직후인 1975년 10월 9일 당 창건 30주년 기념대회의 보고서에서 김일성은 미국과의 평화협정 체결을 언급했다.

우리는 조선민주주의인민공화국과 미국 사이에 평화협정을 체결해

19 1974년 4월 15일 베트남민주공화국의 국회의장 즈엉찐(Trường Chinh)과 주베 북한대사가 회담을 했는데, 이 자리에서 조선최고인민회의 제5기 제3차 회의가 미국 의회에 보낸 편지의 내용이 자세히 언급되었다. Báo Nhân dân, 15.4.1974, "Chủ tịch Trường Chinh tiếp đại sứ Triều Tiên tại nước ta." [「국회의장 즈엉찐의 주베 조선대사(즉 주베 북한대사)의 접견」, 『인민신문』 1974년 4월 15일.]

야 됩니다. 이는 조선에서 새 전쟁의 위기를 없애고 장기적인 평화의 담보를 마련하기 위한 것이라고 주장합니다. 조선민주주의인민공화국과 미국 사이에 평화협정을 체결해서 미군이 철수한 후, 남북의 군사적 대치상태를 없애기 위한 대책을 마련할 것입니다.[20]

이처럼 북한은 1970년대 중반 남한의 참여를 배제한 미국과의 단독 평화협정을 체결할 것을 강조하였으나, 그 노력은 미국의 냉담한 반응을 받았다. 그런데 미국과의 협정 자체는 무의미한 것이 아니었다. 우선, 베트남의 상황을 볼 때 평화협상 과정에서 남베트남 정부의 협상 반대로 미국과 북베트남이 협상하기 어려웠다.[21] 미국과 북베트남 협정 체결 직전인 1972년 말 남베트남 정부는 남베트남 임시혁명정부가 협상에 참여한 것을 인정할 수 없다는 이유로 체결 반대를 표명했다. 그러나 북베트남은 끝까지 자신이 원하는 조건으로 한 협상 의지를 꺾지 않았다. 결국 미국은 남베트남 정부의 의견을 무시하고 적과 협상했다. 이러한 베트남 평화협상 과정을 지켜본 북한이 남한을 배제해서 미국과 단독 평화협정을 체결하려는 것은 '계산적 전략'이라고 볼 수 있을 것이다. 당시 박정희 정권이 대표한 남측과의 평화협정은 이루기 어려운 일이었기 때문에, 차라리 미국과 직접 협상하는 것이 북한의 이해타산에 맞는 결과였다. 물론 미국과 협상한다는 것은

20 Kim Nhật Thành, "Diễn văn đọc tại buổi chiêu đãi mừng 30 năm thành lập Đảng Lao động Triều Tiên", Đại sứ quán Triều Tiên tại Việt Nam, 1975, p. 29. [김일성, "조선노동당 창건 30주년 기념대회의 연설문", 주베조선대사관(즉 주베 북한대사관), 1975년, 29쪽.]

21 이어 닉슨은 남베트남 정부가 공산 측과 협의하지 않으면 원조를 중단하겠다는 압력을 가하였고, 결국 강제적으로 베트남 평화협정은 1973년 1월 27일 즉각 체결되었다.

쉬운 일이 아니었다. 당시 베트남은 미국과 전쟁 중이었기 때문에 북베트남은 타협·협상을 전개할 대상으로 취급되었지만, 한반도는 그러한 상황이 아니었기 때문이다.

그러나 베트남 평화협정의 커다란 의미는 북한에 대미협상에서의 충분한 자신감과 유리한 자세를 줄 수 있었던 데에 있었다. 특히 1970년대 초반 북한에서 남북대화와 연계되어 사회주의 헌법이 채택되는 과정에서 실제 권력관계의 변동이 있었고, 이로써 북한은 이와 같은 통일정책을 채택한 것으로 보인다. 이는 후계자 문제와 관련이 있다. 남북대화가 진행되는 상황에서 북의 후계자 구도는 김일성의 동생 김영주가 탈락해 가고 그의 아들 김정일이 부상되는 양상을 보였다.[22] 김정일은 1972년 10월부터 부상하였는데, 북한의 공식 기록을 따르면 1973년 7월에 조선로동당의 부장으로 임명받았다고 한다. 김정일의 이름이 본격적으로 당 기층 조직에서 거론되며 후계자로 본격적으로 부상한 것은 그 이후부터라고 생각된다. 북에서 사회주의 헌법이 채택되고 김정일이 후계자로 부상하는 과정은 주체사상을 토대로 한 유일체제가 뿌리를 내리는 과정이었다. 북한은 유일체제를 완성해 가는 과정에서 주체사상, 반외세 혁명논리, 그리고 이러한 논리에 기반한 조속한 '조국통일'을 더욱 강조할 수밖에 없었다.[23] 북한 내부 권력구조의 강화라는 측면에서, 1970년대 중반 북한이 국제무대에서 미국에 반대하는 국제여론을 조성하고 미군 철수 요청 및 자주적 통일을 주장한 것은 북한에 상당히 긍정적 영향을 미쳤다.

한편, 미국의 냉담한 반응에도 북한이 미국에 평화협정을 제기한

22 홍석률, 「1970년대 초 남북대화의 종합적 분석: 남북관계와 미중관계, 남북한 내부정치의 교차점에서」, 『이화사학연구』 40, 2010, 313쪽.

23 위의 논문, 316쪽.

이유는, 북한이 미국과의 협상이라는 의제를 북한 내부 권력구조 강화에 이용했기 때문이었다. 즉 북한의 대미접촉이라는 것은 어떠한 목적을 갖고 이루어진 것이 아니라, '협상을 한다'라는 명제 자체가 중요했을 수 있다는 것이다.[24]

2) 주한미군 철수 요구와 국제외교

1973년 베트남 평화협정 체결과 베트남에서의 미군 철수를 기점으로 북한은 한반도에서의 평화협정 체결을 제기하는 한편, 국제적으로는 주한미군 철수를 주장하고 자주적 통일정책을 강조했다. 또한 1970년대에 들어 북한은 '조국통일위업'의 실현을 위하여 제3세계 국가들에 대한 적극외교를 전개했다.[25] 즉 북한 정부는 한반도 통일방침에 대해 국제사회의 전적인 지지와 굳은 연대, 우호적인 국제여론을 조성하려고 했다. 1970년대 초반부터 주한미군의 추가적 감축 또는 철수를 국제사회에 요구함으로써 북한은 베트남의 경우처럼 한반도에서의 미군 철수 및 한반도 문제의 해결을 기대하고 있던 것으로 보인다.

구체적으로, 1973년 4월 6일에 북한의 최고인민회의는 미국을 포함한 여러 국가의 국회에 주한미군 철수 및 미국의 내정개입을 중단해줄 것을 요청하는 편지를 보냈다.[26] 실제로 그 이후부터 국제무대에서

24 홍석률, 『분단의 히스테리』, 창비, 2012, 368-369쪽.

25 김일성은 '조국통일위업'의 실현을 위해 "국제혁명역량과의 연대성의 강화를 시켰고 우리의 혁명에 대한 수많은 지지자와 동정자들을 가지고 있다"고 1975년 말했다. 조선중앙통신사, 『조선중앙년감 1976』, 402쪽.

26 TTLTQG3, Quốc hội, Hồ sơ 2028, "Thư của UBTVQH Việt nam hưởng ứng thư của Hội nghị nhân dân tối cao CHDCND Triều Tiên gửi QH và CP các nước đòi chấm dứt sự can thiệp của nước ngoài và xúc tiến hoà bình, thống nhất Triều Tiên năm 1973." [제3 베트남국립자료센터, 국회

북한의 미군 철수 요청에 대한 지지가 강화되었던 것으로 보인다. 이에 대해서는 1974년 11월 25일 개최된 제29차 유엔총회가 주목된다. 총회에 참석한 북한 대표단은 주한미군 철수를 요청하고, 외부로부터 간섭 없이 남북의 협력만으로 한반도의 평화통일이 필요하다고 지적했다.[27] 이 회의에서 38개 국가가 주한미군 철수를 요청하는 결의안을 제기하였다. 12월 4일의 회의에서는 사회주의 국가들과 비동맹 국가들도 이 결의안에 적극적으로 찬성하였다.[28] 그러나 1974년 12월 9일 유엔총회에서 북한을 지지하는 국가들의 결의안에 투표한 결과, 찬성과 반대표가 동일하게 집계되었고 결국 결의안은 부결되었다.[29]

1975년 베트남이 통일되자마자 북한은 주한미군 철수 및 자주통일을 더욱더 강력하게 주장했다. 1975년 6월 24일에 북한에서는 '남조선으로부터 미군을 철거시키며 나라의 자주적 평화통일을 이룩하기 위한 투쟁 회의'와 같은 규탄 회의들이 열렸으며, 북한 정부는 세계의 모든 사회주의 국가를 비롯하여 아프리카와 라틴아메리카 국가들이 북한의 이러한 입장을 지지해 줄 것을 원했다.[30] 북한은 국제적으로

문서군, 폴더 2028호, "각 정부와 국회에 조선에 대한 외국의 간섭을 중단하여 평화와 통일을 요청하는 조선최고인민회의 편지에 대한 베트남국회상무위원의 지지 서한, 1973년."]

27 Báo Nhân dân, 6.12.1974, "Liên Hiệp Quốc thảo luận vấn đề Triều Tiên." [「유엔에서의 조선문제 토의」, 『인민신문』 1974년 12월 6일.]

28 Báo Nhân dân, 8.12.1974, "Tại LHQ: Đại biểu các nước đòi Mỹ chấm dứt can thiệp, rút hết quân đội khỏi Triều Tiên." [「유엔에서 주한미군의 간섭 종결과 철수 요청 결의」, 『인민신문』 1974년 12월 8일.]

29 남한을 지지하는 국가들의 결의안은 찬성 61, 반대 42로 가결되었다. 홍석률, 앞의 책, 378쪽.

30 Báo Nhân dân, 25.6.1975, "Triều Tiên kêu gọi chính phủ và nhân dân các nước đòi Mỹ rút ra khỏi Nam Triều Tiên." [「조선민주주의인민공화국이 각 정부와 인민들이 주한미군 철수 요청하도록 호소」, 『인민신문』 1975년 6

이를 선전하기 위해 노력했는데, 이라크와 시리아에서는 '조국의 자주적 평화통일을 위하여 투쟁하는 조선 인민과의 국제적 연대성 회의'와 '남조선으로부터 미군을 철거시키며 나라의 자주적 평화통일을 이룩하기 위한 조선 인민의 투쟁을 지지하는 세계 법률가들의 회의'와 같은 대표적인 규탄 회의들이 열렸다.[31]

베트남에서도 1975년 7월을 '남조선에서 미군철수, 반미투쟁을 위한 조선 인민과 연대'의 달로 정했으며 북한을 지지하는 여러 활동이 개최되었다. 이어서 베트남민주공화국과 남부임시혁명정부, 세계 모든 사회주의 국가들은 북한의 입장을 옹호하고 주한미군 철수를 지지하는 입장을 표명했다.[32]

우호적인 국제여론을 조성하려는 북한의 노력은 결실을 맺었다. 1974년과 달리 1975년 10월 제30차 유엔총회에서 남북한 입장을 지지하는 두 개의 결의안이 동시에 통과된 것이다. 북한은 이를 "유엔총회 제30차 회의에서는 자주적 조국통일 방침을 반영하고 있는 조선 문제"에 관한 북한 측 결의안이 압도적 다수의 찬성으로 채택되었다고 강조하며, "공화국 정부의 자주적인 조국통일 방침과 대외정책에서 또 하나의 위대한 승리이다"라고 평가했다. 이는 북한의 대(對) 제3세계 외교의 성과를 반영한 결과였다.[33] 당시 제30차 유엔총회의 결과는 북한사회에 큰 의미가 있다. 즉 김일성이 제시한 조국통일 방침은 정당

월 25일.]; 「조선민주주의인민공화국 정부와 조선인민은 미제의 새 전쟁 도발책동과 핵〈공갈〉정책을 단호히 규탄한다」, 『로동신문』 1975년 6월 25일.

31 다른 사회주의국가와 베트남은 이 회의에 대표들을 파견했다. TTLTQG III, PTT, Hồ sơ 1834. [제3 베트남국립자료센터, 수상부 문서군, 폴더 1834호.]

32 Báo Nhân dân, 27.7.1975, "Ủng hộ cuộc đấu tranh chính nghĩa của nhân dân Triều Tiên." [「조선 인민의 정의로운 투쟁을 옹호」, 『인민신문』, 1975년 7월 27일.]

33 조선중앙통신사, 『조선중앙년감 1976』, 470쪽.

했으며, 북한의 정책이 많은 국가로부터 절대적인 지지를 받고 있다는 사실을 입증했다는 것이다.[34]

이상에서 살펴본 것처럼, 한반도의 통일 문제나 안보 문제에 대한 정책수립 과정에서 북한 지도부가 취한 방식 — 미국과의 대화, 한반도문제에 대한 국제여론의 관심을 모으는 방식 등 — 은 북베트남이 행했던 방식을 적용한 것이었다. 그러나 베트남의 경우 미국과 전쟁 중이었으며, 베트남전쟁 시기 평화협정은 1960년대 말 시작했지만 양자의 이해관계가 상충되어 협상은 계속 미뤄졌고, 북베트남은 미국이 협상조건을 받아들이도록 여러 전략을 실행했다. 또한 1968년의 '뗏 공세'와 1972년 12월 북베트남 폭격에 대한 베트남인의 굳은 저항 등과 같은 무력 공제는 미군 철수와 남베트남 티에우 정부의 몰락을 가져오기도 했다.[35] 이러한 사실은 베트남이나 북한과 같은 작은 국가가 미국과 협상한다는 것이 단순한 언사 혹은 서한으로 이루어질 수 없다는 점을 반증하고 있었다. 따라서 북한 정부는 베트남전쟁에서 나타난 국제정세의 변화를 고려하여 통일정책을 전환했지만, 전환된 정책은 한반도의 통일을 목적으로 했다기보다는 그것이 북한 내부에 미칠 영향력을 더 고려했다고 볼 수 있다.

34 위의 책, 402쪽.

35 Nguyễn Quang Ngọc, *Tiến trình lịch sử Việt Nam*, Nxb Giáo dục, Hà Nội, 2002, p. 355. [응우옌꽝응옥, 『베트남 역사』, 하노이: 교육출판사, 2002, 355쪽.]

3. 북한의 권력 강화

1) 북침위협설 강조 및 긴장상태 조성

북한은 1970년대 초반부터 한반도에 전쟁 분위기를 조성했다. 북한 지도부는 한편으로는 남북대화를 하고 데탕트적인 국제정세에 적극 부응하여 미군 철수를 조속히 실현시키려 하면서도, 다른 한편으로는 내적으로 위기감을 고취하는 양면 전략을 사용했다.[36] 1970년대 초의 전쟁 분위기 조성은 단순하게, 닉슨의 "아시아는 아시아 사람들에 의해 지켜져야 한다"는 '새 아시아 정책'에 근거한 것이었다. 닉슨의 정책은 북베트남 및 북한과 같은 나라들에 미국의 "베트남전쟁의 베트남화" 또는 "아시아 사람들끼리 싸우게 하려는" 정책이었다.[37] 이러한 상황 속에서 1975년 베트남전 종결과 함께 북한의 전쟁 분위기 조성은 예전보다 한층 더 강화되었다.

1975년 3월부터 미국과 박정희 정부가 새로운 전쟁을 준비하고 있다는 강한 주장이 북한 신문에서 언급되었다. 이에 김정일은 1975년 5월 2일 조선로동당 중앙위원회 비서, 부장, 부부장 협의회에서의 연설을 통해 북한의 '현재 정세'에 대한 내용을 언급했는데, 그는 "조선 정세는 극도로 긴장되고 있으며 전쟁이 언제 터질지 모르는 아주 위험한 지경에 이르고 있다"고 하며, 한반도의 안보상황이 극긴장 상태에 달했다고 발표했다.[38]

36 홍석률, 앞의 논문, 316쪽.

37 Báo Nhân dân, 26.6.1975, "Thông cáo chung Việt Nam-Triều Tiên." [「베트남-조선 공동성명」, 『인민신문』 1975년 6월 26일.]

38 김정일, 「현정세의 요구에 맞게 혁명력량을 튼튼히 꾸리며 당 사업을 더욱 개선 강화할 데 대하여」(1975년 5월 2일), 『김정일 선집』 5(1975~1977), 조

1970년대 중반 북한이 주장한 전쟁위협설은 두 가지 측면에서 유래한 것이었는데, 이는 모두 베트남전 종결에 영향을 받은 것이었다. 그 첫 번째 측면은 남한 정부의 반공의식 강화에 따른 것이다. 긴박하게 돌아가는 인도차이나의 정치상황을 바라보며, 박정희 정권에서는 국제공산주의 세력의 다음 목표가 남한이 될지도 모른다는 우려로 안보 위기의식이 급증하였고, 반공체제의 강화를 도모했다. 그리고 이러한 반공의식을 적극적으로 활용하며 남침위협설을 주장했다. 그리하여 전국적인 반공 궐기대회와 규탄대회가 열렸으며, 권위주의와 독재체제를 강화시킨 박정희 정권은 1975년 5월 13일 긴급조치 9호를 선포하여 유신에 대한 어떠한 반대도 금지시켰다.[39] 이에 대해 북한은 남한 정권이 반공의식을 강화하여 남북 간의 대결의식과 적대감을 발광적으로 고취하고 있다고 비난했다. 또한 박정희 정권이 있지도 않은 '남침위협'을 주장하는 것은 북한과 분열하려는 구호이며 전쟁의 구호라고 규탄했다.[40]

두 번째 측면은, 미국의 '아시아의 재편성'에서 나온 위협이었다. 북한은 베트남에서 미국의 실패가 아시아에서 미국의 위치를 지키기 위한 방편으로 남한의 전략적 위치의 중요성을 강화했다고 보았다. 북한은 미국이 군사적 도발로 북한을 약화시키며 전쟁을 준비하고 있다고 조망하며, 이를 미국의 또 다른 '새 전쟁 도발책동'이라고 비난했으며, 미국의 전쟁정책이 그 어느 때보다 노골적으로 강화되었다고 주장

선로동당출판사, 1995, 101-103쪽.

39 조희연, 역사문제연구소 기획, 『박정희와 개발독재시대』, 역사비평사, 2007, 185쪽.

40 「박정희괴뢰도당은 반목과 대결, 분렬을 조장하는 공란적인 〈반공〉소동과 새 전쟁 도발책동을 당장 중지하여야 한다」, 『로동신문』 1975년 5월 20일.

미제의 《새 아세아전략》은 조선에서 불집을 일으키기 위한 전쟁전략

〈그림 5-2〉 1970년대 중반 미국의 '아세아전략의 재편성'에 대한 북한의 주장

출처: 『로동신문』 1975년 4월 8일.

했다(그림 5-2 참조).[41]

그리고 이러한 1975년의 북침위협설에서 특히 주목해야 할 점은 핵문제였다. 당시의 북한·베트남 자료를 살펴보면, 북한 정부는 1974년 말부터 남한과 미국이 한반도에 핵무기를 도입해 전쟁도발을 시작한다는 선전을 시작했고, 1975년에는 그 주장을 더욱 강화하였다. 북한은 "미제가 박정희의 원자로 도입을 적극적으로 도와주고 있는 사실"은 그 자체로 한반도에서 미국과 박정희의 핵전쟁 준비계획을 보여 주는 것이라고 주장했다.[42]

당시 미국 내부에서는 미군의 철수와 베트남 평화협정은 평화로 이어지지 못했다는 비난과, 세력균형이 달라지면서 공산주의자들이 공격적으로 행동한다는 교훈에 대한 논의가 계속되었다. "미국의 적들이 베트남에서 위로를 얻을 수는 없을 것이다. 더 이상 또 다른 베트남은 없을 것이다. 북한의 판단착오는 북한에게 비극이 될 것이다"[43]라며 미국 정부는 베트남과 한반도가 특별한 연관성을 가지고 있다고 보고 있었다. 미군의 베트남 철수 뒤 북베트남이 남베트남을 공격한 사실은, 한반도에서 만약 미군철수를 단행할 경우 북한이 공격적으로 행

41 조선중앙통신사, 『조선중앙년감 1976』, 408쪽.

42 Báo Nhân dân, 30.6.1975, "Bộ ngoại giao ta lên án Quân đội Mỹ phải rút ra khỏi Nam Triều Tiên cùng với vũ khí hạt nhân." [「베트남외교부가 미국이 한반도의 핵무기를 제거해야 한다고 규탄」, 『인민신문』 1975년 6월 30일.]; 위의 책, 408쪽.

43 "272. Memorandum of Conversation", Seoul, August 27, 1975, *FRUS*, 1969-1976, vol. E-12, Documents on East and Southeast Asia, 1973-1976, Chapter VI: Korean Peninsula, pp. 3115~3117. 1975년 8월 한미안보협의회의 공동성명이 공식적으로 발표되었으며, 이 공동성명에는 미국은 남한에 대한 무력공격이 있을 경우 즉각적이고도 효과적인 원조를 제공한다는 등의 내용이 담겼다.

동할 가능성에 대한 교훈을 미국에 주었기 때문이다. 따라서 미국지도부는 위의 발언을 통하여 북한에 경고를 하면서 남한 정부를위로한 것으로 볼 수 있다.

한편, 언급한 바와 같이 1970년대 중반 북한은 남한의 참여를 배제한 미국과의 단독 평화협정을 체결할 것을 강조했다. 이러한 사실을 고려하고 베트남전쟁과 비교해 볼 때, 북침위협설은 당시 북한이 미국의 관심을 유도하여 미국과의 협상을 유리하게 이끌어 내려는 것과 관련이 있었다. 전술했듯 베트남전쟁 당시 북베트남 정부가 표방한 정책은 '외교적 전선, 군사적 전선, 정치적 전선'을 결합한 것이다. 북베트남 정부는 그러한 전략으로 미국과의 협상 과정에서 성공했으며, 이로 인해 미군은 베트남에서 완전히 철수하였다. 즉 베트남이 취한 세 가지 협상전략은 미국과의 협상에서 유리한 고지를 점하기 위해 갖춰야 할 필수조건이 되었다. 그러나 북한의 '군사적 전선'은 베트남과 달랐다. 미국과 직접적으로 전쟁을 치르지 않았던 북한은 단지 전쟁발발 분위기만을 조성할 수 있었다. 따라서 북한은 선전정책에 치중하면서 미국의 관심을 유도하는 효과를 노렸다. 1975년 4월 베트남 통일이 확정된 상황에서 김일성이 4월 18일 중국을 방문해 한반도 통일에 대해 적극적인 진술을 한 것도 이러한 맥락이었다. "만일 적들이 무모하게 전쟁을 일으킨다면 우리는 전쟁으로 단호히 대답할 것이며 침략자들을 철저히 소멸할 것이다. 이 전쟁에서 우리가 잃을 것은 군사분계선이고 얻을 것은 조국의 통일일 것이다"라는 김일성의 호전적 발표는, 전쟁 자체를 겨냥한 것이 아닌 긴장상태를 조성하기 위한 외교적 수사였다.[44]

44 같은 연설에서 김일성은 또한 미군의 철수를 요구하며 한반도 문제에 대한 미국 간섭의 종식, 그리고 평화적 통일 또는 외부의 간섭 없는 통일을 강조

그러나 이는 남북관계의 긴장을 유발했는데, 박정희 정권이 북침위협설을 역으로 이용해 남침위협설을 기조로 한 반공체제를 강화했기 때문이었다. 남북한은 상대방으로부터의 위협을 주장하며 남북 간 대화 중단에 대한 책임을 서로에게 전가했고, 당시 남북한 관계는 실제로 전쟁 전야와도 같았다.[45] 이로써 1970년대 초반의 남북한 대화로 그동안의 숙적관계를 완화할 수 있을 것이라는 희망적 신호는 베트남전의 종결과 함께 사라졌다. 결론적으로, 북한 지도부는 1970년대 중반에 통일보다는 한반도에서 '분단상태 유지'를 계획했으며, '평화로운 상태 유지'[46]에서 '긴장된 상태 유지'로 정책을 전환했다.

2) 후계체제의 강화

1970년대 중반에 접어들어 김정일은 북한체제의 후계자로 공인되었다.[47] 이로써 1970년대 초반부터 논의되던 후계 문제는 일단락되었고, 김정일에 대한 공식적인 후계자 검증이 시작되었다. 당시 북한에서는 김정일의 후계체제 구축과 더불어 김일성 유일영도의 강화, 즉 유일사상 체계 확립이 강화되고 있었다. 김정일에 의한 김일성의 신격화, 절

했다. 「조·중 두 나라 인민들의 전투적 단결은 아세아에서 제국주의 침략세력의 멸망을 촉진시키는 강력한 요인으로 된다, 연회에서 하신 김일성동지의 연설」, 『로동신문』 1975년 4월 19일.

45 남북조절위원회, 앞의 책, 81-82쪽.

46 1970년대 초반 남북대화를 통해 북한 지도부는 통일 의지보다 '평화로운 상태 유지'를 목표로 했다. 홍석률, 앞의 논문, 325쪽.

47 1974년 개최된 당중앙위원회 제5기 제8차 전원회의에서 김정일 조직비서는 당중앙위원회 정치위원회 위원이 되면서 후계자로 공인되었다. 조선로동당 중앙위원회당력사 연구소, 『조선로동당력사』, 평양: 조선로동당출판사, 2004, 394쪽.

대화, 주체사상의 내용적 체계화, 전당(全黨)과 온 사회의 조직적 규율의 강화가 이루어졌던 것이다.[48] 따라서 이 시기 북한의 정책들은 김일성에서 김정일로 "권력이 점차 교체되는" 정치상황하에서 전개되었다.

우선, 북한은 김일성과 북한 지도부의 위신을 높여 줄 새로운 통일 정책이 필요했다. 앞서 언급한 바와 같이, 북한 지도부는 베트남전쟁 종결 상황을 보고 당시 주한미군 철수를 강력히 요청했고, 이와 더불어 평화협정 제안과 같은 통일정책을 채택하였다. 이를 통해 북한은 통일정책에 대한 인민들의 지지도 상승을 겨냥함과 동시에, 주체사상의 정당성을 확립하고자 했다.

그뿐만 아니라 전 인민을 동원할 수 있는 계기가 필요했던 상황에서 북한 지도부는 여러 정치적 방법을 사용했는데, 그중에서 특히 마침 1975년에 종결된 베트남전쟁의 효과를 이용했다. 북한은 베트남전 종결이란 국제정세의 변화를 국내정치에 적극적으로 적용했고, 앞서 언급한 것처럼 미국-남한에 의한 북침위협설을 강조했다. 북한 지도부는 전쟁선전, 통일선전을 강화하면서 정치권력을 강화하는 기반을 구축하려 했다. 그들은 다가올 전쟁에 대비한다는 명목으로 정치사상 및 사회주의 건설에 필요한 기초 요소를 강화하고자 했다.[49]

정치적인 측면에서 북한은 주체적 역량을 강화해야 한다고 주장했다. 김정일은 "주체적 역량에 의거하여야 하며 미국을 내쫓고 조국을 통일하여야 한다"고 지적했고, 이를 위해 주체적 혁명역량을 최대한으로 강화하여야 한다고 강조했다. 주체적 혁명역량을 강화하는 데

48 정영철, 「김정일 체제 형성의 사회정치적 기원: 1967~1982」, 박사학위논문, 서울대학교, 2001, 145, 146쪽.

49 김정일, 「현정세의 요구에 맞게 혁명력량을 튼튼히 꾸리며 당 사업을 더욱 개선강화할 데 대하여」(1975년 5월 2일), 『김정일 선집』 5(1975~1977), 조선로동당출판사, 1995, 106-107쪽.

제일 중요한 요소는 대중에 대한 당 조직·통제의 강화였다. “모든 군중을 당의 두리[50]에 튼튼히 묶어 세우고 혁명대열을 정치적으로 더욱 반석같이 다지는 것”이라고 주장한 김정일은, “당 안의 모든 부서들에서 당의 군중정책을 깊이 연구하고 적극 선전하며 모든 일꾼이 다 군중과의 사업을 잘하도록 하여야 한다”고 말했다. 즉 북한은 당의 유일지도 체제를 구축하는 사업을 강화하는 것을 목표로 했던 것이었다.

북한은 정치적 준비와 함께 물질적 준비 또한 중요하다고 강조하며 이를 사회주의 건설, 경제사업을 촉진하는 구실로 삼았다. 북한 정부는 “미국과 대결”하는 데 미국이 물질적으로 우세한 만큼, 북한도 물질적 준비를 결코 소홀히 할 수 없다고 주장하며 당시 전개하던 인민경제계획을 앞당겨 완수하기로 했다. 지도부는 베트남에서 패전한 이후 미국의 위치를 지키기 위한 “남조선 강점과 미제의 그 침략정책”과 박정희 정권의 반공 강화 정책 때문에 “고통받고 있는 남조선 인민들”의 투쟁을 지지하여 할 수 있는 모든 것을 다 할 것이며, 사회주의 건설 6개년계획을 완성해서 조국통일 위업을 빨리 앞당겨 나갈 것이라고 발표했다.[51] 이는 사회주의 대(大)건설을 더욱 다그쳐야 할 명분을 마련한 것이었고, 따라서 이렇게 어려운 과업을 성과적으로 수행하기 위해서는 당의 정치적 지도를 강화하는 방침을 수립할 수밖에 없다는 것이었다. 종합하면, 북한은 전쟁에 대비하여 경제사업의 촉진을 정치사상적 혁명 방법으로 유지했다. 이는 전 사회의 단결 및 전 인민의 동원은 주체사상으로 일색화하라는 것을 의미했다.

50 북한어로 한국말 ‘둘레’에 해당한다.

51 「3대혁명의 기치를 높이 들고 사회주의건설의 모든 전선에서 새로운 전환을 일으키자」, 『로동신문』 1975년 3월 30일; 조선중앙통신사, 『조선중앙년감 1976』, 270-271쪽.

한편, 그간의 북베트남과의 우호적 관계를 바탕으로 북한 정부는 베트남의 승리를 내부적으로 강조하며, 이것을 베트남전 종전을 지지하고 성원한 사회주의 국가들과 아시아, 아프리카 인민들과 세계평화인민들의 공동 승리라고 선전했다. 또한 북한은 인도차이나 인민들의 영웅적 투쟁으로 미국이 '쫓겨나게 된' 사실은 사회주의와 공산주의가 전 세계적으로 승리한 것이며, 제국주의와 박정희 정권이 멸망하고 있다는 것을 의미한다고 주장했다.[52] 이러한 맥락에서 북한은 주체사상의 기치 아래 북한 인민의 위업이 필승불패할 것이라고 강조했다. 심지어 북한은 베트남, 캄보디아 및 라오스의 승리도 주체사상에 의한 것이라고 하면서 "주체사상의 해발[53]이 아세아의 전 대륙에 빛나고 있다"고 과장했다.[54] 즉 북한은 베트남 통일을 주체사상의 현실적 성공과 연결시킴으로써 주체사상에 대한 믿음을 더욱 굳건히 하였다. 결과적으로 북한 지도부는 새로운 국제정치상황을 이용하여 북한 내부에 위기감을 조성하였을 뿐만 아니라, 베트남 통일을 혁명적 기회로 부상시켜 유일사상이 더욱더 공고해지는 계기를 만들어 수령체계를 확장하였다.

52 Báo Nhân dân, 1.7.1975, "Nếu đế quốc Mỹ xâm lược Triều Tiên, nhất định chúng sẽ thất bại nhục nhã." [「미 제국이 북조선을 침략하면 반드시 부끄럽게 실패할 것이다」, 『인민신문』 1975년 7월 1일]; 「위대한 주체의 기치 아래 남조선 인민들은 굳게 뭉쳐 반제반파쇼투쟁에서 자랑찬 승리를 이룩하자」, 『로동신문』 1975년 4월 5일; 「인민들의 해방투쟁이 승리하고 제국주의자들과 그 앞잡이들이 파멸당하는 것은 그 어떠한 힘으로도 막을 수 없는 우리 시대의 추세」, 『로동신문』 1975년 5월 2일; 「티우가 망하고 이제는 박정희역도가 민중의 몽둥이에 맞아죽을 차례가 됐다」, 『로동신문』 1975년 5월 15일; 「남조선괴뢰들은 운명의 마지막 시각을 살고 있다」, 『로동신문』 1975년 5월 16일.

53 '햇빛을 가리는 발'을 의미한다.

54 조선중앙통신사, 『조선중앙년감 1976』, 508-530쪽.

이어서 1975년에 북한은 김정일에 의한 수령체계를 구축 및 완성할 수 있는 기반을 마련했다. 이와 관련해 1970년대 중반의 '3대혁명소조운동'은 중요한 것이었다. 구체적으로, 1970년에 북한은 제5차 당대회를 통해 사회주의 공업국가를 선포하고 '기술혁명'을 주요한 과제로 설정했다. 이에 따라 발족된 6개년계획(1971~1976)은 사상·기술·문화의 3대혁명 수행과 산업의 체질 개선을 기본 목표로 했다. 1973년 2월부터 3대혁명소조운동이 당 중앙위원회 정치위원회에서 발기되었으며,[55] 다음 달인 3월 지도부는 운동의 지도체계를 개편시키고 북한 정권은 6개년계획을 '70일 전투속도'로 앞당길 것을 결심했다.[56] 전쟁대비를 위해 북한 정부가 요구한 전 인민, 전 사회의 단결은 이로써 완성되었다. 1974년은 6개년계획의 전반기 과제를 마무리하는 해로 경제건설의 성과가 계획에 미치지는 못했다. 하지만 1975년 "3대혁명소조운동"의 확대와 함께 그해 8월에 6개년계획을 1년 앞당겨 완성하였다. 1975년은 북한에서 "조선 인민의 정치생활과 나라의 혁명발전에서 위대한 전변이 일어난 역사적인 해였고, 그해는 사회주의 건설의 웅대한 강령인 6개년계획을 앞당겨 완수한 승리의 해로, 주체조선의 영예를 온 누리에 떨친 영광의 해로 우리 인민의 혁명투쟁 역사에 빛나게 기록될 것"으로 기록되었다.[57]

한편, 사회조직 측면에서, 김정일은 1975년 중하반기부터 국가기관, 특히 정무원에 대한 당의 유일지도 체제를 구축하는 사업으로 조직을 통제하고 강화시켰다.[58] 1976년경에 이르러 김정일의 유일적 지

55 조선로동당 중앙위원회당력사 연구소, 『조선로동당력사』, 378쪽.

56 조선중앙통신사, 『조선중앙년감 1976』, 269-271쪽.

57 위의 책, 268쪽.

58 정영철, 앞의 논문, 179쪽.

도는 사회 곳곳에서 확립되어 갔다. 당 중앙의 유일적 지도가 강화되었으며, 수령에 대한 충실성에 기초한 당의 통일단결과 인민대중의 신뢰가 강화되어 주체의 위업을 빛나게 완수할 수 있는 튼튼한 담보가 마련되었다.[59] 이렇듯 수령체계는 1970년대 전 사회의 완전한 조직화를 기반으로 하여 완성된 것이었다.[60]

1970년대에 들어서면서 주체사상은 북한사회의 유일사상으로 확고하게 뿌리를 내리기 시작하였다. 북한 지도부는 이미 1960년대 말부터 전개해 온 주체사상의 유일사상화 작업을 전 사회적으로 광범하게 추진하였다. 이와 더불어 주체사상의 유일사상화 작업을 서둘러 사상, 이론, 방법을 갖춘 하나의 보편적인 원리로 제시하기에 이르렀다. 주체사상과 관련한 이러한 작업은 김일성의 아들인 김정일에 의해서 줄곧 주도되었다. 김정일은 1960년대 후반부터 조선노동당 중앙위원회 주요 부서에 근무하면서 주체사상의 유일사상화와 체계화 작업을 주도하였고, 이러한 작업은 결과적으로 그를 '수령' 김일성의 후계자로 부상시키는 중요한 계기가 되었다. 김정일은 1974년부터 북한 권력의 실제적인 2인자로서 조선노동당을 통해서 북한사회 전반에 영향력을 행사하기 시작하였다.[61] 즉 1970년대 중반 김정일의 후계체계 구축 과정은 김정일에 의하여, 김일성의 주체 노선이 이데올로기, 리더십 등의 측면에서 더욱 심화·발전되어 나아가는 과정이었다.

이 과정에 영향을 미치는 변수는 여러 가지가 있었으며, 기존 연구들은 주로 내부적 변수들을 강조하고 있다. 그러나 베트남전쟁이라

59 편집국, 「당은 우리의 모든 승리의 향도성」, 『근로자』 2, 1976, 2쪽; 위의 논문, 208쪽에서 재인용.

60 이태섭, 『김일성 리더십 연구』, 들녘, 2001, 482쪽.

61 이종석, 『새로 쓴 현대 북한의 이해』, 역사비평사, 2000, 83쪽.

는 외적 요소가 중요한 변수 중 하나였다. 물론 베트남전 종전은 북한의 정치에 직접적으로 영향을 미친 것이 아니라, 북한 지도부가 주동적으로 베트남전 종결이라는 결과를 내부 정치 강화에 적용한 것이었다. 이를 통해 베트남 통일은 북한에서 주체사상이 더 공고해지는 데 기여하였고, 북한은 베트남전 종전을 기점으로 북침위협설 및 한반도의 극긴장상태를 촉발하면서 수령체계를 완성할 수 있었다.

제6장

결론

1. 공동의 적 미국과 전쟁 이후 갈라진 "생사를 같이한" 형제 국가

북한과 북베트남의 관계는 식민지라는 역사적 경험을 공유했던 점에서 출발했으며, 잘 알려지지 않았으나 양국의 유대관계는 과거에서부터 다양한 대중적인 교류로 표출되었다. 그런데 양국의 관계가 마냥 '의기투합한 벗'의 모습만은 아니었다.

우선, 북한과 북베트남은 반(反)제국주의 연대의식으로 1950년부터 상호 교류를 시작했고, 당시 북베트남 정부의 주요 관심 대상은 북한의 한국전쟁에서의 군사적 경험이었으며, 북한의 북베트남에 대한 관심의 범주 역시 베트남의 '항불전쟁'이었다. 이러한 양국의 공동의식은 1950년대 중반부터 제네바 협정으로 인한 베트남 분단과 미국의 남베트남 개입으로 인해 반미의식으로 구체화되었다. 반미의식은 양국의 관계 전개상에서 1960년대 중반의 '밀월관계'라는 단어로 규정할 수 있는 중요한 문제였다. 당시 미국의 북베트남 폭격과 한국의 베트남 파병이 중요한 요소로 작용했기 때문이었다. 북한 정부는 1965년에 북베트남에 가능한 최대의 지원을 제공했고, 미국의 북베트남 공격 시작 이후에는 공군, 심리전 인력과 같은 인적 자원을 파견했다.

그런데 북한이 베트남전을 지원함으로써 북한과 북베트남의 상호협력관계가 강화된 한편에는, 그 과정에서 양측 관계 간 해결이 수월하지 않은 문제가 존재하고 있었다. 당시 북베트남은 전쟁이 국제전의 성격으로 바뀌지 않도록 외국군대의 베트남 주둔을 피하려고 최대한 노력하였기 때문에, 북한이 공군의 전투경험 습득을 위해 베트남에 공군을 파견했다고 강조했다. 이와 달리 북한은 반미전선에서 국제적인 의무로서 북베트남을 지원하기 위해 공군을 파견했다고 주장했다. 그뿐만 아니라 북한 정부는 베트남에 국제적 의무에 대한 책임을 보여주기 위해 1965년 북베트남 정부가 요청한 금액보다 1.5배의 액수를 더 지원했다. 그 밖에도 북한은 베트남에 공군을 파견하면서 자신들이 선두에서 미 제국주의와 투쟁하고 있다는 과장된 선전을 하기도 했다. 이에 북베트남은 북한이 "북베트남의 명성을 빌린다"고 비판했다.

북한의 북베트남 경제지원 과정을 살펴볼 때, 지원 시작점인 1965년의 지원금이 최고 지원 금액이었고 그 이후로는 계속 감소했다. 북베트남에는 북한의 베트남전 지원은 양국의 공동의 반미의식을 반영한 것이었으며, 따라서 북한의 베트남전 지원 감소 과정에서 북베트남은 자신들의 항미전쟁에 대한 북한의 '성의'에 불안감을 가질 수밖에 없었다. 그리고 1968년에 발생한 '푸에블로호 사건'과 '뗏 공세'를 통해 양국의 연대의식은 점차 약화하였다. 이 사건 이후 북베트남과 북한은 관계가 멀어졌으며, 공동의 반미전선은 형식적으로만 존재했다.

북베트남의 비판처럼 북한이 베트남의 항미투쟁을 통해 자기의 '기회주의'를 적용한 것은 사실이었다. 북한은 반미전선에서 국제적인 의무로서 북베트남을 지원한다며 자국의 공군 파견을 강조했고, 그리고 베트남 문제에 가능한 한 최고 수준의 적극적인 지지를 보여 주려 한 이유는 베트남의 항미전쟁이 북한에 반미의식을 바탕으로 한 한국전쟁의 분위기를 재현하는 데 중요한 역할을 했기 때문이다. 더불어 북베트남에 대한 지원, 남베트남을 위한 복수, 그리고 국제혁명단결 등과 같은 명목은 당시(1960년대 중반) 북한 노동자들을 비롯한 인민의 협력을 끌어낼 수 있는 방식이었다. 이와 비슷하게 북한은 1970년대 초반부터, 특히 1975년 베트남전 종결과 함께 한반도에 전쟁 분위기를 조성했다. 이는 전 사회의 단결 및 전 인민의 동원 및 주체사상의 일색화라는 계기가 되어, 1970년대 중반 북한은 김정일에 의한 수령체계를 구축 및 완성할 수 있는 기반을 마련하였다.

그뿐만 아니라 북한은 베트남의 남부 민족해방전쟁과 항미전쟁 전개 과정에서 나타난 국제정세의 변화를 고려하여 대남·대미 정책에서 다양한 전략을 구사하였다. 예를 들어 1960년대 초중반 베트남의 투쟁 양상이 북한에 모범적 모델로 인식되어, 남한에서의 혁명세력을 강화해야 한다는 북한의 방침에 영향을 줬다. 1974년 북한은 남한의 참여를 배제한 채 미국과의 단독 평화협정 체결을 제안했는데, 이는 베트남전쟁에서 북베트남 정부가 주장했던 것과 유사했으며, 역시 베트남전쟁에서 상당한 영향을 받은 것이었다. 그런데 북한은 북베트남의 대남·대미정책을 완전히 모방한 것이 아니었으며, 베트남의 방식에 관심을 가져 전략을 구사한 목적은 베트남과 달리 통일보다는 결국 북한 내부 정치에 미칠 영향력을 더 고려한 것이다.

결과적으로, 베트남이라는 변수는 북한에서 유일체제가 수립된 때부터 완성기에 이르기까지 중요하게 작용했는데, 이는 북한이 한반도의 냉전체제를 기반으로 북한·북베트남 관계와 양국의 공동 유대의식을 자국의 정치상황과 남북한 관계에 주도적으로 활용했기 때문이다. 북한의 베트남전쟁 참여는 베트남전쟁의 냉전적 특징을 전략적으로 부각하고 한반도의 대결 국면(남·북한 및 북·미 대결 국면)에서 내부의 체제 안정과 강화를 목표로 했기 때문이다. 베트남전쟁에서 남한은 돈을 벌어 경제발전과 정권 재창출에 활용했다면, 북한은 돈을 써서 체제 강화와 후계 구도를 확립하고자 했던 것이다.

사실 동맹에 관한 정치·외교적 연구들이 밝힌 바와 같이 동맹의 관계에서는 위협과 관련된 국가의 행위가 중요한 문제였다.[1] 그 '위협'이라는 것에는 '제3의 공동 위협'이 있는데, 역시 북한과 북베트남의 관계에서 공동 반미의식은 그 '위협'을 반영한 것이다. 미국의 북베트남 폭격과 남베트남 지상군 파병은 북한·북베트남에 위기감을 가져왔으며, 양국은 '동맹의식', 즉 연대의식을 강화했다. 그런데 이것은 오래 가지 않았다. 당시 미국의 대베트남 정책과 대남북한 정책은 같지 않았으며, 베트남과 남북한의 내부 상황도 달랐다. 특히 각각 지도부가 나름대로 서로에 대한 정치적 계산을 적용해 관계를 전개함으로써 이 과정에서 파생된 문제들이 존재한 것은 사실이었다. 그 결과로 베트남 전쟁 말기에 공동 반미전선에 대해서도 북한과 북베트남 간의 이질성과 불편함이 나타났다.

한편, 북한과 북베트남의 관계에서 주목해야 할 또 다른 점은 중국이라는 변수였다. 그동안 북한·중국 관계, 중국·북베트남 관계, 또는 북한·북베트남 관계는 학계에서 적지 않은 관심을 끌 만한 주제였다. 그러나 북한·중국·북베트남 간 상호 관계, 즉 북한·북베트남의 관계에서 중국 변수는 현재까지 체계적으로 탐구되지 않았기 때문에 북·중·베 삼각관계의 실상에 대한 이해는 부족하며, 북한·북베트남 관계에서 중국 변수의 중요성도 간과되었다.

사실상, 북한과 북베트남의 관계는 중국을 교두보로 한 사회주의 연대의식으로 형성되고 전개되었으며 중국 변수에 따라 영향을 받았

1 여기서 '위협'이라는 것은 '제3의 공동 위협'과 '동맹 파트너 자체의 모험주의적 행위에서 비롯된 위협'으로 분절될 수 있다는 것이다. 최명해, 『중국-북한 동맹관계: 불편한 동거의 역사』, 오름, 2009, 375쪽.

다. 여기서 중국 변수의 영향은 긍정적 측면과 부정적 측면 모두 포함된 것이었다. 긍정적 영향으로 중국은 1950년대 북한과 북베트남 간의 교량 역할로 북한·북베트남 관계가 성립될 수 있는 계기를 마련했다. 그리고 1960년대에 들어오자 중소분쟁과 함께 마오는 소련 대신 중국을 사회주의 진영의 맹주로 만들고자 북베트남과 북한을 중국 편으로 끌어들이려 했고, 1960년대 초반부터 양국에 경제 및 안보에 대한 지원을 지속해 왔다. 즉 중국은 북한과 북베트남에 영향력을 급속히 확대했고, 북한과 북베트남의 관계를 촉진하는 데에도 중심적 역할을 했다.

흥미로운 것은, 1960년대 중반에 북한과 북베트남 모두가 중국에 전적으로 의존했던 기존의 전략을 전환한 것이다. 북한은 북베트남의 편을 들어 베트남전 지원과 관련해 중국의 부정적 태도를 비판하는 입장을 취했을 뿐만 아니라 북베트남을 적극적으로 지원했다. 이는 당시 북한 지도부가 정권 유지를 위한 정책을 수립하고 강화하는 과정에서 활용한 전략과 관련이 있었지만, 이로 인해 북한·북베트남의 연대성이 확보되었다.

1960년대 말부터 북한과 북베트남의 관계는 중국 변수의 부정적 영향을 받기 시작했다. 즉 1960년대 말부터 북한과 북베트남의 관계가 느슨해지고 북한의 베트남전쟁에 대한 시각이 변화하기 시작했는데, 이 당시 중국의 역할을 간과할 수 없다는 것이다. 이 시기 북베트남은 중국의 전쟁 지도와 영향에서 벗어난 모습이며 북베트남과 중국의 갈등이 발생한 반면, 북한은 중국과 관계를 개선하려 했으며 북한·중국 관계가 회복되었다. 그리고 1974년 파라셀군도 분쟁을 둘러싸고 베트남·중국의 잠재적인 갈등이 발생했을 때 이에 대해 북한이 중국을 지지한 입장은 당시 북·중·베 관계의 '불균형' 성격을 잘 보여 준 것이다. 결국 1975년 베트남전 종결과 더불어 베트남이 사회주의 체제로 통일되었음에도 북·중·베 간 상호 관계가 더욱 밀접해지기는커녕

베트남과 중국의 관계는 악화되었고 베트남과 북한의 관계는 소원해졌다.

베트남전쟁은 20년 넘게 계속된 긴 역사였다. 이 책에서는 새로운 자료를 이용하여 북한의 베트남전 지원에 대한 '사실'을 밝히고 베트남전쟁기 북한·북베트남 관계가 형성·강화되고 소원해지는 과정을 입체적으로 규명했다. 한편, 북한·북베트남의 관계 전개 과정에서 나타난 사실들은 북한 내부 정치 강화 과정과 베트남전의 연관성을 확인하는 데 큰 의미가 있을 것이다. 이로써 이 책이 당시 북한의 내부 정치 문제 및 남북한 관계와 관련된 연구에도 새로운 시각과 접근을 제시할 수 있으리라고 희망한다. 또 이 책은 베트남전쟁기 북·중·베의 복잡한 이해관계를 거시적으로 조명함으로써 동아시아 사회주의 국가 관련 문제에도 다각적 분석의 틀을 제시할 수 있을 것이다.

2. 오늘날 북한·베트남 관계와 베트남전쟁의 유산

베트남전쟁기 양국 관계의 특징을 고려해, 1975년 베트남전쟁 종결 이후 현재까지 베트남과 북한은 어떠한 관계를 유지해 왔는지 고찰해 볼 필요가 있다. 2000년 이전까지 거의 수십여 년 동안 북한과 베트남 지도부는 서로 방문하지 않았는데, 이와 같은 양상은 베트남전쟁 시기부터 파생된 것이었기 때문이다.

특히 베트남 통일 이후 베트남에 대한 중국의 적대정책이 최고점에 이른 1979년 소위 '국경전쟁' 시기는 북한과 베트남의 관계가 가장 악화된 때였다. 1979년 중국은 베트남군이 캄보디아에 침입했다는 명분으로 베트남을 침공하였다. 중국은 베트남이 캄보디아에 대한 영향력을 강화하려 함으로써 인도차이나에서 중국의 영향권을 침해할 것이라 보고 베트남을 침공했다. 또한 중국의 침공은 베트남의 캄보디아 침입에 대한 대응인 동시에, 동남아시아로부터 중국을 포위하려는 소련에 대한 베트남의 협력 때문이라고 볼 수 있다. 한편, 많은 학자는 중국과 베트남의 충돌은 언젠가는 일어날 일로, 캄보디아와 관련한 사건은 단지 촉매제에 불과했다고 보며, 전쟁은 전통적인 중화적 세계질서를 추구하는 중국과 이에 맞서 대적하려는 베트남 양국의 이해가 상반되어 일어난 결과라고 하였다.[2]

이러한 중국과 베트남의 적대관계는 북한과 베트남의 관계에 영향을 주었으며, 특히 북한 역시 중국과 같은 입장에 서서 베트남의 캄보디아 침공을 공개적으로 비난하였다.[3] 베트남 정부에 따르면, 북한과의 교역액이 가장 적었던 때 역시 1979년이었다.[4] 양국은 1958년부터 매년 상품 상호 납입 협정을 맺은 바 있는데, 1979년과 1980년에는 이 '전통적인' 합작이 없었다. 이는 북한이 고의로 교역을 하지 않았기 때문이기도 하지만, 동시에 이 시기 베트남에 대한 북한의 적대감을 반영한 것이었다. 즉 베트남전쟁 시기 북한과 베트남 사이의 내재적 문제 및 중국이라는 변수의 영향은 1970년대 말 북한·베트남 관계를 악화시키는 데 큰 역할을 했다고 볼 수 있을 것이다.

1980년대, 1990년대에 들어와서도 북한과 베트남의 관계는 지속적으로 냉랭함을 유지했다. 1990년대 초반 소련의 붕괴와 중국·베트

2 유인선, 『베트남과 그 이웃 중국, 양국관계의 어제와 오늘』, 창비, 2012, 448-449쪽.

3 「민족적 독립과 사회주의와 평화에 대한 도전」, 『로동신문』 1979년 1월 13일.

4 TTLTQG3, PTT, Hồ sơ 9235, "Bổ sung Tình hình tổng quát về Quan hệ Kinh tế, Kỹ thuật-Khoa hoc giữa Việt Nam-Triều Tiên 1973-1979." [제3 베트남국립자료센터, 수상부 문서군, 폴더 9235호, "1973~1979년 베트남과 조선민주주의인민공화국의 경제, 과학 기술 관계 총괄: 보충."]

남 관계의 회복에도 불구하고 북한과 베트남의 관계에는 큰 진전이 없었다. 당시 북한·베트남 관계 사이에는 장애물이 존재했다. 양국의 정치체제는 기본적으로 사회주의 체제라는 공통점에도 불구하고 베트남이 경제적 개혁을 실행했던 것에 비해 북한은 아직 시장을 개방하지 않았던 터라 양국 간 경제적 차이가 있었다. 또 베트남과 한국이 이념의 장벽에 갇혀 관계가 진전되지 못하다가 1992년에 외교관계를 수립하였는데, 북한은 이를 반대했다. 베트남은 분단된 남북한 모두와 수교했기 때문에 베트남이 정치적·외교적으로 견해를 밝히는 데 상당한 어려움이 있었다.[5]

마침내 2000년 백남순 북한 외무상의 베트남 방문 및 2001년 김영남 최고인민회의 상임위원장의 베트남 방문을 계기로 북한·베트남 관계가 개선되었고, 게다가 2002년에는 쩐득르엉(Trần Đức Lương) 국가주석의 방북을 계기로 베트남이 북한에 쌀 5,000톤을 지원하였다.[6] 2006년 7월 베트남공산당 대외관계위원회 북한 방문 및 2006년 8월 베트남-북한 경제공동위 개최에 이어, 2007년 10월 농득마인(Nông Đức Mạnh) 당 서기장 및 김영일 북한 총리의 교차 방문으로 양국 간 우호 협력관계를 재확인하였다. 이처럼 서로가 적당한 관계를 유지하면서 윈윈(win-win) 전략을 취한 것이 가장 최근의 북한·베트남 관계

5 Dương Chính Thức (nguyên đại sứ VN tại CHDCNDTT), "Quan hệ Việt Nam-Triều Tiên trong bối cảnh phát triển mới", *Nghiên cứu Đông Bắc Á*, số 11(129) 11-2011, p. 6. [즈엉찐특(전 주(駐)조선민주주의인민공화국 베트남 대사), 「베트남·조선 관계의 새로운 발전 배경」, 『동북아연구』 제11호(129), 2008. 11, 6쪽.]

6 북한의 고난의 행군 당시 베트남이 북한에 쌀 100톤(1995년), 1만 3,000톤(1997년), 1,000톤(2000년)을 지원했다. http://www.mofahcm.gov.vn/vi/mofa/cn_vakv/ca_tbd/nr040819104221/ns190504164238/(검색일: 2020. 8. 10.)

의 특징이라고 볼 수 있다.[7]

한편으로, 현재 북한·베트남 관계의 양상으로 볼 때 두 나라의 전통적인 '동맹'관계를 여전히 무시할 수 없다는 주장을 많은 이들이 견지한다.[8] 2015년은 북한과 베트남이 외교관계 수립 65주년이 되는 해이고 양국이 새로운 관계의 시대를 맞이하는 해였다. 특히 베트남은 북한의 핵문제를 해결하기 위해 제3의 중재자로서 앞서 나가겠다는 뜻을 밝혔으며, 2019년 2월 베트남의 수도 하노이에서 개최된 제2차 북·미 정상회담에서는 김정은 위원장의 베트남 공식 친선 방문이 있었다. 과거에 미국이 베트남에서 전쟁을 일으켰고, 북한은 미국과 전쟁을 치르는 것을 도와준 베트남의 절친한 친구였기 때문에, 북·미 정상회담이 베트남에서 개최되었다는 것은 베트남전쟁기 북한과 북베트남의 관계를 한순간 주목하게 한 계기로 작용했다. 베트남의 개혁·개방이 북한에 '롤모델'이 될 수 있다는 평가도 종종 나왔다. 김정은 위원장의 하노이 방문 전 북한의 경제 전문가들은 베트남 사전 답사를 했으며, 특히 베트남의 경제발전 경험과 모델을 연구하는 작업을 했기 때문이다.[9]

7 Nguyễn Hữu Cát, Mai Hoài Anh, "Quan hệ Việt Nam–Triều Tiên trong tình hình mới", *Lý luận chính trị*, số 5-2008, pp. 61-63. [응우옌흐우깟, 마이화이아인, 「신(新)정세 베트남·조선의 관계」, 『정치이론』 제5호, 2008, 61-63쪽.]

8 윤대영, 「1950년대 북한과 북베트남의 관계와 문화 교류: 1956년 조선 문화대표단의 활동과 관련하여」, 『역사와 경계』 87, 2013 참조.

9 Hiếu Công, "Triều Tiên đã đến khảo sát kinh tế Việt Nam trước chuyến đi của Kim Jong Un", *Zing News*, 5.3.2019. [히에우꽁, 「김정은의 방문 전 조선이 베트남 경제를 조사하기 위해 사전 답사했다」, 『징뉴스』 2019년 3월 5일.] https://zingnews.vn/trieu-tien-da-den-khao-sat-kinh-te-vn-truoc-chuyen-di-cua-kim-jong-un-post922412.html(검색일: 2020. 8. 10.)

베트남의 투쟁 역사를 모범적 모델로 인식한 과거의 경험을 바탕으로, 북한이 현재 베트남의 외교·정치·경제 개혁 방식을 참고할 가능성은 충분히 있다고 생각한다. 앞으로 양국의 관계 진전을 평가하려면 양국과 관련한 더 많은 연구가 필요하다. 북한·베트남 관련 연구는 그 중요성에도 불구하고 충분히 연구되지 못했다는 한계가 있다. 필자는 이 책을 통해 선행 연구의 근본적 한계점들을 극복하여 베트남전쟁기 북한과 북베트남의 관계에 대한 이해도를 높이고자 하였다. 이 책이 북한·베트남 관계를 좀 더 구체적으로 인식하는 계기가 되었으면 한다.

참고문헌

1. 사료

1) 한국어

『경향신문』.

『김일성저작집 7』(1952. 1~1953. 7), 조선로동당출판사, 1980.

『김일성저작집 19』(1965. 1~1965. 10), 조선로동당출판사, 1982.

『김일성저작집 20』(1965. 11~1966. 12), 조선로동당출판사, 1982.

『김정일 선집 5』(1975~1977), 조선로동당출판사, 1995.

『동아일보』.

『로동신문』.

남북조절위원회, 『남북대화 백서』, 서울: 南北調節委員會, 1975.

조선로동당 중앙위원회당력사 연구소, 『조선로동당력사』, 평양: 조선로동당출판사, 2004.

조선중앙통신사, 『조선중앙년감 1959』, 평양: 조선중앙통신사, 1959.

조선중앙통신사, 『조선중앙년감 1960』, 평양: 조선중앙통신사, 1960.

조선중앙통신사, 『조선중앙년감 1961』, 평양: 조선중앙통신사, 1961.

조선중앙통신사, 『조선중앙년감 1962』, 평양: 조선중앙통신사, 1962.

조선중앙통신사, 『조선중앙년감 1963』, 평양: 조선중앙통신사, 1963.

조선중앙통신사, 『조선중앙년감 1964』, 평양: 조선중앙통신사, 1964.

조선중앙통신사, 『조선중앙년감 1965』, 평양: 조선중앙통신사, 1965.

조선중앙통신사, 『조선중앙년감 1966』, 평양: 조선중앙통신사, 1966.

조선중앙통신사, 『조선중앙년감 1967』, 평양: 조선중앙통신사, 1967.

조선중앙통신사, 『조선중앙년감 1968』, 평양: 조선중앙통신사, 1968.

조선중앙통신사, 『조선중앙년감 1969』, 평양: 조선중앙통신사, 1969.

조선중앙통신사, 『조선중앙년감 1970』, 평양: 조선중앙통신사, 1970.

조선중앙통신사, 『조선중앙년감 1971』, 평양: 조선중앙통신사, 1971.

조선중앙통신사, 『조선중앙년감 1972』, 평양: 조선중앙통신사, 1972.

조선중앙통신사, 『조선중앙년감 1973』, 평양: 조선중앙통신사, 1973.

조선중앙통신사, 『조선중앙년감 1974』, 평양: 조선중앙통신사, 1974.
조선중앙통신사, 『조선중앙년감 1975』, 평양: 조선중앙통신사, 1975.
조선중앙통신사, 『조선중앙년감 1976』, 평양: 조선중앙통신사, 1976.

2) 베트남어
신문 자료
-『Báo Nhân dân』 (인민신문)
-『Báo Quân đội nhân dân』 (인민군대 신문)

호찌민 제2 베트남국립자료센터 (Trung tâm lưu trữ Quốc gia 2) 자료
-Phông 'Phủ thủ tướng Việt Nam Cộng Hoà' ('베트남공화국의 수상부' 문서군)
하노이 제3 베트남국립자료센터 (Trung tâm lưu trữ Quốc gia 3) 자료
-Phông 'Phủ Thủ tướng' ('수상부' 문서군)
-Phông 'Quốc hội' ('국회' 문서군)
-Phông 'Uỷ ban kế hoạch nhà nước' ('국가계획위원회' 문서군)

베트남국방부자료센터 (Trung tâm lưu trữ Bộ Quốc phòng) 자료
-Phông 'Bộ Quốc phòng' ('국방부' 문서군)
-Phông 'Cục Tác chiến' ('작전국' 문서군)
-Phông 'QUTƯ' ('중앙군사위원회' 문서군)
-'Sổ công tác của Đại tướng Văn Tiến Dũng – quyển 15' ('반띠엔중 장군의 임무 메모지, 제15권')

Công báo nước Việt Nam Dân chủ Cộng hoà, Số 45, 1958. [베트남민주공화국 정부 공보(公報), 1958년 45호.]
Hồ Chí Minh toàn tập, t. 5, Nxb Chính trị quốc gia, Hà Nội, 2000. [호찌민, 『호찌민 전집』 제5권, 하노이: 국가정치출판사, 2000.]
Hồ Chí Minh toàn tập, t. 7, Nxb Chính trị quốc gia, Hà Nội, 2000. [호찌민, 『호찌민 전집』 제7권, 하노이: 국가정치출판사, 2000.]
Hồ Chí Minh Toàn tập, t. 8, Nxb Chính trị quốc gia, Hà Nội, 2002. [호찌민, 『호찌민 전집』 제8권, 하노이: 국가정치출판사, 2002.]
Hồ Chí Minh Toàn tập, t. 9, Nxb Chính trị quốc gia, Hà Nội, 2002. [호찌민, 『호찌민 전집』 제9권, 하노이: 국가정치출판사, 2002.]
Sự thật 30 năm Quan hệ Việt-Trung (Sách trắng 1979), Bộ Ngoại giao nước Cộng hoà Xã hội Chủ nghĩa Việt Nam. [『베트남-중국 30년 관계의 사실(백서 1979)』, 베트

남 외교부.]

3) 영어

Foreign Relations of the United States (FRUS), 1961-1963, Volume I: Vietnam, 1961, Volume II: Vietnam, 1962, Volume III: Vietnam, January-August 1963, Volume XXII: Northeast Asia, Washington D.C.: United States Government Printing Office.

FRUS, 1964-1968

-Volume I: Vietnam, 1964.

-Volume II: Vietnam, January-June 1965.

-Volume XXIX, Part 1: Korea.

FRUS, 1969-1976

-Volume E-12: East and Southeast Asia, 1973-1976, Chapter VI: Korean Peninsula.

China-North Korea Relations, Document Collections, Cold War International History Project (CWIHP), North Korea International Documentation Project (NKIDP), Woodrow Wilson International Center. http://digitalarchive.wilsoncenter.org/collection/115/china-north-korea-relations.

Demise of Détente in Korea, 1973-1975, Document Collections, CWIHP, NKIDP, Woodrow Wilson International Center. http://digitalarchive.wilsoncenter.org/collection/126/demise-of-detente-in-korea-1973-1975.

Inter-Korean Relations, Document Collections, NKIDP, Woodrow Wilson International Center. http://digitalarchive.wilsoncenter.org/collection/103/inter-korean-relations.

Ostermann, Christian F. and James F. Person eds. (2010), *The Rise and Fall of Détente on the Korean Peninsula, 1970-1974* (Document Reader), NKIDP, Woodrow Wilson International Center. http://wilsoncenter.org/publication/the-rise-and-fall-détente-the-korean-peninsula-1970-1974.

The Two Koreas and the Vietnam War, Document Collections, CWIHP, NKIDP, Woodrow Wilson International Center. http://digitalarchive.wilsoncenter.org/collection/139/the-two-koreas-and-the-vietnam-war.

2. 저서

1) 한국어

경남대학교 북한대학원 엮음, 『북한군사문제의 재조명』, 한울, 2006.

곤차로프, 세르게이·존 루이스·쉐리타이, 성균관대학교 한국현대사 연구반 옮김, 『흔들리는 동맹: 스탈린과 마오쩌둥 그리고 한국전쟁』, 일조각, 2011.

김태운, 『북한의 한반도 주변 대4강 외교정책에 대한 이해』, 한국학술정보, 2006.

닐, 조너선, 정병선 옮김, 『미국의 베트남 전쟁, 미국은 어떻게 베트남에서 패배했는가』, 책갈피, 2004.

듀이커, 윌리엄 J., 정영목 옮김, 『호치민 평전』, 푸른숲, 2003.

리영희, 『베트남전쟁, 30년 베트남전쟁의 전개와 종결』, 두레, 1985.

리영희, 『전환시대의 논리』, 창비, 2006.

매클리어, 마이클, 유경찬 옮김, 『베트남: 10,000일의 전쟁』, 을유문화사, 2002.

박태균, 『박태균의 이슈 한국사』, 창비, 2015.

박태균, 『베트남 전쟁』, 한겨레출판, 2015.

박태균 외, 『쟁점 한국사(현대편)』, 창비, 2017.

박태호, 『조선민주주의인민공화국 대외관계사 2』, 평양: 사회과학출판사, 1987.

세종연구소 북한연구센터, 『북한의 대외관계』, 한울, 2007.

션즈화, 김동길·김민철·김규범 옮김, 『최후의 천조: 모택동·김일성 시대의 중국과 북한』, 선인, 2017.

송정남, 『베트남 역사 탐구』, 한국외국어대학교 지식출판콘텐츠원, 2018.

스노우, 도날드 M., 권영근 옮김, 『미국은 왜 전쟁을 하는가』, 안경문화사, 2003.

오쿠무라 사토시, 박선영 옮김, 『새롭게 쓴 중국 현대사: 전쟁과 사회주의의 변주곡』, 소나무, 2001.

와다 하루끼, 남기정 옮김, 『와다 하루끼의 북한현대사』, 창비, 2014.

유인선, 『새로 쓴 베트남의 역사』, 이산, 2002.

유인선, 『베트남과 그 이웃 중국, 양국관계의 어제와 오늘』, 창비, 2012.

유인선, 『베트남의 역사, 고대에서 현대까지』, 이산, 2018.

윤충로, 『베트남과 한국의 반공독재국가형성사』, 선인, 2005.

이신재, 『푸에블로호 사건과 북한』, 선인, 2015.

이신재, 『한권으로 읽는 북한사』, 오름, 2016.

이신재, 『북한의 베트남전쟁 참전』, 국방부 군사편찬연구소, 2017.

이종석, 『북한-중국관계 1945~2000』, 중심, 2000.

이종석, 『새로 쓴 현대 북한의 이해』, 역사비평사, 2000.

이종석, 역사문제연구소 기획, 『북한의 역사 2』, 역사비평사, 2013.

이태섭, 『김일성 리더십 연구』, 들녘, 2001.
정규섭, 『북한외교의 어제와 오늘』, 일신사, 1997.
정봉화, 『북한의 대남정책, 지속성과 변화, 1948~2004』, 한울, 2005.
정진위, 『북방삼각관계』, 법문사, 1987.
조희연, 역사문제연구소 기획, 『박정희와 개발독재시대』, 역사비평사, 2007.
차, 빅터, 김용순 옮김, 『불가사의한 국가: 북한의 과거와 미래』, 아산정책연구원, 2012.
최명해, 『중국·북한 동맹관계: 불편한 동거의 역사』, 오름, 2009.
최병욱, 『베트남 근현대사』 개정판, 산인, 2016.
한국베트남학회, 『베트남, 경제개혁으로 21세기를 여는 민족주의의 나라』, 한국외국어대학교 출판부, 2000.
한국사사전편찬회, 『근현대사사전』, 가람기획, 2005.
한국정신문화연구원 편, 『1960년대의 대외관계와 남북문제』, 백산서당, 1999.
홍석률, 『분단의 히스테리』, 창비, 2012.
후루타 모토오, 박홍영 옮김, 『역사 속의 베트남전쟁』, 일조각, 2007.

2) 베트남어

Bộ Quốc phòng, Viện Lịch sử Quân sự Việt Nam, *Lịch sử kháng chiến chống Mỹ cứu nước, 1954-1975*, Tập IV, V, VI, VII, XI, Nxb Chính trị quốc gia, Hà Nội, 2001-2005. [국방부, 베트남군사역사연구원, 『항미구국항전 역사, 1954-1975』 제4, 5, 6, 7, 11부, 하노이: 국가정치출판사, 2001-2005.]

Bộ Quốc phòng, Viện Lịch sử Quân sự Việt Nam, *Quân đồng minh Mỹ trên chiến trường miền nam Việt Nam (1964-1973)*, Nxb Quân đội nhân dân, Hà Nội, 2009. [국방부, 베트남군사역사연구원, 『남베트남 전투지역에서의 미국의 동맹군(1964~1973)』, 하노이: 인민군대출판사, 2009.]

Doãn Trung dịch, *Chuyện anh hùng chiến đấu Triều Tiên: Xuất bản nhân dịp Đoàn đại biểu nhân dân Triều Tiên và Đoàn nghệ thuật quân đội nhân dân Triều Tiên sang thăm Việt Nam*, Nxb Quân đội nhân dân, Hà Nội, 1955. [저자 미상, 조안중 옮김, 『조선의 전투 영웅 이야기, 조선인대표단과 인민예술단 베트남 방문을 맞이하여』, 하노이: 인민군대출판사, 1955.]

Đảng Cộng sản Việt Nam, *Văn kiện Đảng toàn tập*, tập 28, Nxb Chính trị quốc gia, Hà Nội, 2003. [베트남공산당, 『공산당 문건 전집』 제28권, 하노이: 국가정치출판사, 2003.]

Hà Minh Hồng, Trần Nam Tiến, *Mặt trận Dân tộc giải phóng miền Nam Việt Nam, 1960-1977*, Nxb Tổng hợp Tp Hồ Chí Minh, Tp HCM, 2010. [하민홍, 쩐남띠엔, 『남베트남민족해방전선, 1960~1977』, 호찌민시: 호찌민시종합출판사, 2010.]

Hệ thống quản lý công nghiệp của Triều Tiên, Nxb Sự thật, Hà Nội, 1966. [저자 미상, 『조선의 공업관리시스템』, 하노이: 사실출판사, 1966.]

Hồ Chí Minh Biên niên tiểu sử, t. 7, Nxb Chính trị quốc gia, Hà Nội, 2009. [『호찌민 편년 소사』 제7부, 하노이: 국가정치출판사, 2009.]

Hồ Chí Minh Biên niên tiểu sử, t. 8, Nxb Chính trị quốc gia, Hà Nội, 2008. [『호찌민 편년 소사』 제8부, 하노이: 국가정치출판사, 2008.]

Hồ Chí Minh Biên niên tiểu sử, t. 10, Nxb Chính trị quốc gia, Hà Nội, 2009. [『호찌민 편년 소사』 제10부, 하노이: 국가정치출판사, 2009.]

Hoàng Quốc Việt, Hoài Thanh, *Triều Tiên anh dũng; Một tháng ở Triều Tiên*, Uỷ ban bảo vệ hoà bình thế giới của Việt Nam xuất bản, 1952. [호앙꾸옥비엣, 화이타인, 『영웅적인 조선; 조선에 있는 한 달』, 베트남의 세계평화보호위원회, 1952.]

Kim Nhật Thành, *Cuộc chiến tranh giải phóng của Nhân dân Triều Tiên chống đế quốc Mỹ xâm lược*, Nxb Sự thật, Hà Nội, 1966. [김일성, 『조선 인민의 항미조국해방전쟁역사』 (번역자 미상), 하노이: 사실출판사, 1966.]

Lê Kim, *Người bạn chiến đấu Triều Tiên*, Nxb Quân đội nhân dân, Hà Nội, 1963. [레낌, 『조선의 전우』, 하노이: 인민군대출판사, 1963.]

Lê Mậu Hãn, Trần Bá Đệ, Nguyễn Văn Thư, *Đại cương lịch sử Việt Nam*, tập 3, Nxb Giáo dục, Hà Nội, 2010. [레머우한, 쩐바데, 응우옌반트, 『베트남의 역사 대강』 제3부, 하노이: 교육출판사, 2010.]

Minh Quang, *Nguyễn Sơn, vị tướng huyền thoại*, Nxb Trẻ, Tp HCM, 2005. [민꽝, 『응우옌선: 전설적인 장군』, 호찌민시: 젊은이출판사, 2005.]

Nam Nhật, *Cuộc đấu tranh của nhân dân Triều Tiên để khôi phục thống nhất Quốc gia*, Nxb Sự thật, Hà Nội, 1955. [남일, 『조국 통일을 위한 조선 인민의 투쟁』, 하노이: 사실출판사, 1955.]

Nguyễn Đình Lê, *Lịch sử Việt Nam 1954-1975*, Nxb Giáo dục, Hà Nội, 2010. [응우옌딘레, 『베트남의 역사 1954~1975』, 하노이: 교육출판사, 2010.]

Nguyễn Đình Liêm (chủ biên), Viện Khoa học Xã hội Việt Nam, Viện nghiên cứu Trung Quốc, *Quan hệ Việt Nam–Trung quốc, những sự kiện 1961-1970*, Nxb Khoa học Xã hội, Hà Nội, 2006. [응우옌딘리엠, 중국연구소 사회과학연구원, 『베트남-중국 관계, 1961~1970의 사건들』, 하노이: 사회과학출판사, 2006.]

Nguyễn Huy Toàn, Vũ Tang Bồng, Nguyễn Huy Thục, Nguyễn Viết Bình, Nguyễn Minh Đức, *Sự thật về những lần xuất quân của quân đội Trung Quốc và quan hệ Việt Nam-Trung Quốc*, Nxb Đà Nẵng, Đà Nẵng, 1996. [응우옌후이또안, 부땅뽕, 응우옌비엣빈, 응우옌민뜩, 『중국군대의 출전에 대한 사실과 베트남-중국 관계』, 다낭: 다낭출판사, 1996.]

Nguyễn Ngọc Tuân, *Công cuộc công nghiệp hoá xã hội chủ nghĩa ở nước cộng hoà dân chủ nhân dân Triều Tiên*, Nxb Khoa học Xã hội, Hà Nội, 1970. [응우옌응옥뚜언, 『조선민주주의인민공화국의 사회주의 공업화』, 하노이: 사회과학출판사, 1970.]

Nguyễn Phúc Luân (chủ biên), Học viện quan hệ quốc tế, *Ngoại giao Việt Nam hiện đại vì sự nghiệp giành độc lập, tự do (1945-1975)*, Nxb Chính trị quốc gia, Hà Nội, 2001. [응우옌푹루언, 국제관계연구원, 『독립-자유를 위한 베트남의 현대 외교(1945~1975)』, 하노이: 국가정치출판사, 2001.]

Nguyễn Quang Ngọc, *Lịch sử Việt Nam*, Nxb Giáo dục, Hà Nội, 2002. [응우옌꽝응옥, 『베트남 역사』, 하노이: 교육출판사, 2002.]

Nguyễn Thanh Lê, *Một tiêu điểm của cuộc chiến tranh tư tưởng phản cách mạng*, Nxb Sự thật, Hà Nội, 1983. [응우옌타인레, 『반혁명전쟁의 초점』, 하노이: 사실출판사, 1983.]

Nguyễn Thị Mai Hoa, *Các nước Xã Hội Chủ Nghĩa ủng hộ Việt Nam kháng chiến chống Mỹ, cứu nước (1954-1975)*, Nxb Chính trị quốc gia, Hà Nội, 2013. [응우옌티마이화, 『사회주의국가들의 베트남항미구국항전 지원(1954~1975)』, 하노이: 국가정치출판사, 2013.]

Nguyễn Xuân Sanh, *Phác Kim Tố, em thiếu nữ du kích Triều Tiên*, Ngành văn nghệ trung ương, Hà Nội, 1953 (Sách kim đồng), số 5. [응우옌쑤언싸인, 『팍낌또, 조선의 유격 소녀』, 하노이: 문예출판사, 1953(아동책), 제5호.]

Những ngày ở Hà Nội của Đoàn đại biểu Triều Tiên, Sở Văn hoá Hà Nội, Hà Nội, 1955. [저자 미상, 『조선 대표단의 하노이 체류 시기』, 하노이: 하노이문화국, 1955.]

Nông Quốc Chân, Trần Phong, *Triều Tiên anh hùng phi trên mình ngựa ngàn dặm*, Cục xuất bản, Bộ Văn hoá, Hà Nội, 1958. [농꾸옥쩐, 쩐퐁, 『천리마 영웅의 조선 질주』, 하노이: 문화부-출판국, 1958.]

Phạm Phú Thái, *Lính bay, Hồi ký*, Nxb Hội nhà văn, Hà Nội, 2017. [팜푸타이, 『공군, 회고록』, 하노이: 문학가회출판사, 2017.]

Tạ Hồng, Bộ Tư lệnh Quân chủng không quân, *Lịch sử không quân nhân dân Việt Nam (1955-1977)*, Nxb Quân đội nhân dân, Hà Nội, 1993. [따홍, 공군사령부, 『베트남의 인민 공군 역사(1955~1977)』, 하노이: 인민군대출판사 1993.]

Thành ủy TP Hồ Chí Minh, *Mặt trận Dân tộc giải phóng miền Nam Việt Nam, Liên minh các lực lượng dân tộc, dân chủ và hoà bình Việt Nam, Chính phủ Cách mạng lâm thời Cộng hoà miền Nam Việt Nam*, Nxb Chính trị Quốc gia Sự thật, Hà Nội, 2018. [호찌민시당위원회, 『남베트남민족해방전선, 베트남의 민족·민주·평화적 역량의 연맹, 남베트남임시혁명정부』, 하노이: 사실 국가정치출판사, 2018.]

Tố Hữu, *Việt Bắc*, Nxb Văn nghệ, Hà Nội, 1955. [또흐우, 『비엣빡』, 하노이: 문예출판사,

1955.]

Trần Cư, Nguyễn Phong, *Lao động Triều Tiên đề cao tinh thần tự lực cánh sinh*, Nxb Lao Động, Hà Nội, 1964. [쩐끄, 응우옌퐁, 『자력갱생 정신을 강조하는 조선의 노동』, 하노이: 노동출판사, 1964.]

Trần Phong, *Nông thôn Triều Tiên trên đường hợp tác hoá*, Nxb Phổ thông, Hà Nội, 1959. [쩐퐁, 『합작화 도상의 조선 농촌』, 하노이: 보통출판사, 1959.]

Triệu Cơ Thiên, Kim Thường Ngọ, Hoàng Trung Thông dịch, *Triều Tiên chiến đấu: Thơ Triều Tiên*, Nxb Văn nghệ, Hà Nội, 1954. [조시천(趙基天)·김상오(金尙午), 황쭝통 옮김, 『조선의 전투: 조선의 시』, 하노이: 문예출판사, 1954.]

Trung tâm nghiên cứu Trung Quốc, *Quan hệ Việt Nam-Trung Quốc, những sự kiện 1945-1960*, Nxb Khoa học Xã hội, Hà Nội, 2003. [중국연구소, 『베트남-중국 관계, 1945~1960의 사건들』, 하노이: 과학사회출판사 2003.]

Viện Mac-Lênin, *Lê Duẩn- tuyển tập*, tập 1(1950-1975), Nxb Sự thật, Hà Nội, 1987. [마르크스-레닌 연구원, 『레주언 선집』 제1부(1950~1975), 하노이: 사실출판사, 1987.]

Viện nghiên cứu Lịch sử thuộc viện Hàn lâm khoa học nước CHDCND Triều Tiên, Lê Anh-Hồ Phan-Võ Nam dịch, *Lịch sử cuộc chiến tranh chính nghĩa giải phóng tổ quốc của nhân dân Triều Tiên*, Nxb Quân đội nhân dân, Hà Nội, 1965. [조선민주주의인민공화국 역사연구원, 레아인·호판·보남 옮김, 『조선 인민의 조국해방전쟁 역사』, 하노이: 인민군대출판사, 1965.]

Võ Thuần Nho, *Một số kinh nghiệm giáo dục của Cộng hoà dân chủ nhân dân Triều Tiên*, Nxb Giáo dục, Hà Nội, 1962. [보투언녀, 『조선민주주의인민공화국의 교육 경험』, 하노이: 교육출판사, 1962.]

Y Thăng Tiến, Hàn Thời Hưởng, Trịnh Châu Ngọc, Minh Hiếu dịch, *Nhạc Triều Tiên: Do Đoàn nghệ thuật Triều Tiên trình bày tại thủ đô Hà Nội*, Nxb Văn nghệ, Hà Nội, 1955. [이상진·한시향·정주옥, 민히에우 옮김, 『조선의 음악: 하노이에서 조선예술단의 공연』, 하노이: 문예출판사, 1955.]

3) 영어

Asselin, Pierre, *Hanoi's Road to the Vietnam War, 1954-1965*, Berkeley: University of California Press, 2013.

Chen, Jian, *China's Road to the Korean War: The Making of the Sino-American Confrontation*, New York: Columbia University Press, 1994.

Chen, Jian, *Mao's China and the Cold War*, Chapel Hill and London: University of North Carolina Press, 2001.

Gaiduk, Ilya V., *The Soviet Union and the Vietnam War*, Chicago: I. R. Dee, 1996.
Gills, Barry K., *Korea versus Korea: A Case of Contested Legitimacy*. London: Routledge, 1996.
Hosch, William L., *Korean War and the Vietnam War: People, Politics, and Power,* New York: Britannica Educational Publishing, 2010.
Karnow, Stanley, *Vietnam, a History*, New York: Penguin Books, 1997.
Kissinger, Henry A., *ENDING THE VIETNAM WAR: A History of America's Involvement in and Extrication From the Vietnam War*, New York: Simon & Schuster, 2001.
Lerner, Mitchell B., *The Pueblo incident: A spy ship and the failure of American foreign policy*, Lawrence, KS: University Press of Kansas, 2002.
Li, Xiaobing, *The Dragon in the Jungle: The Chinese Army in the Vietnam War*, New York: Oxford University Press, 2020.
McMahon, Robert J., *Major Problems in the History of the Vietnam War*, Boston, MA: Houghton Mifflin College, 2008.
Nguyen, Lien-Hang T., *Hanoi's War: An International History of the War for Peace in Vietnam*, Chapel Hill and London: University of North Carolina Press, 2012.
Peking Review, April 4, 1968.
Zhai, Qiang, *The Dragon, the Lion, and the Edge: Chinese-British-American Relations, 1949-1958*, Kent: Kent State University Press, 1994.
Zhai, Qiang, *China and the Vietnam Wars, 1950-1975*, Chapel Hill and London: University of North Carolina Press, 2000.

3. 논문

1) 한국어

강광식, 「1960년대의 남북관계와 통일정책」, 한국정신문화연구원 편, 『1960년대의 대외관계와 남북문제』, 백산서당, 1999.
김정배, 「베트남전쟁과 사회주의진영, 그리고 냉전체제」, 『역사와 경계』 76, 2010.
김정배, 「베트남전쟁과 미소관계, 그리고 냉전체제」, 『미국사연구』 42, 2015.
김진환, 「베트남전쟁 시기 북한의 대외정책」, 『사회와 역사』 제105집, 2015.
도미엔, 「1975년 베트남전 종전과 북한정부의 대응: 베트남 자료를 중심으로」, 『이화사학연구』 제48집, 2014. 6.
도미엔, 「베트남 학계의 남·북한 연구 동향 및 쟁점: 베트남전쟁 시기(1954~1975년)를 중심으로」, 『이화사학연구』 제50집, 2015. 6.
도미엔, 「베트남 소재 남북한 관련 자료, 베트남전쟁 시기(1954~1975년)를 중심으로」,

『군사지』 제96집, 2015. 9.
박태균, 「한국군의 베트남 참전」, 『역사비평』 특집 2: 박정희 집권기 재조명, 2007.
배긍찬, 「1970년대 전반기의 국제환경 변화와 남북관계」, 한국정신문화연구원 편, 『1970년대 전반기의 정치사회변동』, 백산서당, 1999.
신욱희, 「데탕트와 박정희의 전략적 대응: 박정희는 공격적 현실주의자인가」, 서울대학교 국제문제연구소 엮음, 『데탕트와 박정희』, 논형, 2011.
윤대영, 「1950년대 북한과 북베트남의 관계와 문화 교류: 1956년 조선 문화 대표단의 활동과 관련하여」, 『역사와 경계』 87, 2013.
윤충로, 「베트남전쟁 시기 한국의 전쟁 동원과 일상」, 『사회와 역사』 제95권, 2012.
이미경, 「국제환경의 변화와 북한의 자주노선 정립: 1960년대 시기를 중심으로」, 『국제정치논총』 제43권 2호, 2003.
이상숙, 「1960년대 중반 북한-중국의 갈등과 북한의 자주노선」, 『북한학연구』, vol. 3, 2007.
이상숙, 「북한·중국의 비대칭관계에 대한 연구: 베트남·중국의 관계와의 비교」, 박사학위논문, 동국대학교, 2008.
이한우, 「북한의 베트남전쟁 참전에 대한 최초의 체계적 연구」, 『군사』 104, 2017.
정영철, 「김정일 체제 형성의 사회정치적 기원: 1967~1982」, 박사학위논문, 서울대학교, 2001.
조진구, 「중소대립, 베트남 전쟁과 북한의 남조선혁명론, 1964-68」, 『아세아연구』, vol. 46, no. 4, 2003.
한모니까, 「1960년대 북한의 경제·국방병진노선의 채택과 대남정책」, 『역사와 현실』 50, 2003.
홍규덕, 「베트남전 참전 결정과정과 그 영향」, 한국정신문화연구원 편, 『1960년대의 대외 관계와 남북문제』, 백산서당, 1999.

2) 베트남어

Đỗ Thị Hiên, "Hoạt động đối ngoại của Mặt trận Dân tộc giải phóng miền Nam Việt Nam theo chủ trương của Đảng (1960-1975)", Luận văn Thạc sỹ, Đại học Quốc gia Hà Nội, Đại học KHXH và NV, 2015. [도티히엔, 「노동당의 지도하 남베트남 민족해방전선의 대외활동(1960~1975)」, 석사학위논문, 하노이 국립대학교 인문사회대, 2015.]
Dương Chính Thức (nguyên đại sứ VN tại CHDCNDTT), "Quan hệ Việt Nam-Triều Tiên trong bối cảnh phát triển mới", *Nghiên cứu Đông Bắc Á*, số 11(129) 11-2011. [즈엉찐특(전 주(駐)조선민주주의인민공화국 베트남 대사), 「베트남·조선 관계의 새로운 발전 배경」, 『동북아연구』 제11호(129), 2008. 11.]

Ku Su Jeong, "Mối Quan hệ Việt-Hàn trong và sau chiến tranh của Mỹ tại Việt Nam (1955-2005)", Luận án Tiến sỹ, Đại học Quốc gia TP Hồ Chí Minh, Đại học KHXH và NV, 2008. [구수정, 「베트남에서 일어난 미국의 전쟁과 그 이후 한·베 관계(1955~2005)」, 박사학위논문, 호찌민 국립대학교 인문사회대, 2008.]

Lê Đức Hạnh, "Cuộc chiến đấu của quân và dân ta chống quân Hàn Quốc trên chiến trường Quân khu 5 (1965-1973)", Luận án Tiến sỹ, Viện Lịch sử Quân sự Việt Nam, 2014. [레득하인, 「제5군구전투장에서의 한국군과 전쟁(1965~1973)」, 박사학위논문, 베트남군사역사연구원, 2014.]

Lê Văn Cừ, "Công tác địch vận trong cuộc kháng chiến chống thực dân Pháp (1945-1954)", Luận án Tiến sỹ, Viện Lịch sử Quân sự Việt Nam, 2015. [레반끄, 「항불전쟁시 적에 대한 선전 작업(1945~1954)」, 박사학위논문, 베트남군사역사연구원, 2015.]

Nguyễn Hữu Cát, Mai Hoài Anh, "Quan hệ Việt Nam-Triều Tiên trong tình hình mới", *Lý luận chính trị*, số 5-2008. [응우옌흐우깟, 마이화이아인, 「신(新)정세 베트남·조선의 관계」, 『정치이론』 제5호, 2008.]

Nguyễn Văn Quyền, "Việt Nam tranh thủ nguồn viện trợ quân sự của các nước Xã hội chủ nghĩa trong cuộc kháng chiến chống Mỹ cứu nước (1954-1975)", Luận án Tiến sỹ, Viện Lịch sử Quân sự Việt Nam, 2016. [응우옌반꾸옌, 「구국항미전쟁 시기 사회주의 나라에서부터 지원 확보한 베트남(1954~1975)」, 박사학위논문, 베트남군사역사연구소, 2016.]

3) 영어

Bridges, Brian, "Old Friends, New Partners, and Troubled Times: North Korea's Relations With Southeast Asia", *International Journal of Korean Unification Studies*, vol. 26, no. 2, 2017.

Do, Dieu Khue, "Was the "China Factor" Working? U. S. Policies Towards Vietnam, North Korea and China in the Late 1970s", Doctoral Dissertation, Graduate School of International Studies, Seoul National University, 2019.

Phea, Kin, "Cambodia-North Korea Relations Since 1964: A Historical Review", 『동아연구』, vol. 35, no. 2, 2016.

Pribbenow, Merle L., "North Korean Pilots in the Skies over Vietnam", North Korea International Documentation Project, Woodrow Wilson International Center, 2011. http://www.wilsoncenter.org/publication/north-korean-pilots-the-skies-over-vietnam.

Radchenko, Sergey, "The Soviet Union and the North Korean Seizure of the USS

Pueblo: Evidence from Russian Archives", Working Paper #47, Cold War International History Project, Woodrow Wilson International Center, Jul. 2011. https://www.wilsoncenter.org/publication/the-soviet-union-and-the-north-korean-seizure-the-uss-pueblo-evidence-the-russian.

Scalapino, Robert A., "The Foreign Policy of North Korea", *The China Quarterly*, vol. 14, 1963.

Schaefer, Bernd, "North Korean "Adventurism" and China's Long Shadow, 1966-1972", Cold War International History Project, Woodrow Wilson International Center for Scholars, Working Paper #44, Oct. 2004. https://www.wilsoncenter.org/publication/north-korean-adventurism-and-chinas-long-shadow-1966-1972.

Shim, Juhyung, "Haunted Borderland: The Politics on the Border War Against China in Post-Cold War Vietnam", Doctoral Dissertation, Duke University, 2014.

Szalontai, Balázs, "In the Shadow of Vietnam: A New Look at North Korea's Militant Strategy, 1962-1970", *Journal of Cold War Studies* 14: 4, Fall 2012.

Szalontai, Balázs, "How the North Korean-Vietnamese Friendship Turned Sour", 1 November 2017, *North Korea News*. https://www.nknews.org/2017/10/how-the-north-korean-vietnamese-friendship-turned-sour/.

Trần, Quang Minh and Nguyễn, Thị Thắm, "Vietnam-North Korea Relations: Some Remarks over the Last 65 Years and Prospects", 『동아연구』, vol. 35, no. 2, 2016.

Zhai, Qiang. "China's Crucial Role", in Robert J. McMahon, *Major Problems in the History of the Vietnam War*, Boston, MA: Houghton Mifflin College, 2008.

찾아보기

발간사

다가오는 미래가 아시아의 시대가 될 것이라는 인식은 이제 우리에게 그리 새롭지는 않습니다. 그렇다면 우리에게 주어진 과제는 한국인과 한국사회는 어떤 존재로서 아시아의 시대를 살아가고자 하는가 하는 질문을 통해 우리와 남의 모습을 상상하고, 우리와 남의 관계에 대한 그림을 그리고, 그것들을 실천하는 일일 것입니다.

그러나 아시아의 시대가 온다고 해서 아시아 사람들이 저절로 잘 살게 되는 것도, 아시아가 저절로 평화롭고 정이 넘치는 공동체가 되는 것도 아닐 것입니다. 그러므로 우리는 아시아 지역을 살아가는 사람들이 어떤 공동체를 만들어 가고 싶은가, 아시아 공동체가 잘되면 인류에게 무슨 도움이 되는 것인가 하는 질문을 해야 하지 않을까 싶습니다. 오히려 아시아의 시대가 왔다고 생각하기 시작한 지난 20여 년간 아시아 내부의 갈등과 적대, 민족주의와 인종차별 등은 더 심해지고 있다는 착각이 듭니다. 그것을 착각이라고 생각하는 까닭은 외양으로 보면 그렇게 보이지만, 실제 내부에서 일어나는 현상을 찬찬히 살펴보면 아시아 내부의 상호이해와 교류가 느리지만 거대한 규모로 일어나고 있다고 믿기 때문입니다. 지표면에서 보면 날씨 변화도 심하고 지진도 자주 일어나지만, 땅속 깊은 곳에서 아시아의 시대를 만들어 가는 지하수의 물줄기가 형성되고 있는 것이 아닌가 싶습니다.

20세기 유럽과 미국이 축적한 자연과학과 인문·사회과학 등 근대의 학문적 지식은 인류 문명의 새로운 길을 열었고, 인류의 행복과 안정에 커다란 기여를 했습니다. 물론 제국주의 지배와 전쟁, 차별과 빈곤을 동시에 가져다주기도 했습니다. 아시아의 세기는 서양의 근대를 넘어서서 새로운 '근대 이후'를 만들어 나가는 일이어야 합니다.

지식의 생산과 공유, 인재 양성을 책임지고 있는 대학이라는 공간에서 아시아에 대한 어떤 지식을 생산하고, 아시아에 대해 무엇을 어떻게 가르칠 것인가 하는 문제의식이야말로 서울대학교 아시아연구소에 주어진 책무일 것입니다. 서울대학교 아시아연구소는 2009년 9월 출범한 이래 지역과 주제의 결합에 기초한 아시아 연구의 세계적 허브 구축을 목표로 아시아 연구 기반 구축과 우수 연구활동 지원 등의 다양한 학술 활동을 진행해 왔습니다. 특별히 아시아에 대한 지식 생산의 기반을 다지는 작업으로서, 우수한 기초 연구 활성화를 위해 노력해 왔습니다.

서울대학교 아시아연구소총서는 바로 이러한 학문적 노력의 결실입니다. 앞으로도 서울대학교 아시아연구소는 국내외 연구자들의 우수한 연구를 지원하여 그 결과물을 지속적으로 발간해 나갈 것입니다. 이러한 아시아연구소총서가 아시아의 시대를 열어 가는 데 필요한 기반을 만드는 중요한 지적 자산이 되기를 기대합니다. 이를 바탕으로 아시아 시대를 만들어 가는 지하수를 실증적으로 드러내고, 아시아 내부의 상호 이해와 교류를 넓혀 갈 수 있길 바랍니다.

서울대학교 아시아연구소